KB271799

갈암 이현일의
철학사상

이현일의 성리학 연구

葛庵 李玄逸

갈암 이현일의 철학사상

안유경 지음

KSI 한국학술정보㈜

　필자는『갈암 이현일의 철학사상』이라는 한 권의 책을 단행본으로 출판하는 계기를 통해 나름대로 이제까지의 나의 공부를 다시 한번 반성해보고, 아울러 향후 나의 학업정진을 위한 디딤돌로 삼고자 한다. 이를 계기로 좀 더 분발하고 노력하여 많은 학문적 연구 성과를 이룩하기를 다짐해본다.

　성리학은 바로 인간 본성에 대한 탐구이다. 인간이 자신의 본성을 어떻게 이해하느냐에 따라 성리학의 이론체제가 모두 다르게 규정된다. 인간본성에 대한 근원적 이해는 인성함양을 비롯한 도덕성(道德性)을 기르는데 매우 중요하다. 때문에 한국철학이 전공인 필자에게는 성리학에 대한 탐구가 바로 한국철학을 공부하는 출발점이라고 생각하였다. 그리하여 한국의 성리학을 본격적으로 연구해 보겠다는 생각이 들었고, 그에 대한 관문으로 선택한 것이 '갈암 이현일'이었다. 굳이 이현일이란 인물을 선택한 이유를 언급하라면, 이현일의 성리학적 이론체제가 개인적으로 필자가 보는 성리학적 이론체제와 많이 일치하였기 때문이었다고 말할 수 있다. 즉 성리학의 기본범주인 리(理)와 기(氣), 사단(四端)과 칠정(七情), 인심(人心)과 도심(道心), 본연지성(本然之性)과 기질지성(氣質之性) 등을 보는 관점이 필자와 구조적으로 일치하였다고나 할까.

그러나 학부전공이 철학이 아닌 필자로서는 성리학에 대한 이해가 쉽지 않았다. 때문에 성리학에 대한 정확한 이해를 위한 일환으로 번역작업을 시작하였고, 『리의 철학』·『유가의 형이상학』·『맹자의 성선론 연구』·『유교적 사유의 역사』 등 몇 권의 성리학 일반에 관한 서적을 출판하고서야 비로소 성리학에 대한 이해의 폭을 넓힐 수가 있었다. 이를 바탕으로 '이현일의 성리학'이란 주제로 논문을 완성할 수 있었고, 이현일의 성리학을 연구하면서 개인적으로 성리학 전반의 문제점을 나름대로 정리할 수 있었다.

여기에서 간략하게나마 이현일의 성리학적 특징을 약술하고자 한다. 성리학은 존재일반 뿐만 아니라 인간의 심·성·정까지도 리와 기의 기본개념으로 설명함으로써 논쟁의 여지가 발생하였다. 예컨대 사단과 칠정의 경우, 리와 기의 구조 속에서 이해함으로써 '사단과 칠정을 대립적인 개념으로 해석해야 할 것인지' 아니면 '인간의 정을 칠정 하나로 보고 그 가운데 선일변(善一邊)을 사단으로 보아야 할 것인지'에 대한 논쟁이 발생하였는데, 이것이 대표적인 '사단칠정논변(四端七情論辨)'이다. 이러한 관점 상의 차이가 결국 조선성리학을 퇴계학파와 율곡학파라는 커다란 두 갈래를 형성하게 하였던 계기이기도 하다.

이현일은 성리설의 엄밀한 분석을 통해 분별설(分別說)의 정당성을 강조하였다. 이황의 이기호발설(理氣互發說)의 명제를 자신의 이론으로 수용하여 '이기호발설'이 혼륜설(渾淪說)의 관점에서는 불가능할지 모르지만 분별설의 관점에서는 타당함을 제시하고 혼륜설의 한쪽에 치우치지 않는 분별설의 인식방법을 강조하였다. 사단을 기

와 섞어서 혼동할 수 없다는 관점에서 맹자의 성선(性善)을 이해하
였고, 그것을 그대로 이발(理發)로 설명하였다. 주리(主理)와 주기(主
氣)의 논리에 따라 본연지성(本然之性)을 리에 분속시키고 기질지성
(氣質之性)을 기에 분속시켜서 순선(純善)한 본연지성과 선할 수도
있고 악할 수도 있는 기질지성을 대립적으로 파악하였다. 인심과
도심의 경우도 주희의 혹원혹생(或原或生)을 논거로 근원적으로 구
별되는 것임을 강조하였는데, 인심(人心)만을 놓고 말할 때는 인심
도 좋은 것이지만 도심(道心)과 상대해서 말하면 물리쳐야 할 대상
으로 보았다. 천리(天理)와 인욕(人欲)이 혼동될 수 없는 것처럼 인
심과 도심도 두 쪽으로 분명하게 나누어 파악하여야 보다 명확해진
다는 것이다. 때문에 인심을 인욕과 동일시하고, 인심 자체만으로
볼 때는 인욕이라 할 수 없지만 도심과 상대해서 말하면 인욕이라
말하지 않을 수 없다고 하였다. 사단칠정론에 있어서도 사단의 순
선한 선과 칠정의 상대적 선을 구별하였고 사단과 칠정의 존재구조
를 다르게 보았다. 이것은 이이(李珥)가 인간의 정을 칠정 하나로
보고 그 가운데 선일변(善一邊)의 정이 사단이라고 본 것과는 달리,
칠정이라고 하여 리가 없는 것은 아니지만 사단과 상대해서 말하면
그대로 기가 발한 것이라고 규정하였다. 칠정만으로 정의 전체를
말할 경우는 혼륜설(渾淪說)이 가능하지만, 사단과 상대해서 말할
때는 사단이라는 개념 자체가 칠정과 구별되는 개념인 만큼 분별설
(分別說)이 타당하며, 분별설을 주장할 때는 이발(理發)·기발(氣發)
의 차이가 있다. 이처럼 이현일은 이이의 '기발이승일도설(氣發理乘
一途說)'이 혼륜설의 한쪽에 치우친 것임을 지적하고 오히려 맹자
이래로 주희를 거치면서 리와 기, 사단과 칠정, 인심과 도심, 본연

지성과 기질지성을 상대시켜 파악하는 분별설이 정통적 입장을 이루어왔던 것으로 지적하고 분별설의 대립적 인식을 강조하였던 것이다. 이것이 바로 이현일의 성리학적 이론의 핵심이다.

끝으로 『동양철학』30집에 기재된 「이현일의 '격물치지'설」에 관한 논문을 정리하여 부록으로 수록하였음을 아울러 밝혀둔다.

출판을 앞두고 지난 시간을 돌이켜보니 만감이 교차하지만, 미진한 부분에 대한 아쉬움은 앞으로 다양한 방면에서 보완해나갈 과제로 남겨두려 한다. 이 책의 출판을 계기로 주위 분들께 간단하나마 감사의 말씀을 올리려고 한다. 한국철학을 처음으로 접하던 석사과정 때부터 지금까지 줄곧 애정 어린 관심으로 이끌어주신 최영진(崔英辰) 교수님, 박사논문 심사를 계기로 개인적으로 많은 격려와 용기를 주신 윤사순(尹絲淳)·이광호(李光虎)·이동준(李東俊)·오종일(吳鍾逸) 교수님께 진심으로 감사드린다. 어려운 학문 속에서 헤맬 때마다 좋은 말씀으로 자신감을 심어주신 최영성(崔英成) 선배님, 홍정근(洪正根) 선배님, 이형성(李炯性) 선배님, 그리고 이경원(李京源) 동학께도 깊은 감사를 드린다. 여러 선배와 동학들의 따뜻한 충고는 잊을 수 없으며 앞으로도 많은 관심과 질책을 부탁드린다. 아울러 이 책의 출판을 허락하고 한국학술정보(주) 채종준 사장님과 좋은 책을 만들기 위해 교정의 번거로운 수고를 아끼지 않은 편집부 이지연 선생 등 관계자들의 노고에도 고마운 마음을 전한다.

2009년 2월 7일

안유경

차례

結論 / 230

참고문헌 / 243

부록 이현일의 '격물치지'설 / 250

이현일의 연보 / 289

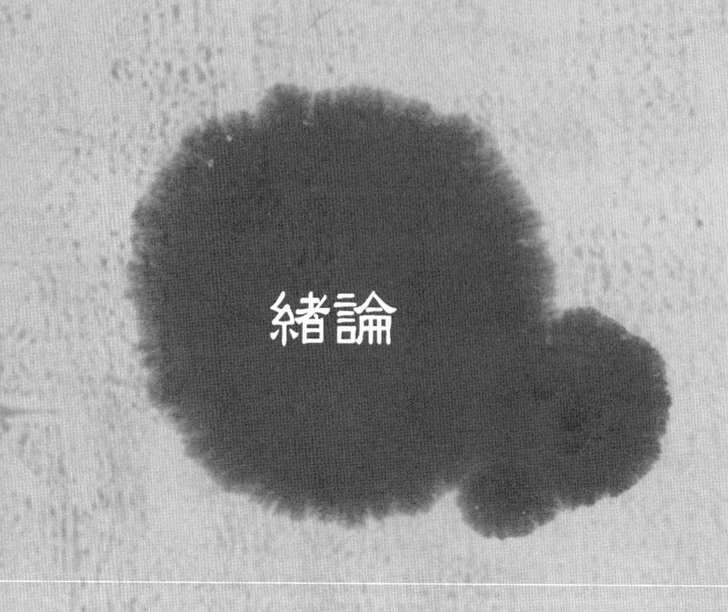

緒論

緒 論

1

  본 연구는 17세기 조선조를 살았던 도학자이자 경세가인 갈암 (葛庵) 이현일(李玄逸, 1627~1704)의 성리학을 조명하고자 하는 데 그 목적이 있다.

  이현일은 성리학의 기본문제들이 활발하게 제기되던 17세기의 성리학의 전통 속에 있던 인물이며, 특히 이황(李滉)·이이(李珥) 이래 사단칠정(四端七情) 문제를 진지하게 추구하고 논쟁하던 성리 학자로서 빼놓을 수 없는 비중을 차지하고 있다. 그는 이황과 주 희를 조술(祖述)함으로써 그들을 성리학 이념의 표준이요 모범으로 위치를 확고하게 정립하였으며, 그 방법으로서 성리설의 엄밀한 분 석을 통해 분별설(分別說)의 정당성을 강조하였다. 여기서 이현일 의 성리학적 입장을 이해한다는 것은 곧 조선시대 성리학사에 있 어서 철학적 기본문제들을 이해하는 것이 되는 동시에 그 성리학 사의 맥락을 밝히는 것이 된다고 할 수 있다.

  이현일이 활동하던 숙종(肅宗) 때는 붕당정치가 가장 극렬하던 시기였던 만큼, 그의 정치활동이 당쟁과 연결된 측면이 없지 않다. 숙종의 즉위(1675)로 남인이 집권하면서 50세에 처음으로 관직을 제수받고 경신환국[庚申換局, 숙종 6(1680)]으로 서인이 집권하면서 정치일선에서 물러났다가 기사환국[己巳換局, 숙종 15(1689)]으로 다시 남인이 득세하면서 그의 정치활동이 계속되었다. 그러나 갑술 환국[甲戌換局, 숙종 20(1694)]에 서인이 다시 득세하면서 그는 68 세의 노인으로 북방에서 유배생활을 하다가 74세가 되어서야 고향 으로 돌아올 수 있었다. 이처럼 그의 사관활동은 남인의 정치적 성 쇠(盛衰)와 일치하는 것이었던 만큼 그의 학문적 입장에도 붕당정치 와의 연관성이 없다고 단정할 수 없을 것이다. 현상윤(玄相允)이 『조선유학사(朝鮮儒學史)』 속에서 이현일을 「당쟁시대의 유학」에서 취급하고 있는 사실로부터도 이러한 이유를 짐작할 수 있을 것이다.

이현일의 학문적 핵심은 성리학에 있으며 본격적으로 성리학적 이론을 전개한 것은 60세 이후의 일이다. 62세(1688) 때 이이의 사 칠논변(四七論辨)에 관한 이론을 19조목에 걸쳐 치밀하게 비판하는 「율곡이씨논사단칠정서변(栗谷李氏論四端七情書辨)」을 저술함으로 써 그의 성리학적 입장이 확고히 정립되었음을 보여 주었다. 이 저 술은 그의 성리학의 대표작이라 할 수 있는 것인데, 그 서두에서 밝히고 있는 것처럼 그는 이이가 이황의 학설을 비판하는 태도에 분격하였고 또한 이이의 이론이 기호지방에 성행하는 것을 우려하 여 이를 재비판한 것이 그의 저술동기였던 것으로 보인다.[1] 즉 일 차적인 목적은 이황을 반박한 이이를 재비판하는 데 있었지만 근 본적으로는 이이를 재비판함으로써 기호지방에서 준수되던 율곡학

---

1) 『葛庵集』 卷18, 「栗谷李氏論四端七情書辨」, "退陶李先生嘗與高峯奇氏有四端七情
辨, 反復論難, 久乃歸一. 其後有栗谷李氏者出, 斥退陶之定論, 拾高峯之前說, 以爲
高峯之說, 明白直截, 退溪之論, 義理不明, 肆加譏誚, 不少顧忌."

파의 원류(源流)를 차단하고자 하였던 것이다. 이 또한 당쟁과의 연관성을 완전히 배제할 수 없다.

이에 대해 현상윤은 『조선유학사』에서 이황의 이기호발설(理氣互發說)을 옹호하고 이이의 기발이승설(氣發理乘說)을 공격하는 입장에서 「율곡이씨논사단칠정서변(栗谷李氏論四端七情書辨)」을 쓴 것인데, 이것은 당쟁의 감정이 농후하여 서론 벽두에서부터 이이를 혹독하게 논평한 것은 독자들로 하여 그의 학문적 공평성에 의심을 갖게 하는 동시에 실망감마저 주게 한다[2]고 서술하였다.

이현일은 이황의 성리학을 주희를 계승한 정통으로 확신하고 평생을 이황의 성리설을 변호하는 데 힘썼다. 이병도(李丙燾)가 말한 퇴계에 대한 갈암(葛庵)의 존모(尊慕)는 마치 신(神)을 대하는 것 같았다[3]는 평가에서 알 수 있듯이, 이현일은 이황의 분별적인 논리 틀에 입각하여 리(理)와 기(氣), 사단(四端)과 칠정(七情), 인심(人心)과 도심(道心), 본연지성(本然之性)과 기질지성(氣質之性)에 관한 대립적 인식을 더욱 강화하였다. 이현일의 퇴계학문에 대한 옹호와 분별설(分別說)의 논리강화라는 퇴계학파로서의 사명의식은 그 이전 16세기의 이황(李滉, 1501~1570)과 기대승(奇大升, 1527~1572) 또는 이이(李珥, 1536~1584)와 성혼(成渾, 1535~1598)의 성리논쟁에 그 뿌리를 두고 있다. 이들 논변은 이황의 이기호발설(理氣互發說)적 입장에 대하여 이이가 기발이승일도(氣發理乘一途說)의 입장을 천명함으로써 성리학적 사유의 두 가지 기본입장이 정립되게 되었다. 이황 사후에 기호지역에서 이이와 성혼의 사단칠

---

2) 玄相允, 『朝鮮儒學史』, 玄音社, 1986년, p.246.
3) 李丙燾, 『韓國儒學史』, 아세아문화사, 1989년, p.288.

정논변(四端七情論辨)이 재연되었고, 이때 이이가 이황의 이기호발설(理氣互發說)을 비롯한 성리설의 기본입장을 비판함으로써 조선조 유학사는 퇴계학파(退溪學派)와 율곡학파(栗谷學派)라는 큰 분파로 양립하게 되었다. 게다가 학문적인 견해의 차이를 계기로 학파의 분화와 더불어 정치적인 분열이 일어남으로써 학파의 분열 양상은 더욱 심화되어 갔다.

이황의 학문과 인품은 율곡학파에서 지속적으로 존중되었지만, 성리학에 대한 비판적 입장이 확립되면서 17세기에 접어들면서 퇴계학파에서는 이현일을 중심으로 이이의 성리설에 대한 엄격한 비판이 전개되었고, 이에 이이의 성리설과 이황의 성리설을 대립적으로 인식하게 되었다.[4] 이러한 사실을 현상윤은 『조선유학사』에서 다음과 같이 서술하고 있다.

> 율곡의 설을 공격하고 퇴계의 설을 옹호하기 시작한 것은 퇴계 사후 약 100여 년 이후의 일인데, 현저하게 비판을 가한 것은 이현일에서 처음으로 보게 된 것이다.[5]

이처럼 이현일의 성리학적 인식은 조선시대 사상사의 중요한 시대적 매듭을 이루고 있다. 그는 이황·이이 등에 의해 제기된 심성론(心性論)의 기본문제인 사단칠정논변(四端七情論辨)에서 이이의 이론을 엄격하게 비판하고 이황의 입장을 더욱 철저히 계승함으로써, 그를 통하여 퇴계학파의 성리설이 이론적으로 심화되고 확립되는 데 중요한 기여를 하였다. 이현일은 성리학적 이론체계에서 이황

---

4) 琴章泰, 『退溪學派와 理철학의 전개』, 서울대학교출판부, 2000년, pp.47－48.
5) 玄相允, 『朝鮮儒學史』, 玄音社, 1986년, p.355.

의 이론을 옹호하고 이이뿐만 아니라 퇴계학파 내에서의 비판적 논리를 재비판하는 역할에서 가장 강력한 입장을 제시함으로써, 그는 성리학사 속에서 단순히 퇴계학파에 속한다는 정도를 넘어서 사실상 퇴계학파가 그에 의하여 그 성격을 뚜렷이 확립하게 되었다고 할 수 있다.[6] 그의 앞에서는 학파로서의 성격이 불분명하였지만 그에 이르러 이황→장흥효(張興孝)[7]→이현일의 학맥이 확인되고, 그 이후 이현일→아들 이재(李栽)[8]→외손 이상정(李象靖)[9] 등으로 이어지면서 퇴계학파의 정통적 학통이 확고하게 정립되었던 것이다.

또한 17세기로 접어들면서 조선 후기 사회는 역사적·사회적으로 중대한 변혁을 맞았을 뿐만 아니라 사상적으로도 조선 후기 성리학으로 전환하는 계기를 발견할 수 있다. 17~18세기의 가장 뚜렷한 사상사적 특성은 퇴계 이황과 율곡 이이로 대표되는 16세기 성리학자들의 논쟁을 계승하여 학파적 입장으로 정립시켜 나갔다는 점이다.[10] 두 학맥 사이에 사설(師說)을 옹호하는 입장에서 상

---

6) 琴章泰, 『韓國儒學史의 理解』, 한국학술정보(주), 2003년, pp.114-115.

7) 장흥효[張興孝, 1564(명종 19)~1633(인조 11)]: 조선 중기의 학자, 자는 행원(行源), 호는 경당(敬堂), 본관은 안동(安東)이다. 처음에 김성일(金誠一)·유성룡(柳成龍)을 사사하고 뒤에 정구(鄭逑)의 문하에서 학문을 닦았다. 저서로는 『경당문집(敬堂文集)』이 있다.

8) 이재[李栽, 1657(효종 8)~1730(영조 6)]: 조선 후기의 학자, 자는 유재(幼材), 호는 밀암(密菴), 본관은 재령(載寧)이다. 아버지는 이현일이고 그의 대표적 제자로는 이상정(李象靖)·이광정(李光靖)이 있다. 저서로는 『밀암집(密菴集)』이 있다.

9) 이상정[李象靖, 1711(숙종 37)~1781(정조 5)]: 조선 후기의 학자, 자는 경문(景文), 호는 대산(大山), 본관은 한산(韓山)이다. 아버지는 태화(泰和)이고 어머니는 이현일의 손녀이며 이재의 딸이다. 저서로는 『대산집(大山集)』·『대산실기(大山實記)』·『이기휘편(理氣彙編)』 등이 있다.

10) 17세기에 들어오면서 이황과 이이를 정점으로 삼는 영남학파와 기호학파의 학파적 성격이 선명히 정립하게 되었다(琴章泰, 『朝鮮後期의 儒學思想』, 서울대학교 출판부, 1998년, p.3.).

대방의 성리설에 대한 논박이 지속되면서 학파가 분열하기 시작하였고, 이와 더불어 각 학파는 자신이 정통(正統)이라는 확신으로 다른 학파에 대해 배타적인 학풍을 형성함으로써 대립적 양상을 드러내었다. 즉 이 시대는 앞 시대의 다양한 갈래들을 퇴계학파와 율곡학파라는 두 줄기의 학파로 통합해 가는 동시에 각 학파 내부에서는 새로운 분파화가 일어나는 현상을 보여 주었다.

이황의 학통을 계승한 제자들로 이루어진 퇴계학파 내에서도 17세기 전반기 유성룡(柳成龍)과 김성일(金誠一)의 적통 여부를 둘러싸고 시작되었던 학파분화가 더 심화되면서 병파(屛派)와 호파(虎派)로의 뚜렷한 계보를 형성하였다.[11] 유성룡 계열의 병파에서는 우복(愚伏) 정경세(鄭經世, 1563~1633)·졸재(拙齋) 유원지(柳元之, 1598~1678)를 이어 목재(木齋) 홍여하(洪汝河, 1621~1678)·우헌(寓軒) 유세명(柳世鳴, 1636~1688) 등이 주요 활동 인물이었고, 김성일의 학문은 경당(敬堂) 장흥효(張興孝, 1564~1633)를 거쳐 존재(存齋) 이휘일(李徽逸, 1619~1672)·갈암(葛庵) 이현일(李玄逸, 1627~1704) 형제에게로 계승되었다. 이들의 정치적 입장과 학문 경향은 대체로 동일한 범주 내에 있었으나 반드시 일치하지는 않았으며, 시간이 지날수록 계파적 성격이 커져 갔다. 계파적인 성격이 심화되면서 학통의 분화를 재촉하였는데, 이 때문에 영남학파의 주류를 이루었던 이황의 고제(高弟)들을 중심으로 발생하여 영남 일대에 확산됨으로써 영남사림의 결속을 저해하게 되었다. 이러한

---

11) 병호시비(屛虎是非)가 그 분열의 가장 뚜렷한 조짐이다. 또한 지역적으로도 김성일 계열은 안동에 자리 잡고 유성룡 계열은 원래 안동이었으나 정경세 이후로 상주에 자리 잡게 되었다.

상황에서 영남사림을 광범위하게 결집하면서 퇴계학파의 구심점으로 대두되었고 나아가 김성일(金誠一) 계열의 퇴계학파를 정립해 간 인물이 바로 '이현일'이다. 17세기 조선 후기의 사회가 이미 성리학의 학풍이 확립된 시대임을 전제로 고려한다면, 이현일은 이 시대의 이념을 계승하여 확립하려는 입장에서 주자학－퇴계학 수호에 절대적 사명을 부여함으로써 퇴계학파의 성리설을 이론적으로 심화·확립하는 데 중요한 기여를 하였다.

이처럼 이현일은 17세기 후반 계파성의 심화로 와해되어 가던 퇴계학파를 결집시켜 학파의 구심적인 역할을 담당함으로써 퇴계학파의 성리설이 이론적으로 심화되는 데 중요한 기여를 하였음에도 불구하고, 그의 학문사상에 대한 연구는 아직 미흡한 편이다.[12] 지금까지 그에 대한 논문들이 발표되고 있지만 이현일의 철학사상에 대한 전반적인 연구는 미진한 실정이다. 그의 철학사상에 관한 학위논문은 석·박사논문을 막론하고 한 편도 없는 것이 현실이다. 일반적으로 그에 대한 연구는 사상사·철학사적인 측면보다는 역사학계에서의 정치활동을 중심으로 경세론(經世論)에 관한 연구라든가,[13] 한문학계에서의 시(詩)를 중심으로 한 문학에 관한 논문[14]

---

12) 퇴계학파 내에서도 제1대 제자들 사이에 이미 간극이 발생한 경우가 있었지만 제3·제4세대로 내려가면서 분화가 보다 확실해지고 계파 간의 우위경쟁이 진행되었다. 따라서 이현일의 시대에 이르러 이미 후일 병호시비(屛虎是非)로 발전될 조짐이 잉태되고 있었다(『17세기 한 영남도학자의 생애』, 기창족보사, 2001년, p.20.).

13) 정호훈, 「17세기 후반 영남남인학자의 사상—이현일을 중심으로—」, 『역사와 현실(13)』, 1994년.
    김학수, 「갈암 이현일 연구—정치활동을 중심으로—」, 『조선시대사학보』 제4권, 1998년.
    박홍식, 「갈암 이현일과 寧海지역의 퇴계학맥」, 『한국의 철학』 제28호, 2000년.
    박홍식, 「이현일의 인물과 학문사상」, 『영남학파의 연구』, 동방학회편, 1998년.

이 주를 이루고 있다. 특히 역사학계에서 최초로 석사논문이 나오긴 하였지만 전반적으로 학통관계(學統關係)를 중심으로 언급하였으며 일부 경세론(經世論)을 언급하기도 하였으나, 경세론이 성리학에 대한 실천문제로 성리학과의 연결맥락이 미흡하기 때문에 철학사상과는 구별되지 않을 수 없다.[15] 사상사적인 차원에서도 약간의 연구가 이루어졌으나, 주로 이기론에 대한 기본적인 견해와 사단칠정문제가 중심을 이루고 있다.[16] 여기에서는 대체로 이현일의 성리학이 이이학문을 비판하고 이황학문을 계승하는 주리철학(主理哲學)이라는 관점에서 이기론(理氣論)과 심성론(心性論)을 다루었는데 이현일의 철학사상을 개략적으로 소개하고 있는 정도이다. 이러한 선행연구의 성과는 이현일의 사상연구에 있어서 일정한 의미를 갖지만, 그가 성리학사 속에 차지하는 위치를 고려해 볼

---

14) 宋載邵, 「갈암 이현일의 詩에 대하여」, 『동방한문학』 제14집, 동방한문학회, 1998년.
　　金時晃, 「갈암 이선생의 辭免持平兼陳五條疏」, 『동방한문학』 제14집, 동방한문학회, 1998년.
　　金侖秀, 「『갈암집』의 庚午板變과 『南冥合集』의 葛銘添削本」, 『동방한문학』 제14집, 동방한문학회, 1998년.
　　張在釪, 「갈암선생의 經筵講義를 통해 본 周易觀」, 『동방한문학』 제14집, 동방한문학회, 1998년.

15) 金鶴洙, 「葛庵 李玄逸 研究—經世論과 學統關係를 中心으로—」, 韓國精神文化研究院 碩士學位, 1995년.

16) 玄相允, 『朝鮮儒學史』, 玄音社, 1986년.
　　李丙燾, 『韓國儒學史』, 亞細亞文化史, 1989년.
　　裵宗鎬, 『韓國儒學史』, 연세대학교 출판부, 1983년.
　　劉明鍾, 『韓國儒學史』, 이문출판사, 1992년.
　　琴章泰, 「갈암 이현일」, 『한국인물유학사(3)』, 한길사, 1996년.
　　琴章泰, 「이현일의 성리설과 퇴계학파의 정립」, 『한국유학사의 이해』, 한국학술정보(주), 2003년.
　　이애희, 「이현일의 사단칠정론」, 『사단칠정론』, 서광사, 1992년.
　　유권총, 「갈암의 이기론에 대한 고찰」, 『철학논총(1)』, 1985년.

때 아직 미흡한 점이 없지 않다. 따라서 본서에서는 이러한 기존의 연구성과를 바탕으로 이현일의 철학사상과 그가 살았던 17세기 전후의 시대상황을 일괄해 봄으로써 이현일의 성리학에 대한 보다 분명한 이해를 기하고자 한다.

2

본서는 모두 3장으로 구성되었다. 제1장, 이기론(理氣論)에서는 먼저 태극(太極)과 음양(陰陽)에 대한 이현일의 이론을 간략히 고찰하고, 다음으로 리와 기의 개념 및 그 관계를 통해 여러 문제를 살펴보았다. 먼저, 태극음양론(太極陰陽論)에서는 태극에 대한 정의와 태극과 무극(無極)과의 관계, 그리고 궁극적 실체로서의 태극(太極)과 음양(陰陽)과의 관계를 설명하였다. 여기에서 이현일은 태극과 음양과의 관계를 불상리(不相離)라는 동시성을 인정하면서도 분별설(分別說)의 관점에서 둘의 관계를 확연히 구분하였다. 즉 음양오행에 앞서는 태극의 리를 인정해야 한다는 입장이다. 다음으로, 리의 특성으로 리와 기의 개념 및 그 관계를 언급하였다. 리와 기의 관계에 있어서는 분별설의 관점에 따라 리와 기를 구분하고, 분별설의 관점에서는 이선기후(理先氣後)가 가능하다는 입장에서 리의 선재성을 강조하였다.

또한 리의 특성으로 리유동정론(理有動靜論) · 리유체용론(理有體用論) 등을 주장하였다. 이현일은 리를 능동적 주체로 인식함으로써 리가 동정하는 것임을 강조하였다. 그리고 무위(無爲)인 리가 동정이라는 작위성(作爲性)을 인정하는 데서 나타나는 논리적 모순을 이황과 마찬가지로 체용론(體用論)으로 해결하였다. 또한 그는 이이의 기발이승일도(氣發理乘一途)설을 부인하고 이황의 이기호발(理氣互發)설의 명제를 자기 이론으로 수용하여 이기호발설의 타당성을 강조하였다. 즉 이기호발설이 혼륜설(渾淪說)의 관점에서는 불가능할지 모르지만 분별설의 관점에서는 타당함을 제시하고, 혼륜설의 한쪽에 치우치지 않는 분별설의 인식방법을 강조하였다. 사단을 기와 섞어서 혼동할 수 없다는 관점에서 맹자의 성선(性善)을 이해하였고 그것을 그대로 이발(理發)로 설명하였다. 그리고 퇴계학파 내에서는 '이발'의 문제를 어떻게 이해하였는지 퇴계학파의 성립 초기부터 시대별로 구분하여 정리함으로써 이황 및 퇴계학파 내의 학자들과 차별성을 고찰하였다. 또한 운동하는 실제주체는 기이지만 기의 운동은 리의 주재에 의한 것이라고 하여, 리를 주재적(主宰的) 존재요 절대적(絶對的) 존재로 인식한 것은 그의 분별설(分別說)을 강조하는 논리와 일맥상통한다.

제2장, 심성정론(心性情論)에서는 인간의 심·성·정 등의 주요 개념을 분석하고 그 개념들의 상호 연관관계를 분석하였다. 성리학에서 심·성·정은 중요한 위치를 차지하지만, 그것들이 각자 리와 기로 논의되면서 논쟁의 여지가 발생하였다. 먼저 성론에서는 성의 개념 및 본연지성(本然之性)과 기질지성(氣質之性)의 관계, 그리고 인물성동이론(人物性同異論)에 대한 이현일의 견해를 언급하였다. 이현일은 성에 대한 이해를 리와 기의 구조 속에서 둘을 분명히 분속시켜 설명하였다. 즉 주리(主理)와 주기(主氣)의 논리에

따라 본연지성을 리에 분속시키고 기질지성을 기에 분속시켜서 순선(純善)한 본연지성과 선할 수도 있고 악할 수도 있는 기질지성을 대립적으로 파악하였다. 또한 이현일은 인물성동이(人物性同異)의 문제에 있어서 근원적으로 동론(同論)이 성립되는 범위를 인정하면서도 현실적으로 이론(異論)이 정당함을 확인하였다. 특히 이때의 인물성동이론은 영남학파의 테두리 안에서 각각 인성(人性)과 물성(物性)이 같은지 다른지를 중요한 쟁점으로 거론한 것으로써, 이후 기호학파에서의 인물성동이론과 비교하면 먼저 발생한 것으로 논쟁의 규모는 작지만 그 쟁점의 논리적 전개는 분명히 드러나고 있었다고 볼 수 있다.

심론(心論)에서는 주희의 혹원혹생(或原或生)을 논거로 인심과 도심이 근원적으로 구별되는 것임을 강조하고, 이이의 인심도심일원(人心道心一源)설을 비판하였다. 인심(人心)만을 놓고 말할 때는 인심도 좋은 것이지만 도심(道心)과 상대해서 말하면 물리쳐야 할 대상이다. 때문에 그는 천리와 인욕이 혼동될 수 없는 것처럼 인심과 도심도 두 쪽으로 분명하게 나누어 파악하여야 보다 명확해진다는 분별설의 관점을 강조하였다. 아울러 인심을 인욕(人欲)과 동일시하여 인심 자체만으로 볼 때는 인욕이라 할 수 없지만, 도심과 상대해서 말하면 인욕이라 말하지 않을 수 없다는 입장이다. 이렇게 본다면 인심과 칠정의 차이는 명의(名義)상의 차이에 불과하게 된다.

정론(情論)에서는 이황이 판연하여 분별하는 느낌이 강하므로 혹시라도 논쟁을 불러일으킬 수 있을 것을 염려하여 꺼리던 '사단발어리 칠정발어기(四端發於理 七情發於氣)'의 논리를 자신의 이론으로 삼아 분별설의 논리를 한층 강화하였다. 이현일은 사단칠정론

(四端七情論)에서 사단(四端)의 순수한 선과 칠정(七情)의 상대적인 선을 구별하였고, 이에 따라 사단과 칠정의 존재구조를 다르게 보았다. 이는 이이가 인간의 정을 칠정 하나로 보고 그 가운데 선일변(善一邊)의 정이 사단이라고 본 것과는 다르다. 그리고 칠정에 대한 정의를 "칠정이라고 하여 리가 없는 것은 아니지만 사단과 상대해서 말하면 그대로 기가 발한 것이다"고 규정하였다. 그러므로 칠정만으로 정의 전체를 말하는 경우는 혼륜설이 가능하지만, 사단과 상대해서 말할 때는 사단이라는 개념 자체가 칠정과 구별되는 개념인 만큼 분별설이 타당하다는 입장이다. 이러한 분별설의 관점에서 이이의 '칠정포사단(七情包四端)'의 논리가 혼륜설에 입각한 것임을 비판하고, 분별설을 주장할 때는 이발기발(理發氣發)의 차이가 있다고 설명하였다.

제3장, 경세론(經世論)에서는 이현일의 경세가(經世家)로서의 일각을 고찰하였다. 이현일은 국가부강과 민생안정을 도외시하고 도덕정치만을 추구한 관념적 이상주의자가 아니라 구체적인 경세사상을 피력하고 실천하기 위해 노력한 경세가였다. 그의 정치사상은 『서경(書經)』「홍범구주(洪範九疇)」의 원리를 가장 상세하고 방대하게 전개시켜 조선시대 성리학에서 추구하였던 정치원리를 현실정치의 경세원리로 확보하였던 「경연강의(經筵講義)」를 중심으로 고찰하였다. '군신조화론(君臣調和論)'에서는 군주의 절대성을 인정하는 범위에서 군신(君臣) 상호간의 조화를 지향하였고, 예론(禮論)에서는 복제논의(服制論議)를 중심으로 이현일의 예학적 일각을 고찰하였다. 제도의 개혁으로 재정(財政)의 확충과 부세(賦稅)의 경감, 군제(軍制)의 개혁, 화폐의 유통과 양전(量田)의 시행을 언급하였으

며 풍속의 교화와 어진 인재의 선발을 위해 향약(鄕約)과 선사제
(選士制)의 시행을 강조하였다.

결론에서는 이황 성리설의 정당성을 재천명함으로써 주희－이황
으로 이어지는 성리설의 이론적 일관성과 정당성을 강조하고, 영남
과 기호에서 퇴계학설에 어긋나는 다양한 이론들을 비판함으로써 퇴
계학파를 더욱 확고하게 결집시켜 나간 이현일의 성리학적 특성과
현대적인 의의를 아울러 고찰하였다.

이현일의 원전자료로는 여강출판사의 『갈암전집(葛庵全集)』과 민
족문화추진회의 『갈암집(葛庵集)』을 저본으로 한다. 아울러 민족문
화추진회에서 발행한 해석본 『국역 갈암집(1～7)』을 참조하였다.

제1장
葛庵 性理學의 形成背景

조선 후기의 도학자이자 경세가인 이현일의 사상에 관한 전체적인 이해를 위해서는 그의 이기론(理氣論)이나 심성론(心性論)을 중심으로 하는 도덕형이상학을 언급하기에 앞서, 그가 생존했던 17세기를 전후한 조선 후기의 구체적인 사회·역사 상황에 대한 이해가 우선되어야 한다. 즉 개개의 성리학자들은 자신의 철학에 대한 구축을 가능하게 해준 각 시대의 역사적 상황과 분리되어 이해되어서는 안 된다. 왜냐하면 아무리 개개인의 성리학자들이 이기론(理氣論)이나 심성론(心性論)과 같은 성리학의 보편적인 형이상학에 주력하였다고 할지라도 각 시대 나름대로의 특유한 문제의식을 반영하고 있기 때문이다. 따라서 이현일의 이기론이나 심성론 등의 도덕적 형이상학이라는 보편적인 이론체계를 이해하기에 앞서, 우리는 그가 살았던 시대인 17세기를 전후한 조선 성리학사의 시대적인 흐름을 짚어 보아야 한다.

제1장 葛庵 性理學의 形成背景

1. 時代的 背景

이현일(1627~1704)이 활동하던 17세기는 양란 이후 닥친 국가
적 위기를 총체적으로 수습하던 시기였다. 유학, 특히 성리학을 사
회이념으로 하여 국가를 건립한 조선왕조는 임진왜란과 병자호란
을 겪으면서 정치적·사회적으로나 국가이념인 성리학에서나 하나
의 큰 전환점을 맞게 되었다. 사회·경제적 기반이 붕괴되어 사회
기강이 해이해지고 민생의 피폐현상이 가속화되면서 성리학의 이
념은 초기의 생명력을 상실하고 지배적 이데올로기로 변질되어 당
파적 색채를 강하게 반영하게 되었다.

그러나 이러한 노력은 인조반정(仁祖反正)[17] 이후 등장한 서인정
권에 의해 주도되었으며 북인·남인세력의 정치적 영향력은 거의
배제되는 과정이기도 했다. 현종(顯宗) 연간의 예송(禮訟)과 인형왕
후(仁顯王后) 폐위사건을 계기로 남인(근기남인·영남남인)들의 정
국주도가 이루어지기도 하였으나, 인조반정 이후 서인의 힘을 능가
할 정도는 되지 못하였으며 실제로 갑술환국(甲戌換局)[18] 이후에는

---

17) 인조반정(仁祖反正)은 1623년(광해군 15) 이귀(李貴) 등 서인 일파가 광해군 및
    집권당인 이이첨(李爾瞻) 등의 대북파(大北派)를 몰아내고 능양군종(綾陽君倧,
    인조)을 왕으로 옹립한 정변을 말한다.

이들 남인들은 중앙정계에서의 영향력을 거의 상실하였다. 이와 함께 서인이 노론과 소론으로 분기·대립되었으며 정국운영은 이들에 의해 양분되기 시작하는 시점이기도 하였다.

또한 17세기에 이르면서 사상사적인 측면에서는 성리학에 대한 인식이 심화되면서 이황이나 이이의 학설로부터 상당히 이탈하는 어느 정도 자유로운 입장을 보여 주었다. 한편으로는 성리학의 정통성이 강화되었으며 다른 한편으로는 성리학 일변도를 벗어나 양명학(陽明學)·실학(實學)·서학(西學) 등 여러 유파가 등장하여 다변화하는 현상을 보여 주었다. 그렇지만 이 시대에도 성리학의 사회적 영향력은 여전히 절대적이었다.[19]

17세기 이후 조선 후기 성리학의 가장 뚜렷한 사상사적 특징은 퇴계 이황과 율곡 이이로 대표되는 16세기 성리학자들의 논쟁을 계승하여 학파적(學派的) 입장으로 정립시켜 나갔다는 점이다.[20] 두 학설 사이에는 사설(師說)을 옹호하는 입장에서 상대방의 성리설(性理說)에 대한 논박이 지속되면서 학파(學派)의 분열이 일어나기 시작하였고, 이와 더불어 각 학파는 자신이 정통(正統)이라는 확신으로 다른 학파에 대해 배타적인 학풍을 형성함으로써 대립적 양상을 드러내었다. 즉 이 시대는 앞 시대의 다양한 갈래들을 퇴계학파와 율곡학파라는 두 줄기의 학파로 통합해 가는 동시에 각 학파 내부에서는 새로운 분파화(分派化)가 일어나는 현상을 보여 주

---

18) 갑술환국(甲戌換局)은 1694년(숙종 20) 폐비민씨(廢妃閔氏) 복위운동을 반대하던 남인(南人)이 화를 입어 실권(失權)하고 소론과 노론이 재집권하게 된 사건이다.

19) 琴章泰, 『儒教思想과 宗教文化』, 서울대학교출판부, 1997년, p.57.

20) 17세기에 들어오면서 이황과 이이를 정점으로 삼는 영남학파와 기호학파의 학파적 성격이 선명히 정립하게 되었다(琴章泰, 『朝鮮後期의 儒學思想』, 서울대학교출판부, 1998년, p.3.).

었다.

이황의 학통을 계승한 제자들로 이루어진 퇴계학파 내에서도 17세기 전반기 유성룡(柳成龍)과 김성일(金誠一)의 적통 여부를 둘러싸고 시작되었던 학파분화(學派分化)가 더 심화되면서 병파(屛派)와 호파(虎派)로의 뚜렷한 계보를 형성하였다. 유성룡 계열의 병파에서는 정경세(鄭經世)·유원지(柳元之)를 이어 홍여하(洪汝河)·유세명(柳世鳴) 등이 주요 활동 인물이었고, 김성일 계열의 학문은 장흥효(張興孝)를 거쳐 이휘일(李徽逸)·이현일(李玄逸) 형제에게로 계승되었다. 이들의 정치적 입장과 학문경향은 대체로 동일한 범주 내에 있었으나 반드시 일치하지는 않았으며 시간이 지날수록 계파적 성격이 커져 갔다. 계파적 성격이 심화되면서 학통(學統)의 분화를 재촉하였다. 따라서 영남학파의 주류를 이루었던 이황의 고제(高弟)들을 중심으로 발생하여 영남 일대에 확산됨으로써 영남사림의 결속을 저해하게 되었다.

이러한 상황에서 영남사림을 광범위하게 결집하면서 퇴계학파의 구심점으로 대두되었고 나아가 김성일 계열의 퇴계학파를 정립해 간 인물이 바로 '이현일'이다. 조선 후기 정계에서 누구든 자의와 타의를 불문하고 당파와 무관할 수 없었던 것처럼, 17세기 영남사림도 또한 계파와 무관하게 존재할 수 없었다. 이 시기의 퇴계학파는 이황의 제3대 제자들에 의해 주도되는 시기였는데, 장현광(張顯光, 1554~1637)이 사망한 이후에는 이황의 연원으로서 영남사림을 결집할 만한 인물이 부재한 실정이었다.

한편 숙종(肅宗) 15년의 기사환국(己巳換局)[21]은 이현일의 정치

---

21) 기사환국(己巳換局)은 1680년(숙종 6)의 경신출척(庚申黜陟)으로 실세하였던 남

적 생애에 있어서 일대 전기였다. 숙종 초기 남인사림으로 활동하던 허목(許穆, 1595~1682)과 윤휴(尹鑴, 1617~1680)가 죽은 상황에서 이현일의 존재가 부각되기 시작하였다. 당시 이현일은 학문적인 역량과 더불어 이황→김성일→장흥효로 이어지는 학통의 계승자라는 탄탄한 기반을 바탕으로 영남사림을 영도하는 위치에 있었다. 이에 근기남인들은 사림을 중용하여 정권의 정당성을 확보한다는 취지 외에도, 이현일을 조정으로 불러들일 경우 이현일을 중심으로 결집되어 있던 영남사림까지 아울러 포섭할 수 있다는 의도에서 이현일의 징소(徵召)를 적극적으로 추진하였다. 이러한 상황에서 이현일에게 다가온 정치현실은 자신의 경세론(經世論)을 구현하려는 포부와는 너무나 괴리가 있었다. 숙종 15년에서 갑술환국(甲戌換局) 직전까지 보여 준 그의 정치적 생애는 집권남인들과의 갈등으로 점철되었다. 집권남인들은 이현일을 보도직에 한정하면서도 그의 위망을 빌려 당면문제들을 해결하고자 하였다. 이 과정에서 이현일은 노론으로부터 핵심인물로 부각되었으며 갑술환국(甲戌換局) 이후 국모를 침해했다는 이유로 10년의 세월 동안 유배생활을 해야 하였다. 죽은 뒤에도 200년 동안 '명의죄인(名義罪人)'으로 오명을 지닌 채 노론의 철저한 정치보복을 감수해야 했던 것도 이 때문이었다.

이처럼 이현일은 당쟁이 극성하던 시대에 남인의 집권과 실권에 따라 관직에 나갔지만 자신의 회포를 펼 수 있는 시대로 받아들여지지 않았다. 마침내 남인이 권력을 잃자 남북의 변방으로 유배를

인(南人)이 1689년 원자정호(元子定號) 문제로 숙종의 환심을 사서 서인(西人)을
몰아내고 재집권한 일이다.

다니다가 73세 때 고향으로 돌아가도록 왕명이 내려졌지만, 왕명을 거두도록 요구하는 신하들의 청원 때문에 1년을 더 기다려야 했다. 그가 고향에 돌아간 뒤에도 결국 완전히 풀어 주는 왕명은 그의 사후 6년이 지나서야 내려졌다. 그의 관작(官爵)이 회복된 것은 사후 150년 만인 철종(哲宗) 때 이루어졌으며 고종(高宗) 8년에 비로소 문경(文敬)이란 시호가 내려졌으나 다시 거둬들여지고 20세기에 들어와 순종(純宗) 2년(1908)에 비로소 관작(官爵)과 시호(諡號)가 회복되었다. 이로써 그의 시대가 얼마나 당파적 배타성(排他性)이 혹심하였는지 엿볼 수 있으며 그 자신은 바로 이러한 당쟁시대에 희생된 선비이기도 하다.

2. 葛庵思想의 形成過程

1) 官職生活과 流配

이현일이 활동하던 숙종 때는 당쟁이 가장 극렬하던 시기였던만큼 그의 정치활동에 당쟁과 연결된 측면이 없지 않다. 향리에 칩거하면서 학문 연마와 후학 육성에 몰두하며 중앙정계와의 인연을 오랫동안 맺지 않던 이현일은 40세(1666, 현종 7) 때 '복제소(服制疏)'를 작성하면서 정치적 의견을 비로소 제시하였다. 영남사림들이 송시열(宋時烈)의 기년설(朞年說)을 비판하는 상소를 올리고자 할 때, 그는 허목(許穆) · 윤선도(尹善道)의 제최설(齊衰說)까지 모두 잘못이며 참최절(斬衰說)이 옳다는 참최3년설(斬衰三年說)을 논리정연하게 제시하였다. 그러나 이 상소문이 조정에 직접 전달되지는 않았지만 논자의 학문경향·정치경향을 분명하게 살필 수 있는 계기가 되었다.

1675년 숙종(肅宗)의 즉위와 함께 남인(南人)의 예설이 채택되면서 정권도 남인에게로 넘어왔다. 이와 함께 50세(1676, 숙종 2)에 사직서참봉(社稷署參奉)에 임명되고 다음 해에 선무랑(宣務郎) 장악원주부(掌樂院主簿, 종6품)에 천거되었다. 그 후 공조좌랑(工曹佐郎)·통선랑(通善郎) 사헌부지평(司憲府持平, 정5품)·공조정랑(工曹正郎)·사헌부지평(司憲府持平) 등에 제수되면서 본격적인 관직생활을 시작하였다. 사헌부지평(司憲府持平)으로 임명되면서 ① '정학(正學)을 밝혀 대본을 세울 것' ② '기강을 진작시켜 풍속을 면려(勉勵)할 것' ③ '공도(公道)를 넓혀 왕법(王法)을 바로잡을 것' ④ '충간(忠諫)을 받아들여 막힌 것을 제거할 것' ⑤ '민정(民情)을 살펴서 실질적인 혜택을 베풀 것' 등 5조소(五條疏)를 올려 경세적인 의욕을 보이기도 하였다.22) 주안점은 무엇보다도 군왕의 학문(學問)과 수신(修身)에 있었다. 즉 그는 군왕의 학문(學問)과 수신(修身)이 미진할 경우 판단이 혼미해지고 사고가 편협해져서 정사(政事)를 그르칠 수 있음을 경계하면서, 당시 치열하게 전개되던 붕당의 폐단을 종식하고 탕평(蕩平)의 정치실현에 있어 군왕의 수덕(修德)은 필수적 선결요건으로 인식하였던 것이다.23) 이처럼 숙

---

22) 『葛庵集』 卷2, 「辭免持平兼陳五條疏」, "明正學以立大本, 振紀綱以廣風俗, 恢公道以正王法, 納忠諫以去壅蔽, 察民情以行實惠."

23) 『葛庵集』 卷2, 「辭免持平兼陳五條疏」, "爲學不本於窮理, 修身不務於持敬, 則昏昧雜擾, 無以盡此心之明, 偏陂反側, 無以得此心之正, 不惟不能決是非審取舍於衆

종 즉위(1675)로 남인이 집권하면서 공조좌랑(工曹佐郎)을 제수받아 중앙정계에 나아가서 경신환국(庚申換局)24)이 일어나 서인이 집권할 때까지 공조정랑(工曹正郎)·사헌부지평(司憲府持平) 등을 역임하였다. 이 기간 동안 이현일은 청남(淸南)·탁남(濁南)25)의 대립으로 나타났던 근기남인 주도의 정국운영에는 대체로 소극적인 입장을 견지하였다.

영남남인의 영수로서의 이현일의 활동은 기사환국(己巳換局)26)으로 남인이 재집권하면서 본격화되었다. 63세 때(1689)는 인형왕후 폐비의 부당함을 지적하여 사직소를 올렸으나 받아들여지지 않았고 임술무옥(壬戌誣獄)의 신원을 건의하기도 하였다. 이 시기 동안 그의 활동은 기사환국(己巳換局) 후의 남인의 정치적·학문적 입지를 확대하는 데 중심적 역할을 수행하였다. 그가 정치참여에 대해 남다른 포부를 가지게 된 것도 영남의 정치적인 침체를 회복하고 학문하는 과정에서 온축된 자신의 경세관(經世觀)을 실현하는 데 있었던 것으로 보인다. 허적(許積)27)·윤휴(尹鑴)28)·허새(許璽)29)

務交至之際.”

24) 숙종 6년(1680)에 남인이 역모의 혐의를 받아 실각하고 다시 서인정권이 수립되었는데, 이때 서인은 남인의 재기를 막으려는 의도에서 철저한 탄압으로 허적(許積)·윤휴(尹鑴) 등 남인의 중심인물을 제거하였다.

25) 2차 예송(禮訟)의 결과 집권한 남인(南人)은 상대 당인 서인(西人)에 대한 처벌을 둘러싸고 강·온의 입장이 대립하여 청남(淸南)과 탁남(濁南)으로 분열하였다. 이때 온건론을 주장한 탁남(濁南)이 우세를 점함으로써 서인(西人)에 대한 극단적인 탄압은 행해지지 않았다.

26) 숙종 15년(1689)에는 남인계의 희빈장씨(嬉嬪張氏)가 출산한 왕자(景宗)를 세자로 책봉하는 과정에서 서인이 몰락하고 남인이 재집권하였는데, 이때에는 남인 측에서 서인에 대하여 극단적인 보복을 가하였다. 송시열이 죽음을 당한 것도 이때의 일이다.

27) 허적[許積, 1610(광해군 2)~1680(숙종 6)]: 조선 후기 학자, 자는 여차(汝車), 호는 묵재(默齋)·휴옹(休翁), 본관은 양천(陽川)이다.

를 비롯한 '경신대출척(庚申大黜陟)(1680 숙종 6)' 때 죽은 남인의 신원, 노론의 핵심인물인 민정중(閔鼎重, 인현왕후의 숙부)[30]에 대한 처벌, 정개청(鄭介淸)[31] 증직, 김성일(金誠一)의 시호를 개정하는 등에 관한 주장과 관철은 그러한 예이다. 이때 성균관사업(成均館司業, 정4품)을 비롯하여 사헌부장령(司憲府掌令)·공조참의(工曹參議)·이조참의(吏曹參議)·성균관제주(成均館祭酒)·예조참판(禮曹參判)·원자보양관(元子輔養官)·사헌부대사헌(司憲府大司憲, 종2품)에 제수되고 경연에 참석하였으며, 64세에는 이조참판(吏曹參判)·세자시강원찬선(世子侍講院贊善)에 임명되었다. 그는 경연에서 수시로 임금에게 진강(進講)하여 도학적 이념에 근거하여 정치하는 도리를 밝혔으며 67세에는 병조참판(兵曹參判)·의정부우참찬(議政府右參贊)을 거쳐 이조판서(吏曹判書)에까지 올랐다. 임진왜란 이후 영남인으로서 이조판서를 지낸 인물이 정경세·이원정(李元禎)[32]·이현일 세 사람에 지나지 않았음을 고려할 때 이현일의 정치적 명망을 가늠할 수 있을 것이다.

---

28) 윤휴[尹鑴, 1617년(광해군 9)~1680년(숙종 6)]: 조선 후기의 문신·학자, 자는 희중(希仲), 호는 백호(白湖)·하헌(夏軒), 본관은 남원(南原)이다. 저서로는 『백호전서(白湖全書)』가 있다.

29) 허새[許璽, ?~1682년(숙종 8)]: 조선 후기의 유생으로 무옥(誣獄)에 희생당한 허대(許岱)의 아들이다.

30) 민정중[閔鼎重, 1629년(인조 6)~1692년(숙종 24)]: 조선 후기의 문신, 호는 노봉(老峯)이다.

31) 정개청[鄭介淸, 1529년(중종 24)~1590년(선조 23)]: 조선 중기의 문신·학자, 자는 의백(義伯), 호는 곤재(困齋), 본관은 고성(固城), 나주(羅州) 출신이다.

32) 이원정[李元禎, 1622(광해군 14)~1680(숙종 6)]: 조선 후기의 문신, 자는 사징(士徵), 호는 귀암(歸巖), 본관은 광주(廣州)이다. 1680년 이조판서로 있을 때에 경신대출척(庚申大黜陟)으로 초산으로 유배 가던 도중에 살해당하였다. 저서로는 『귀암문집(歸巖文集)』이 있다.

그러나 이듬해인 68세(1694) 때 인현왕후(仁顯王后)가 복위되자 갑술환국(甲戌換局) 때의 조사기(趙嗣基)를 신원하다가 함경도 홍원(洪原)으로 유배되고, 다시 서인의 탄핵을 받아 종성(鍾城)에 위리안치(圍籬安置)되었다. 그 후 호남(湖南)의 광양(光陽)으로 유배되었다가 75세(1701년, 숙종 27) 때 풀려났다. 이듬해 안동의 금양(錦陽)에 집을 짓고 강학을 하며 생애를 마쳤다. 영해의 인산서원(仁山書院)에 제향되었으며 1710년과 1853년에 거듭 복관(復官)되었다가 다시 환수되었다. 1871년(고종 8)에 문경(文敬)이라는 시호가 내려졌다가 환수되었으며 1908년(순종 2)에 관직(官職)과 시호(諡號)가 모두 회복되었다.

이처럼 그의 정치활동은 남인의 정치적 성쇠에 일치하는 것이었던 만큼 그의 학문적 입장에도 당론적 연관성이 없을 수 없다.

2) 學問의 形成 및 著述

이현일은 영해에서 이시명(李時明)[33]과 안동 장씨의 둘째 아들로 태어났다. 어머니 안동 장씨는 장흥효(張興孝)[34]의 딸로서, 장흥효의 학문을 그의 가문에 전수하게 된 직접적인 가교였다. 그의 부친은 김성일(金誠一)과 유성룡(柳成龍)의 문인인 장흥효에게서 수

---

33) 이시명[李時明, 1590년(선조 23)~1674년(현종 15)]: 조선 후기의 학자, 자는 회숙(晦叔), 호는 석계(石溪), 본관은 재령(載寧), 영해(寧海) 출신이다. 이현일의 아버지이고 장흥효(張興孝)의 문인이다. 저서로는 『석계집(石溪集)』 6권이 있다.

34) 장흥효[張興孝, 1564년(명종 19)~1633년(인조 11)]: 조선 중기의 학자, 자는 행원(行源), 호는 경당(敬堂), 본관은 안동(安東)이다. 저서로는 『경당문집(敬堂文集)』이 있다.

학하였으니, 그의 학맥은 사실상 퇴계학통의 정맥을 형성하고 있는 것이다. 그의 학문적 연원은 이황의 고제인 김성일과 유성룡의 두 문하에 출입한 장흥효에서 비롯된다. 그러므로 그의 학맥은 사실상 이황→김성일→장흥효(외조부)→이시명(부친)→이휘일(둘째 형)·이현일(李玄逸)·이숭일(넷째 동생) 형제로 이어지는 것이다. 장흥효의 학문을 보다 직접적으로 계승한 인물은 이현일보다 형인 이휘일이었다. 이휘일은 13세 무렵부터 실제로 『맹자』의 '존심양성설(存心養性說)'·『주역』의 '선천설(先天說)'·주돈이의 「태극도설(太極圖說)」 등을 장흥효로부터 배웠다. 이현일은 특별한 스승 없이 형으로부터 많은 영향을 받았으며 1652년(효종 3) 그가 26세 되던 해에는 형과 함께 『홍범연의(洪範衍義)』[35]의 조목을 정하고 편찬을 시작하였다. 그렇지만 28권 13책의 방대한 분량의 이 책은 60세(1686, 숙종 12)에 완성되었다. 그것은 기자의 9범주, 즉 오행(五行)·오사(五事)·팔정(八政)·오기(五紀)·황극(皇極)·삼덕(三德)·계의(稽疑)·서징(庶徵)·복극(福極)을 기준으로 한 경세론[통치방법]의 체계를 제시한 것으로서, 그의 평생에 걸쳐 추구한 학문 규모를 보여 준 것이다. 또한 이 책은 남송의 진덕수(眞德秀)[36]가 지은 『대학연의(大學衍義)』[37]에 대비되는 것으로, 이언적(李彦迪)[38]

---

35) 『홍범연의(洪範衍義)』는 이휘일과 이현일의 경세관(經世觀)이 집약된 작품으로 청년기부터 둘째 형인 이휘일을 종학(從學)하는 과정에서 경세의 일에 착안하여 일부 편목(篇目)을 정하는 단계로까지 편찬을 진전시켰으나 이휘일의 사망으로 중단되었다가 1686년(숙종 12)에 비로소 완성되었다. 기사환국(己巳換局) 이후 이현일이 조정에 제시한 정책 중에는 『홍범연의』에 근간을 둔 것이 많았다.

36) 진덕수[眞德秀, 1178년(효종 5)~1235(태종 7)]: 중국 남송(南宋) 때 학자, 자는 경원(景元)·경희(景希), 서산선생(西山先生)이라고 불렸다. 포성(浦城, 지금의 福建省浦城縣) 출신이다.

37) 『대학연의(大學衍義)』: 송나라 유학자 진덕수(眞德秀)가 『대학(大學)』의 삼강령

이 지은 『중용구경연의(中庸九經衍義)』[39]와 더불어 한국적 경세론
를 체계화한 것으로 중요한 의미를 갖는다.[40]

　또한 그는 병자호란(丙子胡亂) 이후 청(淸)의 침략에 대한 설욕
으로서 북벌론(北伐論)이 일어나던 시기에 자신이 병서(兵書)들을
연구하고 그 요령을 정리하여 38세(1664, 현종 5) 때 「신편팔진도
(新編八陳圖)」를 저술하였다. 여기서 그는 본래 '문(文)'과 '무(武)'
가 일치했음을 지적하고 중국의 수(隋)나라 이후부터나 우리 사회

　　(三綱領)과 팔조목(八條目)을 부연한 책으로, 1403년(태종 3)과 1434년(세종 16),
　　1527년(중종 22) 등 여러 차례 국비로 간행하였다. 이 책은 『대학』의 핵심인
　　'삼강령'과 '팔조목'을 세분하여 경전에서 관계되는 설을 모두 인용하고 제가의
　　설을 부연하여 『대학』의 원의(原義)를 밝히는 데 목적을 두었다.

38) 이언적[李彦迪, 1491년(성종 22)~1553년(명종 8)]: 조선 전기의 철학자로 본관
　　은 여주, 호는 회재(晦齋)·자계옹(紫溪翁), 자는 복고(復古), 이름은 적(迪)이다.
　　시호는 문원(文元), 원래 이름은 적(迪)이었으나 중종의 명령으로 언적(彦迪)으로
　　고쳤다.

39) 『중용구경연의(中庸九經衍義)』: 조선 전기의 성리학자인 이언적(李彦迪, 1491~
　　1553)이 저술한 책으로 29권 10책. 『중용』에 나오는 구경(九經)의 뜻을 명확히
　　하고 이를 정치에 적용하는 데 도움이 되도록 여러 경전과 학자들의 이론을 모
　　아 1553년(명종 8) 유배지 강계에서 집필했으나, 수신(修身)·존현(尊賢)·친친
　　(親親) 3조목만 완성하고 나머지는 미완성으로 남겼다. 1583년(선조 16) 손자인
　　준(浚)이 저자가 남긴 3조목에 관한 글을 본집으로 하고, 체천도(體天道)·외천
　　명(畏天命)·계만영(戒滿盈) 등을 별집으로 하여 간행했다. 책머리에 저자의 자
　　서(自序)가 있다. 중국 송나라의 성리학자 진덕수가 만든 『대학연의(大學衍義)』,
　　구준(丘濬)이 만든 『대학연의보(大學衍義補)』를 본떠 만든 이 책은 저자의 『대
　　학장구보유(大學章句補遺)』·『구인록(求仁錄)』 등과 표리를 이루는 것으로 주자
　　성리학을 정치에 구체적으로 적용시키는 이념구조를 살필 수 있다.

40) 『홍범연의』를 통한 이현일의 경세론에 대한 관심은 이 시기 사상계에서의 경세
　　론적 변화요구에 대한 퇴계학파의 필연적 대응이었다. 양란(兩亂) 이후 전면적으
　　로 붕괴된 사회를 재정비하기 위해서는 수기(修己)와 치인(治人)을 선후관계로
　　인식하였던 퇴계학파 내에서는 그 한계가 쉽사리 노정되었기 때문에 어떤 형식
　　으로든 대응이 필요하였다. 또한 '수기'와 '치인'을 병렬적으로 파악했던 율곡학
　　파에 비해 상대적으로 현실대응력에서 뒤질 수 있는 소지를 가졌던 퇴계학파의
　　한계점을 나름대로 보강한다는 의미에서 수기론(修己論)과 경세론(經世論)을 결
　　합함으로써 퇴계학파의 학문의 지평을 확장한 것이라 할 수 있다(정호훈, 「17세
　　기 후반 영남남인학자의 사상─이현일을 중심으로─」, p.147.).

에서 '문'·'무'로 갈라져 문사들이 무사를 경시하는 폐단을 비판
하였다. 그는 정자(程子)가 학교교육에서 무경(武經)을 가르쳤던 사
실을 지적하면서 문사(文士)들에게도 병법에 관한 교육을 실시할
것을 강조하였다. 그만큼 그의 북벌의리론(北伐義理論)은 실질적인
무비(武備)를 추구하는 것이었다.

50세 때 출사한 뒤로 빈번한 상소와 53세(1679, 숙종 5) 때 숙
종이 지은 「주수도설(舟水圖說)」을 보완하여 「어제주수도설발휘(御
製舟水圖說發揮)」를 지어 올림으로써 경세론에 대한 그의 폭넓은
인식을 보여 주었다. 이 구절은 『순자(荀子)』「왕제(王制)」편에 나
오는데, 임금은 배이고 백성은 물이니 물은 배를 띄울 수도 있고
뒤집을 수도 있다는 말로 나라를 다스리는 요체를 밝히려는 것이
다. 그 내용으로는 '학문을 좋아할 것', '어진 인재를 등용할 것',
'충간을 받아들일 것', '잘못을 지적하는 말을 즐겨 들을 것', '재
물을 천시하고 덕을 귀하게 여길 것' 등이다. 이에 「주수도설(舟水
圖說)」의 내용을 가지고 그와 관련되는 것을 경전에서 뽑아 정리
하여 「어제주수도설발휘(御製舟水圖說發揮)」 6편을 만들었다. 여기
에 그의 서한에 산재한 예설문변(禮說問辨)까지 더하면 그의 학문
이 경세론(經世論)·의리론(義理論)·예학(禮學)에까지 폭넓은 범위
에 걸치고 있음을 볼 수 있다.

그러나 그의 학문적 핵심은 성리학에 있으며 그가 본격적으로
성리학적 이론을 전개한 것은 60세 이후의 일이다. 경신대출척(庚
申大黜陟)[41]의 충격 속에 칩거하던 이현일은 62세(1688, 숙종 14)

---

41) 숙종 6년(1680)에 남인이 역모의 혐의를 받아 실각하고 다시 서인정권이 수립되
　　었는데 이때 서인은 남인의 재기를 막으려는 의도에서 철저한 탄압으로 허적(許

에 '사단칠정논변(四端七情論辨)'에 관한 이이의 이론을 19개 조목
에 걸쳐 치밀하게 비판하는 「율곡이씨논사단칠정서변(栗谷李氏論
四端七情書辨)」을 저술함으로써 퇴계학파를 계승한 그 자신의 성
리학적 입장을 확고하게 정립하였다. 이는 기호학파의 사상적 외압
(外壓)에 대해 영남학파가 자구책을 모색하는 과정에서 이루어진
저술이라는 점에 의미를 둘 수 있다.

69세(1695, 숙종 21) 때에 북변의 유배지에서 「수주관규록(愁州
管窺錄)」을 저술하여 이이를 비롯해 조식(曹植)42) · 이수광(李睟光)43)
은 물론이고, 장현광(張顯光) · 조호익(曺好益)44) · 유성룡(柳成龍) ·
이덕홍(李德弘)45) 등 이황의 문하에 이르기까지 그들의 성리설에
의문을 제기하고 비판적으로 검토함으로써 이황의 성리설을 체계
적으로 변호하였다. 또한 중국 성리학자, 즉 신안 진씨(陳師凱) ·
임주 오씨(臨州 吳氏) · 황돈 정씨(篁墩 程氏, 程篁墩) · 경제 호씨
(敬齊 胡氏) · 엄주 왕씨(弇州 王氏) 등에 대해서도 주희의 입장과
차이를 분석하여 비판하였다. 「수주관규록」은 성리학에 관한 선유

積) · 윤휴(尹鑴) 등 남인의 중심인물을 제거하였다.

42) 조식[曹植, 1501년(연산군 7)~1572년(선조 5)]: 조선 중기의 학자, 자는 건중(楗
仲 · 健中), 호는 남명(南冥), 본관은 창녕(昌寧)이다. 저서로는 『남명집(南冥集)』·
『남명학기유편(南冥學記類編)』·『파한잡기(破閑雜記)』 등이 있다.

43) 이수광[李睟光, 1563년(명종 18)~1628년(인조 6)]: 조선 중기 유학자 · 문학자,
본관은 전주(全州), 자는 윤경(潤卿), 호는 지봉(芝峯)이다. 저서로는 『지봉집(芝
峯集)』이 있다.

44) 조호익[曺好益, 1545년(인종 1)~1609년(광해군 1)]: 조선 중기의 문신 · 학자,
자는 사우(士友), 호는 지산(芝山), 본관은 창녕(昌寧), 창원 출생이다. 저서로는
『지산집(芝山集)』·『심경질의고오(心經質疑考誤)』·『가례고증(家禮考證)』·『주
역석해(周易釋解)』 등이 있다.

45) 이덕홍[李德弘, 1541년(중종 36)~1596년(선조 29)]: 조선 중기 학자, 자는 굉중
(宏仲), 호는 간재(艮齋), 본관은 영천(永川), 예안 출생이다. 저서로는 『주역질의
(周易質疑)』·『사서질의(四書質疑)』·『간재집(艮齋集)』 등이 있다.

들의 제설(諸說)을 논변한 것으로 학문의 원숙한 단계를 보여 주었다. 즉 이현일은 이이가 사단(四端)을 칠정(七情) 가운데 선일변(善一邊)을 말한 것이라고 한 주장에 대해, 사단과 칠정은 그 소종래(所從來)에서 각각 주장하는 바가 있음을 밝히고 주리(主理)와 주기(主氣)로 양립시켰다. 또한 그는 분별설(分別說)의 관점에 입각하여 리와 기, 사단과 칠정, 인심과 도심, 본연지성과 기질지성을 구분하고 이이의 기발이승일도설(氣發理乘一途說)을 혼륜설(渾淪說)의 한쪽에 치우친 것이라고 지적하고, 게다가 이발(理發)을 부정하는 이이의 견해에 따르면 리는 허무공적(虛無空寂)한 것이 되어 만화(萬化)의 근원이 될 수 없다고 비판하였다.

70세 때 이구(李絿, 1643~?)와 김학배(金學培)[46] 사이의 성리논변을 논평하는 「논금천휴이대유이기성정도설변(論金天休李大柔理氣性情圖說辨)」 12조를 저술하여 김학배가 이황의 입장에서 이구의 이론이 지닌 정합성을 검토한 것을 그가 다시 김학배의 이론을 재검토함으로써 성리설의 엄밀성을 요구하는 그의 학문적 태도를 보여 주었다. 71세 때 권해(權瑎)[47]의 저술인 『사범(士範)34편』에 대해 천인성명(天人性命)과 학문수행(學問修行)에 관한 10편을 검토하여 「권학사사범의의(權學士士範疑義)」를 지은 것도 이황 학설의 입장에서 성리설의 엄밀성을 요구하는 이현일의 학문적 태도를 보여 주었다. 또한 71세 때에 「돈전최어(惇典稡語)」를 편찬하여 인륜

---

46) 김학배[金學培, 1628년(인조 6)~1673년(현종 14)]: 조선 후기의 문신, 자는 천휴(天休), 호는 금옹(錦翁), 본관은 의성(義城)이다. 저서로는 『금옹문집(錦翁文集)』이 있다.

47) 권해[權瑎, 1639년(인조 17)~1704년(숙종 30)]: 조선 중기의 문신, 자는 개옥(皆玉), 호는 남곡(南谷), 본관은 안동(安東)이다. 저서로는 『노론주해(魯論註解)』·『의경변의(義經辨疑)』·『남곡집(南谷集)』·『사범삼십오편(士範三十五編)』 등이 있다.

규범을 체계적으로 밝혔으며, 77세 때 「퇴계선생언행통록(退溪先生言行通錄)」의 편목(篇目)을 정하여 「퇴계언행록(退溪言行錄)」의 정리를 계획하였으나 출판에 이르지는 못하였다. 김성일(金誠一)이 기록한 『도산언행록(陶山言行錄)』·이덕홍(李德弘)의 『기선록(記善錄)』·정유일(鄭惟一)[48]의 『필록(筆錄)』·설월당(雪月堂) 김부륜(金富倫)[49]의 『차기(箚記)』 등을 요약·정리하여 목차를 만들었으나 책은 미처 완성되지 못하였다. 또한 평소에 명나라에 대한 자신의 감회를 서술한 「존주록(尊周錄)」을 편찬하여 배청(排淸) 의리를 드러내는 노력을 보여 주기도 하였다.

이현일이 사단칠정논변(四端七情論辨)을 중심으로 성리설(性理說)에 관한 그의 논변을 보다 깊고 다양하게 확대한 것은 70대에 친우인 정시한(丁時翰)[50]을 비롯하여 문인인 이완(李琓)·이동완(李棟完)[51]·원치도(元致道)·황수일(黃壽一)[52]·신익황(申益愰)[53] 등과 사단칠정논변(四端七情論辨)에 관한 왕복서한을 통해 이루어졌다.

---

48) 정유일[鄭惟一, 1533년(중종 28)~1576년(선조 9)]: 조선 중기의 문신·학자, 자는 자중(子中), 호는 문봉(文峰), 본관은 동래(東萊)이다. 저서로는 『문봉집(文峰集)』이 있다.

49) 김부륜[金富倫, 1531년(중종 26)~1598년(선조 31)]: 조선 중기의 학자, 자는 돈서(敦敍), 호는 설월당(雪月堂), 본관은 광산(光山)이다. 저서로는 『설월당집(雪月堂集)』 6권이 있다.

50) 정시한[丁時翰, 1625년(인조 3)~1707년(숙종 33)]: 조선 후기의 성리학자, 자는 군익(君翊), 호는 우담(愚潭), 본관은 나주(羅州), 서울 출생이다.

51) 이동완[李棟完, 1651년(효종 2)~1726년(영조 2)]: 조선 후기 학자, 자는 국재(國材), 호는 모산(茅山), 본관은 전주(全州)이다.

52) 황수일[黃壽一, 1666년(현종 7)~1725년(영조 1)]: 조선 후기 학자, 자는 용오(用五), 호는 용강(龍岡), 본관은 창원(昌原)이다. 저서로는 『용강집(龍岡集)』이 있다.

53) 신익황[申益愰, 1672년(현종 13)~1722년(경종 2)]: 조선 후기의 학자, 자는 명중(明仲), 호는 극재(克齋), 본관은 평산(平山)이다. 저서로는 『극재집(克齋集)』·『운곡도산휘음(雲谷陶山徽音)』·『성리휘언(性理彙言)』 등이 있다.

그 가운데 75세부터 78세 사이에 정시한(丁時翰)과의 왕복논변은
이 시대 성리학 논변의 정상을 이루는 치밀한 것이었으며, 특히
72세부터 77세 사이에 제자 신익황과의 왕복논변은 이황 - 기대승
및 이이 - 성혼의 사단칠정논변에 준하는 치밀한 논리로 활발한 논
쟁을 전개하였다. 이들 간에 이루어진 학문교류는 17세기 중·후
반 남인학자 내부에서는 가장 활발했던 학문토론의 하나로 평가할
수 있다.54)

　　실제로 이현일의 학문은 60세 이후 만년에 드러났으나, 주희와
이황을 조술(祖述)하는 그의 학풍은 퇴계학파의 입장이 선명하게
드러나는 계기를 이루었으며 교육활동을 통해 커다란 영향을 파급
시켰다. 이러한 노력은 이황의 논리를 단순히 묵수하면서 기계적으
로 이루어진 것이 아니라 이황의 생각을 자신의 입장에서 수용·
재해석한 측면이 강하다고 볼 수 있다.

3) 葛庵學派의 形成

　　영남사림들이 이현일의 문하를 출입한 시기는 정확히 단정할 수
는 없다. 다만 숙종(肅宗)의 즉위를 전후한 시기인 1675년경으로
파악할 수 있을 것이다. 왜냐하면 이 시기는 일생 동안 학문의 반
려자인 형인 이휘일(李徽逸, 1672)은 물론 홍여하(洪汝河, 1674)·
김학배(金學培, 1673)·유원지(柳元之, 1678) 등 당시 영남사림의
주축들이 연달아 작고하면서 새로운 구심점이 요구되었기 때문이

---

54) 琴章泰, 『韓國儒學史의 理解』, 한국학술정보(주), 2003년, pp.112 - 116.

다. 이들이 사거함으로써 이현일의 존재는 이전에 비해 훨씬 더 부각되었고 영남사림의 구심점으로 인식될 수 있었다. 당시 이현일은 연령적으로도 50세를 전후한 노년기에 접어들었으며, 이 시기를 기점으로 하여 학생(學行)으로 천거되고 있었다. 내적인 상황과 외적인 현황을 고려할 때 이 시기를 기점으로 사림의 주목을 받았던 것으로 보인다.

그러나 사림 활동이 본격화된 것은 60세를 전후한 시기라 할 수 있다. 당시는 이현일이 그 어느 때보다도 학문 활동에 주력한 시기로서, 대표적인 저술인 「홍범연의(洪範衍義)」(1686)・「율곡이씨논사단칠정서변(栗谷李氏論四端七情書辨)」(1688)의 완성을 보기도 하였다. 그리고 '갈암(葛庵)'으로 자호(自號)하였으며 이른바 '남악선생(南嶽先生)'으로 불린 것도 이때였다.[55]

이러한 선상에서 기사환국(己巳換局) 이후의 정치활동은 이현일의 입지를 격상시키는 데 적지 않은 영향을 미쳤을 것으로 보인다. 기사환국(己巳換局) 직후 학문적인 명성을 바탕으로 사림에 천거되었으며 숙종도 이현일을 사림의 영수로 지칭하는 데 주저하지 않았다.[56] 이후 갑술환국(甲戌換局)까지 약 6년에 걸친 정치활동 과정에서 근기남인과의 갈등이 없지 않았지만, 이현일이 구가한 정치적 현달(顯達)은 영남남인으로서는 유성룡(柳成龍) 이후 최고의 특권을 누렸다. 그리고 이 과정에서 일부 집권 근기남인의 자제들까지 문하에 흡수함으로써 남인사림으로서의 중망을 받기에 충분하였다.

---

55) 『葛庵集』, 「附錄」 卷1, <年譜>, "十一年乙丑, 先生五十九歲. …… 葛庵之云, 先生蓋取葛編茅緝之義, 寓意名庵以自號, 而世人直據所居, 稱南嶽先生云."

56) 『葛庵全集』, 「聖諭錄」, "目今博學窮經, 凝然爲士林之矜式者, 無出卿右則此時啓沃寡昧補導元良之責, 捨卿其誰乎."

비록 갑술환국(甲戌換局) 이후 '명의죄인(名義罪人)'으로 낙인(烙印)되어 수년에 걸친 유배생활을 감수하기도 하였지만 영남에서의 명망(名望)은 전혀 변함이 없었다. 오히려 유배 이후 이현일의 명망은 증폭된 감이 있으니, 1700년(숙종 26) 안동의 금양(錦陽)에 거처를 마련하자 사방의 학자들이 몰려들었다57)는 사실은 이를 방증해 주는 것이다. 이현일의 문인록인 『금양급문록(錦陽及門錄)』58)에는 모두 360여명의 문인이 수록되어 있다. 『금양급문록(錦陽及門錄)』으로 명명된 것은 금양(錦陽)이 이현일의 주된 강학처(講學處)였기 때문이다. 이현일의 문인은 영남·근기·충청·영서·호남·관서 등 전국에 걸쳐 광범위하게 분포되어 있는데, 이로 인하여 영남학파의 계파성(系派性)을 어느 정도 극복할 수 있었음이 분명하다. 유성룡(柳成龍)·정구(鄭逑)·장현광(張顯光) 계열의 사림들의 출입 상황은 이를 잘 증명해 주고 있다.

한편 이현일은 단순히 사림을 결집하는 데 그치지 않고 퇴계학을 바탕으로 이들을 동일한 사상적 범주 속에 묶음으로써 학파의 형성을 기할 수 있었다. 이현일의 문인집단이 소위 '갈암학파(葛庵學派)'로 불리는 것도 이 때문이다. 이현일이 영남학파의 학문적 구심점으로 대두될 수 있었던 것은 누구보다 퇴계학의 수호에 주도적 역할을 담당하였기 때문이다.59) 이는 이황 이후 약 100여 년

---

57) 『葛庵集』, 「附錄」 卷1, <年譜>, "二十六年庚辰, 先生七十歲. …… 十月營小築 于錦陽, 與諸生講學, …… 於是四方學子, 塡門溢戶."

58) 『금양급문록(錦陽及門錄)』은 원래 이현일의 아들 이재(李栽)와 문인들이 중심이 되어 편찬하였으나 중도에 소실하였다. 현전하는 『금양급문록』은 이현일의 증손 인 이유원(李猷遠)이 간략하게 재정리한 것으로 본서도 이를 참고하였다.

59) 이현일 외에도 퇴계학의 수호에 노력한 인물이 없지 않았는데 유원지(柳元之)· 이개(李槩) 등이 그 대표적인 인물이다. 유원지는 유성룡의 손자로서 그의 저술

만에 영남학파의 광범위한 재결집을 의미하는 것이었다. 이는 이황에 의해 영남학파가 형성된 이래 이현일에 의해 확충·발전되었음을 의미하는 것이다. 그리고 기호학파에 대칭되는 개념으로 영남학파로 불리게 되는 실질적인 기점도 이현일의 '갈암학파(葛庵學派)'가 아닌가 한다.[60]

이 과정에서 이현일은 이황(李滉)→김성일(金誠一)→장흥효(張興孝)→이현일(李玄逸)로 이어지는 학통을 선명하게 부각시킬 수 있었고, 이후에 아들 이재(李栽)→외손인 이상정(李象靖)→남한조(南漢朝)[61]→유치명(柳致明)[62]→서산(西山) 김흥락(金興洛)[63]으로 이어질 수 있는 계기를 마련하였다. 더욱이 아들 이재(李栽)가 자신의 학문을 충실히 계승하여 명유(名儒)로 성장함으로써 이현일의 입지는 더욱 강화되었다. 특히 이재는 이황의 기에 대한 리(理)의 절대

인 「이기설(理氣說)」은 이황의 『성학십도(聖學十圖)』 중의 「심통성정중하이도(心統性情中下二圖)」와 이이의 「심성정도(心性情圖)」를 비교하여 이이의 사단칠정·인심도심설을 비판하고 있다. 이구는 설이설기록(「說理說氣錄)·「이기발명(理氣發明)」 등을 통하여 이이의 학설은 물론 장현광(張顯光)의 학설까지 아울러 비판하고 있다. 이들은 대체로 유성룡 계열의 인물로서 이현일보다는 대체로 한 세대 앞서거나 동년배였다.

60) 영남학파(퇴계학파)와 기호학파(율곡학파)의 성립 시기는 논란의 여지가 있으나 현상윤(玄相允)은 퇴계 이후 100년이 지나 이현일에 의해 영남학파가 확립되었음을 지적하고 있다.

61) 남한조[南漢朝, 1744년(영조 20)~1809년(순조 9)]: 조선 후기의 학자, 자는 종백(宗伯), 호는 손재(損齋), 본관은 의령(宜寧), 상주(尙州) 출생이다. 저서로는 『손재집(損齋集)』 15권이 있다.

62) 유치명[柳致明, 1777년(정조 1)~1861년(철종 12)]: 조선 후기의 문신·학자, 자는 성백(誠伯), 호는 정재(定齋), 본관은 전주(全州)이다. 저서에는 『정재집(定齋集)』·『예의총화(禮疑叢話)』·『가례집해(家禮輯解)』·『태극도해(太極圖解)』 등이 있다.

63) 김흥락[金興洛, 1827년(순조 27)~1899년]: 한말의 유학자, 자는 계맹(繼孟), 호는 서산(西山), 본관은 의성(義城), 안동 출생이다. 김성일(金誠一)의 주손(冑孫)이며 유치명(柳致明)의 문인이다.

적 우위성을 더욱 강화하는 한편, 권두경(權斗經)64)과 더불어 『주
서강록간보(朱書講錄刊補)』·『도산언행통록(陶山言行通錄)』·『도
산급문제자록(陶山及門諸子錄)』의 편찬을 주간하기도 하였다. 이재
의 이러한 모든 행적들은 이현일→이재로 이어지는 도통의 전수관
계를 보다 선명하게 하였다.

이처럼 이현일은 이이가 이황의 성리설을 비판한 데 대해 조목
별로 철저히 재비판하고 이황의 성리설을 확고하게 변호함으로써
이황의 연원을 '인맥(人脈)'의 차원에서 '학파(學派)'의 차원으로 끌
어올리는 데 결정적인 역할을 하였다.65) 따라서 이 학통은 유성룡
(柳成龍) 계열의 학통과 더불어 영남학파의 주요한 학통으로 이해
되었고, 아울러 17세기 중반까지 유성룡 계열에 비해 상대적으로
활성화되지 못했던 김성일(金誠一) 계열이 보다 부각될 수 있는 계
기이기도 하였다.

이현일 문하의 중심을 이루었던 적암(適庵) 김태중(金台重, 1649
~1711)·권두경(權斗經, 1654~1725)·하당(荷塘) 권두인(權斗寅,
1643~1719)·밀암(密菴) 이재(李栽, 1657~1730)·식산(息山) 이만

---

64) 권두경[權斗經, 1654년(효종 5)~1726년(영조2)]: 조선 후기의 학자로 이현일의
   문인이다. 자는 천장(天章), 호는 창설재(蒼雪齋), 본관은 안동(安東)이다. 저서로
   는 『창설집(蒼雪集)』·『퇴계선생언행록(退溪先生言行錄)』·『도산급문제현록(陶
   山及門諸賢錄)』 등이 있다.

65) 여기서 유성룡의 학맥은 정경세(鄭經世)를 거쳐 수암(修巖) 유진(柳袗) → 졸재(拙
   齋) 유원지(柳元之)로 이어 가면서 그 중심이 상주(尙州) 지역으로 옮겨 갔다. 따
   라서 장흥효(張興孝) → 이시명(李時明) → 이현일(李玄逸)의 형제를 거쳐 아들 이
   재(李栽)로 이어 가는 학맥은 김성일(金誠一)에 연원하는 것으로 파악하여 유성
   룡의 학맥과 대조시키는 것이 일반적 인식이다. 또한 장흥효와 이시명이 한국유
   학사에서 거의 비중이 없지만 그 가학(家學)을 계승한 이현일이 출현함으로써
   이황 → 김성일 → 장흥효 → 이시명 → 이현일 → 이재로 이어지는 김성일 연원의
   학통이 뚜렷하게 드러나게 된 것이 사실이다(琴章泰, 『朝鮮後期의 儒學思想』,
   서울대학교출판부, 1998년, pp.161-162.).

부(李萬敷, 1664~1732)·병곡(屛谷) 권구(權榘, 1672~1749)·제산
(霽山) 김성탁(金聖鐸, 1684~1747)·옥천(玉川) 조덕인(趙德鄰,
1658~1737)·훈수(塤叟) 정만양(鄭萬陽, 1664~1730) 등이 그 대
표적인 인물이라 할 수 있다. 그가 키워 낸 제자는 모두 36여 명에
이르렀으며 그 가운데 청사(晴沙) 권두기(權斗紀, 1659~1722)·창설
재(蒼雪齋) 권두경(權斗經)·한포(漢浦) 윤제하(尹濟夏) 등이 많은
활동을 하였다.[66]

이러한 문인들을 바탕으로 이현일의 문하에 갈암학파(葛庵學派)
를 형성함으로써 영남학파의 실체로 부상할 수 있었다. 이는 이황
이래 가장 확고한 학문적 결집체를 구성하게 됨으로써 영남학파의
구심체로 인식될 수 있었다. 그리고 이는 영남학파의 학문적인 전
통을 보다 강화하는 것이라 하겠다. 이처럼 그는 퇴계학파를 정립
하고 계승시키는 사상사의 계기를 이루었으며 그 자신 후진 양성
을 통해 그의 문인명단인 『금양급문록(錦陽及門錄)』에 360여명이
수록될 만큼 학맥(學脈)을 크게 진작시켰고 아들 이재(李裁)를 통
하여 그의 학맥이 더욱 뚜렷하게 드러났던 것이다.

---

66) 金鶴洙, 「葛庵 李玄逸 硏究─經世論과 學統關係를 中心으로─」, 한국정신문화
연구원 석사논문, 1995년, pp.102－118 참조.

제2장
理氣論

성리학은 일반적으로 존재일반을 리와 기의 개념으로 이해한다. 또한 성리학은 인간의 심성정(心性情)까지도 리와 기의 기본개념으로 설명한다. 그러므로 심·성·정의 모든 문제들은 최종적으로는 이기(理氣)의 문제로 귀착된다. 때문에 리와 기에 대한 정확한 이해와 그 둘과의 관계를 파악하는 것이 무엇보다도 중요하다. 게다가 리와 기에 대한 온전한 이해를 위해서는 태극(太極)과 음양(陰陽)에 관한 의미파악이 선행되어야 하며 태극과 음양의 의미파악도 리와 기를 통해서 가능해진다. 즉 리와 기에 의해서 태극과 음양의 의미가 더욱 분명해질 것이고 태극과 음양은 리와 기의 논리 확립에 도움을 준다. 따라서 본 장에서는 이현일의 분별설(分別說)의 관점에 입각하여 그의 이기론이 어떻게 형성되고 전개되었는지를 고찰하고자 한다.

1. 太極陰陽論

　　시대에 따라서 또는 사람에 따라서 진리를 나타내는 표현방식이 반드시 같을 수는 없다. 복희는 팔괘(八卦)를 그렸으나 태극(太極)을 말하지 않았고, 공자는 태극을 말하였으나 무극(無極)을 말하지 않았으며, 주돈이는 무극을 말하였으나 이기(理氣)를 강조하지 못하였고, 주희에 이르러서는 태극을 리로서 설명하였다.[67] 이처럼 시대에 따라서 팔괘·태극·무극·리 등으로 말하였으나 한결같이 궁극적 본원을 밝히고자 하는 의미에서는 차이가 없다.

　　이현일은 유가철학의 입문이자 모든 이론의 기준으로 리를 통하지 않고서는 유학본원에 이를 수 없고 전체를 관통할 수 없는 유가철학의 이론적 핵심을 태극으로 이해하였다. 그렇다면 그에 있어서 태극이란 무엇인가.

---

67) 柳正東, 『退溪의 生涯와 思想』, 博英社, 1979년, p.50.

1) 太極에 대한 정의

　주희는 태극에서의 '태(太)' 자를 '대(大)' 자로 보고 '극(極)'을
'지극(至極)'의 뜻으로 해석하였다. 따라서 태극을 "궁극에 있어 지
극하여 이름을 붙일 만한 이름이 없어 다만 이것을 태극이라 하니,
천하의 어떠한 지극한 것도 이것을 능가하는 것이 없다"[68]는 뜻으
로 정의하였다. 태극은 말로 표현할 수 있는 형상(形象)과 방소(方
所)가 없다. 그러므로 태극은 리의 지극함을 다 들어도 이보다 더
할 것이 없는 궁극의 실체임을 형용한 말이다. 그러면서도 태극은
편벽되거나 치우침이 없는 모든 조화의 기준이 되는 것을 의미한
다.[69] 이현일도 주희와 같은 범주에서 태극을 이해한다.

　　태극이 태극 되는 것은 그 이치가 지극하여 더할 나위가 없고 한
　　쪽으로 치우침이 없으니, 천하의 지극함을 다 들어도 이에 더할 것
　　이 없다.[70]

　　태극이라는 이름은 바로 이 리가 지극하여 이름 할 만한 이름
　　이 없기 때문이다. 그러므로 사물에 형상(形象)과 방소(方所)가 있
　　는 것으로 이 리가 더할 나위 없이 지극한 것을 형용하였으니, 천
　　하의 지극한 것을 다 들어도 이보다 더할 것이 없다는 뜻이다.[71]

---

68) 『朱熹集』 卷36, 「答陸子靜」, "其究竟至極, 無名可名, 故特謂之太極. 猶曰擧天下
　　之至極, 無以加此云爾."

69) 『朱熹集』 卷36, 「答陸子靜」, pp.1579－1580, "太極固無偏倚而爲萬化之本."

70) 『葛庵集』 卷19, 「愁州管窺錄」, "太極之爲太極者, 其理至極, 無有畸零, 無有偏科,
　　擧天下之至極, 無以加此之義."

71) 『葛庵集』 卷19, 「愁州管窺錄」, "太極之得名, 正以此理至極, 無名可名. 故以物之
　　有形象方所者, 形容此理之究竟至極, 擧天下之至極, 無以加此之義."

태극은 이름을 초월한 지극한 실체로서 온갖 변화의 표준이고 근거이다. 주희는 태극의 본질적인 의미를 '조화의 추뉴(樞紐)이고 품휘의 근저(根柢)'라고 설명하였다.72) '조화의 추뉴'란 우주변화의 원리이고 '품휘의 근저'란 바로 천지만물의 존재 근거이다. 즉 태극의 본질은 바로 우주만물의 근본원리를 의미한다는 것이다.

또한 주희의 태극사상은 우주천지의 본체일 뿐 아니라 인간도덕의 본체가 되어 완전무결하고 순수지선(純粹至善)한 것으로 규정된다.73) 따라서 태극은 지극(至極)의 뜻을 함유할 뿐만 아니라 표준(標準)의 뜻을 함유하기도 한다. 이현일도 주희의 형이상학의 본체론적 사유구조 속에서 태극에 관한 자신의 이론을 전개한다.

> 태극은 조화의 추뉴(樞紐)이고 품휘의 근저(根柢)이다. 이 때문에 태극은 동정의 이치를 머금고 동정의 덕을 갖추고 있으니, 이른바 '한 번 음하고 한 번 양하는 것을 도라 한다'는 것이다. 천도(天道)로써 말하면, 그 움직임[動]은 성(誠)의 통함이니 '그것을 계승하는 것은 선이다[繼之者善]'라는 것이고 그 고요함[靜]은 성(誠)의 회복이니 '그것을 이루는 것은 본성이다[成之者性]'는 것이다. 인도(人道)로써 말하면, 희(喜)·노(怒)·애(哀)·락(樂)이 아직 발하지 않았을 때에도 하나의 태극이 있고 희·노·애·락이 이미 발하였을 때에도 하나의 태극이 있어서 일찍이 동(動)에 치우친 적도 없고 또한 정(靜)에 치우친 적도 없으니, 이것이 바로 이치의 본연(本然)이다.74)

---

72) 『性理大全』 卷1, 「太極圖」, "上天之載, 無聲無臭, 而實造化之樞紐, 品彙之根柢也. 故曰無極而太極, 非太極之外, 復有無極也."

73) 『朱熹集』 卷36, 「答陸子靜」, pp1579－1580, "太極固無偏倚而爲萬化之本, 然其得名自爲至極之極, 而兼有標準之義, 初不以中而得名也."

74) 『葛庵集』 卷19, 「愁州管窺錄」, "太極是造化之樞紐, 品彙之根柢. 是故太極含動靜之理, 具動靜之德, 所謂一陰一陽之謂道也. 以天道言之, 其動也誠之通也, 繼之者善也, 其靜也誠之復也, 成之者性也. 以人道言之, 喜怒哀樂之未發也, 有簡太極,

태극은 온갖 변화의 가능 근거이고 모든 사물의 존재 근거이다. 따라서 존재양상과 운동변화는 태극을 떠나서 성립할 수 없다. 이러한 태극은 동정의 이치[理]뿐만 아니라 동정의 덕(德)을 갖추고 있기 때문에 천지우주의 본체뿐만 아니라 또한 인간도덕의 본체가 된다. 그러므로 희·노·애·락이 아직 발하지 않는 미발(未發)인 성의 상태에서나 희·노·애·락이 이미 드러난 정(情)의 상태 모두에 치우침이 없는 인간법칙이 된다. 따라서 태극은 천지우주의 본체일 뿐만 아니라 또한 인간도덕의 본체이다. 다시 말하면, 태극은 천지만물의 이치의 총화(總和)인 동시에 인간의 덕성표준의 실체(實體)가 된다고 할 수 있다.

2) 無極과 太極과의 관계

주돈이(周敦頤)의 「태극도설(太極圖說)」에는 '무극이태극(無極而太極)'과 '태극본무극(太極本無極)'이라는 말이 있어 후인들로 하여금 무극과 태극을 둘로 생각하게 하는 오해를 불러일으키게 하였다. 이에 주희는 무극(無極)과 태극(太極)과의 관계를 '형체는 없으나 이치는 있는 것'[75]으로 설명하였다. "상천(上天)의 일은 소리도 없고 냄새도 없으나 실제로 조화의 추뉴(樞紐)이고 품휘의 근저(根柢)이다. 그러므로 무극이면서 태극이라고 한 것이요, 태극의 밖에 다시 무극이 있는 것이 아니다."[76] 주희는 무극과 태극을 하나의

喜怒哀樂之已發也, 有簡太極, 未嘗偏於動, 亦未嘗偏於靜, 此理之本然也."
75) 『朱子語類』 卷94, 「太極圖」, p.2366, "無極而太極, 只是無形而有理."
76) 『性理大全』 卷1, 「太極圖」, "上天之載, 無聲無臭, 而實造化之樞紐, 品彙之根柢

‘리(理)’에 대한 두 명칭으로 이해하였다. 무극을 말하지 않으면 태극은 일물(一物)과 같아서 온갖 변화의 근본이 될 수 없고, 태극을 말하지 않으면 무극이 공적(空寂)에 빠져서 또한 온갖 변화의 근본이 될 수 없기 때문이다.[77] 태극은 단지 리요 하나의 지극한 리이다.[78] 이 리는 방소가 없고 형상이 없으며 소리가 없고 냄새가 없기 때문에 이것을 무극(無極)이라 하였을 뿐이다. 즉 현실의 감각계를 초월하는 태극의 형이상학적 의미를 해석하기 위하여 ‘무극이태극(無極而太極)’이라고 하였던 것이다. 이처럼 주희는 주돈이의 ‘무극이태극(無極而太極)’을 태극의 형이상학적 본체론에 대한 설명으로 이해하였다.

이현일은 주희의 ‘무극이태극’에 대한 형이상학적 본체론에 기초하여, 자신의 무극과 태극과의 관계를 다음과 같이 정리하였다.

> 태극이라 이름 할 수 있는 것은 바로 이 이치가 지극하여 이름 할 만한 이름이 없기 때문이다. 그러므로 사물에 형상(形象)과 방소(方所)가 있는 것으로[북극(北極)·옥극(屋極)과 같은 것이다] 이 리가 더할 수 없이 지극한 것을 형용하였으니, 천하의 지극한 것을 다 들어도 이보다 더할 수 없다는 뜻이다. 무극(無極)이라는 것은 또한 이 리가 전체를 관통하여 있지 않는 곳이 없지만 처음부터 형상(形象)과 방소(方所)를 말할 수 없음을 밝힌 것이니, 이른바 상천(上天)의 일은 소리도 없고 냄새도 없지만 실제로 조화의 추뉴(樞紐)이고 품휘의 근저(根柢)라는 것이다.[79]

也. 故曰無極而太極, 非太極之外復有無極也."

77) 『朱熹集』 卷36, 「答陸子靜」, p.1576, "不言無極, 則太極同於一物而不足爲萬化根本, 不言太極, 則無極淪於空寂而不能爲萬化根本."

78) 『朱子語類』 卷1, 「太極天地上」, p.2, "太極只是一個理字."

79) 『葛庵集』 卷19, 「愁州管窺錄」, "太極之得名, 正以此理至極, 無名可名. 故以物之有形象方所者, (如北極屋極之類) 形容此理之究竟至極, 擧天下之至極, 無以加此

이현일에 의하면, '태극'이란 명칭은 형상이 있는 것을 들어 리의 지극함을 가리키고, '무극'이란 명칭은 형상이 없는 것을 들어 리가 전체를 관통하지만 형상(形象)과 방소(方所)가 없음을 가리키는 것을 의미한다. 따라서 무극을 태극의 존재 근원으로 이해한 것이 아니라, 무극과 태극을 하나의 리에 대한 다른 명칭으로 이해하였다. 주희와 마찬가지로, 그는 무극을 태극과 동일한 것으로 간주하여 어느 장소·어느 시간이나 두루 존재하지 않음이 없음을 지적하지만, 우주변화의 원리와 만물생성의 근원이 되기 위해서는 무형(無形)이 되지 않으면 안 되기 때문에 무극(無極)이라 하여 우주만물의 근본원리, 즉 우주만물의 본체로서의 태극의 실체에 대해서는 형상(形象)과 방소(方所)로 말할 수 없다고 지적하였다. 태극 위에 무극을 더한 까닭은 사람들이 태극을 하나의 형상이 있는 물건으로 간주할 것을 염려하였기 때문이다.

> 주돈이의 「태극도설」에서 '무극이태극(無極而太極)'이라 하여 태극 위에 '이(而)' 자를 더한 것은 이 리가 지극하여 처음부터 소리·냄새·그림자·메아리를 말할 수 없다고 여긴 것이지 태극을 떠나 무극이 있다고 여긴 것이 아니다. 그러므로 주희는 '방소(方所)도 없고 형체(形體)도 없어 유무(有無)의 범주에 속하지 않기 때문에 무극(無極)이라고 한다'고 하였으니 이 말이 너무나 분명하다.[80]

之義. 無極云者, 又以明夫此理之通貫全體, 無乎不在, 而初無形象方所之可言, 所謂上天之載, 無聲無臭, 而實爲造化之樞紐, 品彙之根柢也."

80) 『葛庵集』 卷12, 「答申明仲·己卯·別紙」, "周子太極圖說曰, 無極而太極, 加而字於太極之上者, 以爲此理至極而初無聲臭影響之可言也, 非謂離太極而有無極也. 故朱子曰, 以其無方所無形體, 不屬有無, 故謂之無極, 此其爲說, 大煞分明."

결국, 일반 성리학자들과 마찬가지로 이현일의 '무극이태극'에 대한 이해는 지극한 리에 대한 형이상학의 본체론적인 차원에서 이해하였던 것이다.

3) 太極과 陰陽과의 관계

『주역(周易)』「계사전(繫辭傳)」에 "역에 태극이 있으니 이것이 양의(兩儀)를 낳는다"[81]는 것과 주돈이의 「태극도설(太極圖說)」에 "태극이 동하여 양을 낳고 정하여 음을 낳는다. …… 오행은 하나의 음양이고 음양은 하나의 태극이다"[82] 등의 명제는 사람들로 하여금 음양이 태극에서 생겨나는 것으로 오해를 불러일으키게 하였다. 주희는 태극과 음양을 리와 기의 개념으로 이해하였고,[83] 이들의 관계를 '불상리(不相離)'·'불상잡(不相雜)'이라는 동시관계로 설명하였다. "이른바 리와 기는 결단코 이물(二物)이다. 다만 사물의 관점[物上]에서 보면, 리와 기가 섞여 있어 각각 한 곳에 있는 것으로 분개(分開)할 수 없다. 그러나 리와 기가 각각 일물(一物)되는 것을 방해하지 않는다. 만약 이치의 관점[理上]에서 본다면, 비록 이 사물이 아직 존재하지 않는다 하더라도 그 사물의 리는 이미 존재한다. 그러나 또한 그 사물의 리가 존재할 뿐이요, 일찍이 실제로 이 사물이 존재하였던 것은 아니다."[84] 사실적인 관점

---

81) 『周易』, 「繫辭(上)」, 第10章, "易有太極, 是生兩儀."

82) 『性理大全』 卷1, 「太極圖」, "太極動而生陽, 靜而生陰. …… 五行一陰陽也, 陰陽一太極也."

83) 『性理大全』 卷1, 「太極圖」, "太極是理, 陰陽是氣."

에서 볼 때 리와 기는 서로 섞여 있기 때문에 일물(一物)이라고 할 수 있다. 즉 리는 기의 추뉴의 근저(根柢)이기 때문에 기는 리를 떠날 수 없고, 기는 리의 의착처(依着處)이기 때문에 리는 기를 떠날 수 없다. 이것을 주희는 '이기불상리(理氣不相離)'라고 하였다. 그러나 논리적인 관점에서 보면, 어디까지나 리는 리이고 기는 기이기 때문에 서로 혼동할 수는 없다. 즉 리는 형이상자(形而上者)이고 기는 형이하자(形而下者)로서 그 본질이 다르다는 것이다. 이것을 주희는 '이기불상잡(理氣不相雜)'이라고 하였다. 이처럼 주희는 태극과 음양의 관계에 대해 '태극과 음양의 현상적 동시성'과 '태극의 원리적 근원성'이라는 두 측면에서 설명하였던 것이다.

이현일은 주희가 말한 리와 기의 '불상리'·'불상잡'한 동시관계를 중시하였다. 따라서 현실적으로 리와 기의 불상리(不相離)한 관계를 인정하면서도 불상잡(不相雜)의 관점에서 일물(一物)이라고 하여도 분별이 없어서는 안 된다고 지적하였다.

> 태극은 본래 음양을 떠나서 독립하는 물건이 아니기 때문에 태극이 있으면 바로 음양이 있다. 이른바 '리가 있은 연후에 기가 있다'는 것은 오늘 이 리(理)가 있고 내일 도리어 이 기(氣)가 있다는 것이 아니다. 리와 기는 함께 섞여 있어서 분개(分開)할 수 없기 때문에 기가 응결(凝結)하여 형질(形質)이 되면 리는 바로 그 안에 있어서 성(性)이 된다. 이른바 '기가 있은 이후에 리가 따라서 갖추어진다'는 것은 어제 먼저 기를 뭉쳐서 질(質)을 이루고 오늘 리를 가져다 억지로 붙인다는 말이 아니다. 다만 가리키는 곳에 따라 말을 그렇게 하지 않을 수 없기 때문이다.[85]

---

84) 『朱熹集』 卷46, 「答劉叔文」, p.2243, "所謂理與氣, 決是二物, 但在物上看, 則二物渾淪, 不可分開各在一處, 然不害二物之各爲一物也. 若在理上看, 則雖未有物, 而已有物之理, 然亦但有其理而已, 未嘗實有是物也."

현실적으로 태극과 음양은 분리될 수 없는 혼륜(渾淪)한 상태임을 인정하면서도, 가리키는 곳에 따라 말하면 리는 리대로 기는 기대로 분별하여 말할 수 있다. 즉 리와 기는 비록 묘합(妙合)하게 엉겨 있기 때문에 분개(分開)하여 각각 한 곳에 있게 할 수는 없으나, 일물(一物)이라고 하여 분별이 없어서는 안 된다는 것이다.[86] 그렇다고 오늘 이 리가 있고 내일 이 기가 있다거나, 어제 먼저 기를 뭉쳐서 형질(形質)을 이루고 오늘 다시 리를 가져다 억지로 붙인다는 뜻은 아니다. 그렇지만 가리키는 곳에 따라 말을 그렇게 하지 않을 수 없기 때문에 기의 간섭을 배제하고 전적으로 리의 입장에서만 말할 수 있다.

> 동정(動靜)은 단서가 없고 음양(陰陽)은 시작이 없어서 아주 잠깐 사이라도 태극은 진실로 음양을 떠나 독립할 수 없는 것이지만, 리와 기를 구분하여 말하면 기의 간섭 없이 전적으로 리의 입장에서 말할 수 있다. 이것은 「태극도(太極圖)」의 제일권자(第一圈子)가 특별히 음양·오행보다 앞서 있는 까닭이고, 주희가 말한 '상수(象數)는 드러나지 않지만 그 이치는 이미 구비되어 있다'라는 것이 바로 이것을 말한 것이다.[87]

이현일은 이이의 '동정무단 음양무시(動靜無端 陰陽無始)'설에

---

85) 『葛庵集』 卷11, 「元書別紙」, "然太極本非離陰陽獨立之物, 故纔有太極, 便有陰陽, 其所謂有理然後有氣者, 非以爲今日有是理, 明日却有是氣也. 理氣夾雜, 不可分開, 故氣纔凝結爲形質, 理便在裏面爲性. 其所謂有是氣而後, 理隨而具者, 非以爲前日先以氣甄合成質, 今日將理來强湊泊也. 但所指處語不得不然爾."

86) 『葛庵集』 卷8, 「答丁君翊·甲申·別紙」, "理與氣雖是妙合而凝, 不宜分開, 各在一處, 然亦不可認爲一物而無所分別."

87) 『葛庵集』 卷10, 「答金重卿·時任」, "爲動靜無端, 陰陽無始, 少無頃刻停息, 太極固不能離陰陽而獨立, 然以理氣之分言之, 則有未涉於氣而專就理上言者. 此太極圖第一圈子, 所以特居陰陽五行之先, 而朱子所謂象數未形而其理已具之稱者, 正謂此也."

대해 일순간이라도 태극이 진실로 음양을 떠나 독립해 있을 수는 없지만, 리와 기를 나누어 말한다면 기의 간섭에 구애되지 않는 리(理)를 상정할 수 있다고 생각하였다. 주희가 "리 위에서 볼 것 같으면 아직 사물이 있지 아니할지라도 사물의 리는 이미 있다."[88] 라고 하는 것이 바로 이러한 것을 의미한다. 그렇지만 음양오행 안에 있는 것과 구별하여 따로 하나의 리를 만들어 전체와 분단의 구분을 둔 것은 아니다. 음양에 국한되지 않은 본체만을 '가리켜 말한 경우'도 있고, 음양 안에서 음양에 섞이지 않은 것을 말한 경우도 있어서 '가리켜 말한 것'에 차이가 있을 뿐이다.[89] 현상적 사물에서 보면, 음양이 태극을 함유하고 있지만 그 순서를 말하면 반드시 리가 있은 다음에 비로소 음양이 있다. 즉 음양오행에 앞서는 태극의 리를 인정해야 한다는 입장이다.

2. 理의 特性

1) 理氣의 분별과 理先氣後論

이현일은 리를 중심으로 하는 주리적 사고관에 입각하여 기와의 엄격한 구분을 강조함으로써 자신의 리철학체계를 구축한다.[90] 리

---

88) 『朱熹集』 卷46, 「答劉叔文」, p.2243, "若在理上看, 則雖未有物而已有物之理."
89) 『葛庵集』 卷10, 「答金重卿·時任」, "雖然, 豈與夫在陰陽五行之中者, 別爲一理, 而有全體分段之殊乎. 有指本體不囿陰陽而言者, 有卽陰陽, 不雜陰陽而言者, 所指而言之, 有不同耳."

와 기는 사물의 생성(生成)이나 존재(存在)를 가능하게 하는 것으로
서, 이론상으로는 분별이 가능하지만 실제로는 떨어질 수 없는 관계
이다. 이현일은 이러한 리와 기의 관계를 다음과 같이 설명하였다.

> 리는 기의 주재(主宰)이고 기는 리의 재료(材料)이니, 리는 기
> 가 아니면 정착할 곳이 없고 기는 리가 아니면 근저(根柢)로 삼
> 을 곳이 없다. 그렇기 때문에 두 물건이 섞여 있어 원래 서로 떨
> 어지지 않아서 있으면 함께 있고 없으면 함께 없는 것이다.[91]

> 태극이란 음양을 떠나서도 말할 수 없고 음양과 섞어서도 말할 수
> 없다. 리와 기는 서로 떠나지도 않고 서로 섞이지도 않는 것임이 자명
> 하다.[92]

이현일은 현실적으로 리와 기의 관계를 불상리(不相離)의 공존관
계로 보고, 리 없는 기도 없고 기 없는 리도 없다는 사실을 인정한
다. 즉 리가 아니면 기는 근거할 곳이 없고 기가 아니면 리는 의존
할 곳이 없는 상호관계로 이해하였다. 때문에 이러한 '불상리'의 상

---

90) 성리학은 리와 기를 중심으로 우주와 존재일반을 설명한다. 그러면서도 리와 기는
　　서로 두 가지의 원칙 위에서 관계를 맺고 있다. 즉 리와 기는 불상리(不相離)의 관
　　계에 있으면서 동시에 불상잡(不相雜)의 관계에 있다는 사실이다. 따라서 성리학에
　　서는 리 없는 기나 기 없는 리는 생각할 수도 없으며, 그러면서도 리는 리이고 기
　　는 어디까지나 기로서 둘 사이의 본질적인 구분이 가능하다. 따라서 리를 주로 하
　　느냐 기를 주로 하느냐에 따라 주리(主理)·주기(主氣)의 구분이 있게 된다. 리란
　　진리를 뜻하기도 하지만 또한 원리·원칙·이치 등으로 말하여지는 일체의 법칙
　　을 뜻하고 기는 리와 대조되는 일체의 것, 즉 현상세계의 존재일반을 가리킨다.
　　이러한 기의 구체적인 실례가 바로 음양(陰陽)이다. 이러한 리와 기는 사물의 생성
　　이나 존재를 가능하게 하는 것으로 이론상으로는 분별이 가능하지만 실제로는 떨
　　어질 수 없는 관계이다.

91) 『葛庵集』 卷11, 「元書別紙」, "但理者氣之主宰, 氣者理之材料. 理非氣, 無處可安
　　頓, 氣非理, 無以爲根柢. 故二物渾淪, 元不相離, 有則竝有, 無則竝無."

92) 『葛庵集』 卷12, 「答申明仲·己卯」, "蓋嘗聞朱子之言曰, 太極者不離乎陰陽而爲
　　言, 亦不雜乎陰陽而爲言. 夫理氣之不相離, 亦不相雜, 無間於天人."

보관계를 '팔을 굽히고 펴는 것'이나 '말을 타고 출입하는 것'으로 비유하였다. 굽히고 펴는 것은 팔에 달려 있어서 굽히고 폄에 팔이 그것을 따르는 것과 같고, 사람이 말을 타면 말은 사람을 따르는데 사람이 움직이자마자 말이 바로 따라 나오는 것과 같은 것[93]으로서 리와 기는 서로 떨어질 수 없는 관계임을 분명히 지적하였다. 그럼에도 불구하고 각각 중요한 것[重]을 들어서 논하면 각각 차원이 있어서 혼합하여 동일시하거나 나란히 놓아 합할 수 없다는 입장을 분명히 하였다. 즉 리는 리이고 기는 어디까지나 기라는 입장에서 둘 사이에 본질적인 구분이 없을 수 없다는 것이다.

또한 이현일은 리와 기를 주리(主理)·주기(主氣)로 설명함으로써 분별설(分別說)의 정당성을 한층 강조하였다.[94] 성현의 말은 '도[리]를 주로 하여 말한 것'도 있고 '기를 주로 하여 말한 것'도 있다. 예를 들면 "태극이란 상수(象數)가 아직 나타나지 않았으나 그 이치는 이미 갖추어져 있는 것을 말한다"거나 "아직 천지가 있기 이전에 먼저 리가 있다"는 것은 '도[리]를 주로 말한 것'이다. 반면, "태극은 다만 천지만물의 리이니, 천지에 있어서는 천지 속에 태극이 있고 음양에 있어서는 음양 속에 태극이 있다"는 것은 '기

---

93) 『葛庵集』 卷18, 「栗谷李氏論四端七情書辨」, "如屈伸在臂, 反復惟手, 屈之伸之, 臂便隨之, 反之復之, 手便隨之. 又如人乘馬, 馬隨人, 人纔動著, 馬便隨出, 非謂人已出門, 馬尙在廐, 待驅策牽引而后從之也."

94) 본서에서 주리(主理)·주기(主氣)의 용어 사용은 '관점' 내지 '입장'의 차이를 나타내는 용어임을 지적한다. 즉 '주리이언(主理而言)'이란 리의 관점에서 진술한 것을 뜻하며, '주기이언(主氣而言)'이란 기의 관점에서 진술한 것을 의미한다. 이것은 한원진(韓元震)이 말한 '종리종기(從理從氣)'나 임성주(任聖周)가 말한 '자리자기(自理自氣)'와 같은 의미에서 파악된다(최영진, 「조선조 유학사상사의 분류방식과 그 문제점—주리·주기의 문제를 중심으로—」, 『조선조 유학사상사의 양상』, 성균관대학교출판부, 2005년, pp.20 - 25 참조.).

를 주로 하여 말한 경우'이다. 이처럼 성현의 말에는 각각 주안점
이 있어서 진실로 서로 다른 점이 있는 것이다.[95] 리와 기가 비록
현실적으로는 혼륜(渾淪)한 관계에 있지만, '리를 주로 말한 경우'
와 '기를 주로 말한 경우'에 따라 분별이 가능하다는 입장이다. 이
것은 이현일의 개인적인 입장이 아니라 성현들이 모두 '리를 주로
말한 경우'와 '기를 주로 말한 경우'로 구분하여 언급하였음을 지
적하고 혼륜설(渾淪說)에 치우치지 않은 분별설(分別說)의 타당성
을 강조하였다. 여기에서 혼륜(渾淪)과 분별(分別)을 동시적으로 파
악하려는 이현일의 방법론적 입장이 전개된다. 즉 인식에서 혼륜과
분별을 통합함으로써 불상리(不相離)와 불상잡(不相雜)이 동시에
성립함을 주장하였다. 현실적으로 리와 기는 어떠한 경우에도 분리
될 수 없지만, 리와 기로 의미가 다르게 분별되는 이상, 리와 기에
대한 분별적 해석이 불가능할 것이 없다는 입장이다. 합쳐서 말하
면 리와 기는 하나이면서 둘이고 둘이면서 하나이지만, 나누어 말
하면 리와 기는 분명히 이물(二物)이다. 그러므로 비록 현실적으로
리와 기가 혼륜(渾淪)하여 엉겨 있는 일물(一物)일지라도 분별이
없어서는 안 된다.[96] 즉 현상적으로 일물(一物)이라고 하여 분별이
없어서는 안 되니, 일물(一物) 속에서 리는 리대로 기는 기대로 분
별해 보는 인식방법을 제시하였던 것이다. 이것은 이황의 인식방법

---

95) 『葛庵集』 卷17, 「答應中」, "如曰太極者象數未形, 而其理已具之稱. 如曰未有天地
之先, 畢竟是先有此理云者, 是主道而言者也. 如曰從陰陽處看, 則所謂太極者, 便
只在陰陽裏, 而今人說陰陽上面, 別有一物無形影底是太極非也. 如曰太極只是天地
萬物之理, 在天地則天地中有太極, 在陰陽則陰陽中有太極云者, 是主器而言者也.
聖賢之言, 各有所主, 固有不同處."

96) 『葛庵集』 卷8, 「答丁君翊·甲申·別紙」, "理與氣雖是妙合而凝, 不宜分開, 各在
一處, 然亦不可認爲一物而無所分別."

과 일맥상통한다. "같은 것 가운데 나아가 다름이 있음을 알고 다른 것 가운데 나아가서도 같음이 있음을 앎으로써 나누어 둘로 만들어도 일찍이 떨어지지 않음을 해치지 않으며, 합하여 하나로 만들어도 실제로 서로 뒤섞이지 않음으로 돌아간다."97) 이것은 리와 기가 서로 떠나서 분리되는 것은 아니지만 서로 뒤섞일 수 없는 것으로 보고 둘 사이에 통합(統合)과 동시에 분별(分別)을 강조하는 논리이다. 이현일도 이러한 맥락에서 리와 기를 엄격하게 구별할 것을 강조하였다.

결국, 이현일에 있어서 이기론의 본질은 '분별'과 '혼륜'이라는 대립적인 두 성향의 통일에 있음을 알 수 있다. 그러면서도 이현일이 분별설의 관점을 강조한 이유는 이이가 지나치게 혼륜설의 관점에 입각하여 그가 근거하고 있는 이황의 분별설적 논리를 비판하는 데 따른 것으로서,98) 상대적으로 이황을 변호하는 입장에서 분별설의 정당성을 강조하였던 것이다. 이러한 분별설(分別說)의 논리에서는 리와 기의 선후(先後)가 인정된다.

게다가 "리와 기가 비록 서로 떨어져 있다고 말할 수 없으나 형이상(形而上)과 형이하(形而下)의 측면에서 말하면 리와 기는 결코 이물(二物)이다."99) 이현일은 형이상과 형이하의 측면에서는 리와 기가 본질적으로 구분되기 때문에 둘로 분별해서 봐야 한다는 것

---

97) 『退溪全書』 卷16, 「答奇明彦(論四端七情第2書)改本」, "就同中而知其有異, 就異中而見其有同, 分而爲二, 而不害其未嘗離, 合而爲一, 而實歸於不相雜."

98) 이이는 이황의 학설이 리와 기를 두 개의 존재로 보는 오류를 범하고 있다고 비판하였다(『栗谷全書』 卷9, 書1, 「答成浩原(壬申)」, p.193, "若曰四端理發而氣隨之, 七情氣發而理乘之, 則是理氣二物, 或先或後, 相對爲兩歧各自出來矣, 人心豈非二本乎.").

99) 『葛庵集』 卷18, 「讀金天休論李大柔理氣性情圖說辨」, "理氣雖不可謂相離, 然以形而上下者言之. 理與氣決是二物."

이다. 넷째 동생인 응중(應中)[100]이 "하나의 사물을 가리키면서 눈으로 볼 수 있는 것은 기이고 눈으로 볼 수 없는 것은 리이다"[101]라고 하여 형이상을 형기와 상관없는 것으로 이해하는 데 대해, 이현일은 하나의 음양(陰陽)에 나아가 형상이 없는 것과 형상[기]이 있는 것으로써 형이상과 형이하에 대한 올바른 이해를 강조하였다.

> 이것은 음양 속에 나아가서 형상이 없는 것과 기[형상]가 있는 것으로써 형이상(形而上)과 형이하(形而下)로 나누어 도[리]라 하고 기(器)라 한 것이지, 아직 음양이 있기 이전에 있는 어떤 사물을 가리켜서 도(道)의 뜻이라고 하겠는가. 이 뜻으로 미루어 가면, 여기서 말한 형이상과 형이하는 바로 이 음양 속에 나아가 구분하여 도를 형이상이라 하고 기(器)를 형이하라고 한 것이니, 다시 이 밖에 형이상·형이하의 글자를 말할 수 없다.[102]

지금 형이상·형이하라는 것은 실제로 형기(形氣)에 나아가 형상이 없는 측면과 형상이 있는 측면으로 분별하여 말한 것인데도 불구하고, 동생인 응중(應中)은 음양(陰陽) 이전에 형상도 그림자도 없는 것을 리[도]라고 이해하는 잘못을 지적하였다. "대저 형이상은 도로서 사물의 리이고 형이하는 기로서 사물의 사물[사물 그 자체]이니, 사물[物]에 나아가서 이것은 사물이고 저것은 리라고 나누는

---

100) 이현일의 넷째 동생인 항재(恒齋) 이숭일(李嵩逸)이다. 1631년(인조 9)~1698년(숙종 24). 조선 후기의 문신·학자, 자는 응중(應中), 호는 항재(恒齋), 본관은 재령(載寧)이다.

101) 『葛庵集』 卷17, 「重答應中」, "甲則指面前一箇物事曰, 此一物之中, 其可見底卽所謂器, 其不可見底卽所謂理."

102) 『葛庵集』 卷17, 「重答應中」, "是就陰陽中無象與有氣, 分形而上下之爲道爲器, 曷嘗有更指未有陰陽以上時所有底物事, 以爲道之意乎. 以此意推之, 則所說上下字, 正是就此陰陽中, 分得道爲上器爲下, 更不成則說箇上下字也."

것이 경문(經文)의 본뜻이다.”103) 그러므로 아직 형기가 있지 않은 형기 이상의 것을 찾아서 형이상이라 하는 것이 아니라, 형상이 있는 사물에 나아가서 그 속에 갖추어져 있는 리를 가리켜서 형이상이라고 한다. 즉 음양(陰陽)·군신(君臣)·부자(父子)와 같은 것은 사물이고 형이하자이며, 이러한 음양·군신·부자에 나아가서 그 당연한 리를 가리켜서 도라 하고 형이상자라 한다는 것이다. 형이상과 형이하의 설에는 도[리]와 기를 변별하는 뜻이 있기 때문에 분명히 둘로 나누어 구분해야 한다. 이러한 구분은 자연히 리와 기의 선후관계를 인정하는 ‘이선기후(理先氣後)’로 연결되지 않을 수 없다.

주희는 ‘이기선후’의 문제에 관해 “이것은 본래 선후(先後)를 말할 수 없다. 그러나 반드시 그 소종래(所從來)로 미루어 가면 반드시 이 리가 먼저 있다고 말해야 한다. 그러나 리는 또한 별도의 일물(一物)이 되는 것이 아니라 기 속에 내재해 있으니, 이 기가 없으면 리는 또한 의존할 곳이 없다”104)라고 설명하였다. 현상계에서는 리와 기가 혼륜(渾淪)하기 때문에 기가 없으면 리가 의지할 곳이 없지만, 그 소종래(所從來)를 따져 보면 사물의 생성과정에는 반드시 그에 앞서 생성을 가능하게 하는 원리적 요소가 예상된다. 리는 본질이고 기는 유한한 질료(質料)이기 때문에 리가 기보다 선재(先在)한다는 사고는 형이상학을 탐구하는 인간의 사고로서는 적어도 합리적인 추리라고 할 수 있다. 이것이 바로 주희가 천명한 ‘이선기후(理先氣後)’이다. ‘이선기후’는 물론 시간상의 선후(先後)를 말하는 것이 아

---

103) 『葛庵集』卷17,「重答應中」, “夫所謂形而上爲道物之理也, 形而下爲器物之物也, 就此物上, 分得此是物彼是理者, 乃經文本意也.”

104) 『朱子語類』卷1,「理氣上」, p.3, “此本無先後之可言, 然必欲推其所從來, 則須說先有是理. 然理又非別爲一物, 即存乎是氣之中, 無是氣, 則是理亦無掛搭處.”

니다. 이것은 근거를 주는 자와 근거를 받는 자와의 관계로서의 논리적 선후이며, 또한 윤리적으로 말한다면 사실적 존재에 대한 가치의 우선이라는 의미에 있어서의 선후(先後)라고 할 수 있다.

이기론의 본질적인 문제점은 바로 리와 기가 불상리(不相離)라는 상호의존적 관계를 맺고 있음에도 불구하고 부상잡(不相雜)이라는 측면에 있어서 차등적 위치를 가지고 있다는 점에 있는데, 차등적 위치라는 가치의 문제가 시간적 관점에서 표현될 때 이선기후(理先氣後)라는 논리가 성립된다.[105] 물론 '이선기후'는 부상잡(不相雜) 속에서의 이기관계를 말한 것이다. 불상리(不相離)의 원칙에 입각해서는 리와 기 사이에 선후가 있을 수 없다. 이선(理先)의 논리는 리와 기가 혼륜(渾淪)한 가운데 리와 기를 분석하여 그 리만을 논리적으로 분리하여 특성을 규명한 것이다. 즉 리와 기는 비록 묘합(妙合)하게 엉겨 있어서 분개하여 각각 한 곳에 있게 할 수는 없으나, 또한 일물(一物)이라고 하여 분별이 없어서는 안 된다는 입장이다.[106] 소종래(所從來)·본원(本源)·척발(剔撥)·척출(剔出) 등은 논리적으로 분별하려고 하는 구체적인 내용들이다.

이처럼 리와 기는 논리적 측면 혹은 가치적 측면에서 '이선기후'라는 불평등한 차등관계를 갖는다. 같은 것에서 그 양면성(兩面性)을 말하는 것은 현실세계와 본질세계를 구분해서 보려는 인간의 의지 때문이다. 즉 본질적으로 속성(屬性)이 서로 다른 리와 기를 상호 관계 지음으로써 변화하는 현상과 불변의 원리를 보다 종합

---

105) 최영진, 「퇴계의 이기론과 현실인식」, 『조선조 유학사상사의 양상』, 성균관대학교출판부, 2005년, p.68.

106) 『葛庵集』 卷8, 「答丁君翊·甲申·別紙」, "理與氣雖是妙合而凝, 不宜分開, 各在一處, 然亦不可認爲一物而無所分別."

적으로 설명하기 위한 것이다. 리와 기를 분명히 이물(二物)로 인식하고 그 분별설을 강조하는 이현일은 리와 기의 선후문제에 있어서도 '이선기후'의 입장을 견지하였다. 이현일이 본연지성(本然之性)과 기질지성(氣質之性), 사단(四端)과 칠정(七情), 인심(人心)과 도심(道心)을 서로 대립적으로 이해한 것도 모두 이러한 '이선기후'적 사고에 연유한다.

이현일은 "리는 기의 주재이고 기는 리의 재료이니 리는 기가 아니면 정착할 곳이 없고 기는 리가 아니면 근거로 삼을 곳이 없다. 그렇기 때문에 둘은 섞여 있어서 원래 서로 떨어지지 않으니 있으면 함께 있고 없으면 함께 없는 것이다"107)라고 하여 현실세계의 혼륜(渾淪)한 관계를 인정한다. 그러면서도 선후(先後)로 논하지 않을 수 없는 이유를 다음과 같이 설명한다.

> 무릇 리와 기는 참으로 선후(先後)가 있지 않지만 또한 선후로 논하지 않을 수 없는 곳이 있다. 리는 자취가 없고 기는 자취가 있으며 기는 유위(有爲)하고 리는 무위(無爲)하기 때문에 각각 중요한 것[重]을 들어서 논하면 선후(先後)로 말할 수 있는 것이다. 그러므로 합쳐서 말하면, 반드시 리는 기의 주(主)가 되지만 리와 기가 합쳐져서 리와 기는 하나이면서 둘이고 둘이면서 하나인 것이다. 나누어 말하면, 혹은 리가 기보다 앞서 있기도 하고 혹은 리가 기를 따라 갖추어지기도 하지만 리와 기가 분명히 이물(二物)이다.108)

---

107) 『葛庵集』 卷11, 「答元聖夫·元書別紙」, "但理者氣之主宰, 氣者理之材料, 理非氣, 無處可安頓, 氣非理, 無以爲根柢. 故二物渾淪, 元不相離, 有則並有, 無則並無."

108) 『葛庵集』 卷11, 「元書別紙」, "夫理氣固非有先後, 而亦有不得不以先後論處. 理無跡而氣有跡, 氣有爲而理無爲. 故各擧所重而論之, 有可以先後言者耳. 故合而言之, 則必理爲氣主, 理與氣合, 而理氣一而二二而一者也. 分而言之, 則或理在氣先, 或理隨氣具, 而理氣決是二物也."

혼륜설(渾淪說)의 관점에서는 리와 기가 하나이면서 둘이고 둘이면서 하나이지만, 분별설(分別說)의 관점에서는 리가 기보다 선재(先在)한다. 리는 자취가 없고 기는 자취가 있으며 리는 작위가 없고 기는 작위가 있으니 중요한 것[重]을 들어서 만물의 근원이 되는 처음에는 반드시 먼저 리가 있은 뒤에 기가 있다. 때문에 합쳐서 말하더라도 리는 기의 주인이 되고 나누어 말하더라도 리가 기보다 앞서 있게 된다. 이현일은 현상세계의 기보다는 근원자로서의 리를 더 중시하였다. 때문에 기상(氣上)에 있어서의 리조차도 분개(分開)하여 말할 수 있어야 하는 분별설의 논리를 거듭 강조하였다.

> 대저 리와 기가 서로 의지하니 음양을 떠나서는 진실로 리를 말할 수 없다. 그러나 리 상면(上面)에서 나아가서 그 본체가 원래 서로 떨어지지 않을 뿐만 아니라 또한 서로 섞이지도 않는다는 것을 보아야 한다.[109]

> 대체로 그 소종래(所從來)에 각각 근저가 있기 때문에 그 설이 각각 차원[地頭]이 있어서 혼합하여 동일시하거나 나란히 놓아 합할 수 없는 것이다.[110]

리와 기가 함께 있다는 이유만으로 그 소종래(所從來)에 각각 근저(根柢)가 있음을 변별하지 않으면 안 된다. 왜냐하면 일물(一物)이지만 가리켜서 말하는 바에 각각 차원이 다르기 때문이다. 현상계에서의 혼륜(渾淪)한 상황에서도 작위성 여부에 따른 형이상과

---

109) 『葛庵集』 卷18, 「栗谷李氏論四端七情書辨」, "夫理氣自相依附, 離了陰陽, 固不可以理言. 然就此上面當見其本體元不相離, 亦未嘗雜耳."

110) 『葛庵集』 卷18, 「栗谷李氏論四端七情書辨」, "蓋其所從來各有根柢, 所以爲說各有地頭不可混而同之比而合之."

형이하의 측면에서는 분명히 리와 기는 구분되어야 할 뿐만 아니
라 본질세계의 리의 우위성을 인정해야 한다는 입장이다. 즉 비록
리와 기가 함께 있는 일물(一物)일지라도 리는 리요 기는 기로서
본질적인 분별이 없어서는 안 된다는 것이다.

> 비록 리가 사물상에 있어 혼륜(渾淪)하여 분개(分開)할 수 없을
> 지라도 그 합쳐진 데에 나아가 리를 분석하여 말하면, 리는 스스
> 로 리이고 기는 스스로 기인 것이다. 그것이 외물(外物)에 감응하
> 여 움직일 때에 각각 주(主)로 하는 바가 있어 혹은 리가 먼저 움
> 직이기도 하고 혹은 기가 먼저 움직이기도 하여 감촉하는 데 따
> 라 발하는데 자연히 그만두지 못한다.[111]

현상계에 있어서는 리와 기가 혼륜해 있지만 그 가운데에서도
리는 리이고 기는 어디까지나 기여서 개념적 분석이 가능하다. 그
런데도 리와 기를 합쳐서 하나의 물건으로 만들려고 하기 때문에
하나로 섞는 것을 좋아하고 분석하는 것을 싫어하여 점차 기를 리
로 인식하는 폐단에까지 이르게 되었다고 지적하였다.[112] 더구나
사물에 감촉하여 움직일 때는 각각 리와 기에 주된 바가 있어 소
종래(所從來)와 주로 하여 말한 바가 다르다. 따라서 인식방법에서
분별하는 것을 넘어서 그 발생 근원과 발생의 주체에서 분별될 수
있음을 강조하고 있다.

결론적으로, 이현일은 분별설(分別說)의 관점에 따라서 리와 기

---

111) 『葛庵集』 卷12, 「答申明仲·別紙」, "蓋雖理在物上渾淪, 不可分開, 然卽其合而
析言之, 則理自是理, 氣自是氣. 其感物而動, 各有所主, 或理先動, 或氣先動, 隨
觸而發, 不能自已."

112) 『葛庵集』 卷13, 「答黃用五·癸未」, "大凡近日諸君子之見, 必欲合理氣爲一物,
故樂渾全而惡分析, 不覺其漸入於認氣爲理之域, 殊可懼也."

를 엄격히 구분하고, 이러한 구분은 자연히 이선기후(理先氣後)를 인정하는 논리로 전개된다. 그에게 있어서 리와 기의 혼동이란 결국 선악(善惡)의 혼동이요, 정의(正義)와 불의(不義)가 혼동하는 윤리적 가치의 혼동을 초래하기 때문이다. 분별설의 관점에 입각한 리와 기의 엄격한 구별은 그 시대의 가치적 전도를 바로잡고자 하는 이현일의 신념이 구체화된 것이라고 하겠다.[113]

2) 理有動靜論

이기설의 쟁점 가운데 동정(動靜)의 작용이 기에만 있는지 리에도 있는지의 문제는 리와 기 중에 어느 쪽이 주체가 되는지의 문제와 관련되어, 체용론(體用論)으로 연결될 뿐만 아니라 리와 기의 위계질서를 확인하는 중요한 근거가 되기도 한다.[114] 때문에 성리학에 있어서 리의 동정(動靜) 문제를 둘러싼 이론이 복잡하고 다양하게 전개된다. 리의 동정이 문제가 되는 이유는 태극이 음양과 연관되는 한 당연히 리가 기와 연관되지 않을 수 없기 때문이다. 이 문제는 주돈이의 「태극도설(太極圖說)」에 대한 주희의 해석에서

---

113) 당시 붕당정치 당사자들의 의식에는 붕당정치가 붕당정치로서가 아니라 선(善)·의(義)·군자(君子)의 악(惡)·불의(不義)·소인(小人)에 대한 투쟁으로 의식되었기 때문에 문집과 같은 저작의 내용 성향이 자연히 그런 방향으로 서술됨은 말할 것도 없다. 이현일의 경우도 물론 예외는 아니다. 그의 유명한 「율곡이씨논사단칠정서변(栗谷李氏論四端七情書辨)」은 당시의 붕당정치의 여건과 결코 무관할 수 없다. 그의 사단칠정이나 이기문제에 대한 논의 곳곳에는 이데올로기적 성향이 농후하게 나타나 있다(『17세기 한 嶺南 道學者의 生涯』, 嶠文會, 2001년.).

114) 琴章泰, 『退溪學派의 思想(Ⅱ)』, 集文堂, 2001년, p.27.

제기된다. "태극이 동하여 양을 낳고 정하여 음을 낳는다"는 이러한 견해는 분명히 태극이 동정하는 데서 음양[기]이 생겨난다는 뜻으로 해석될 수 있다. 그러나 형이상자인 리에는 동정이라는 작위성(作爲性)이 용납될 수 없다는 데에 문제가 있다. 주희의 경우, "태극은 본연의 신묘함이요 동정은 타는 바의 기틀이다"[115]고 하여 리가 동정하는 것이 아님을 분명히 하였다. 리는 오직 원리로서의 리일 뿐이고 실제 사물인 기만 동정의 현상을 나타낼 수 있다. 태극 그 자체가 동정하는 것이 아니라 기가 동정함으로써 기를 태우고 있는 리에 동정이 없을 수 없다는 것이다.[116] 그러면서도 주희는 리에 동정이 있음을 분명히 인정함에 따라 혼란을 야기하였다. "리에 동정이 있기 때문에 기에 동정이 있다. 만약 리에 동정이 없다면 기가 어찌 스스로 동정하겠는가."[117]

이 문제에 관하여 한층 정미한 사변이 조선 성리학자들에 의해 전개되었다. 결론적으로 말하면, 이황은 리에 동정이 있음을 인정하였다. 그렇지만 '리가 동한다'는 것은 리에 기와 같은 작위성을 인정하는 결과가 되어 리와 기의 개념상에 혼란을 초래하게 되고, 그 문제해결의 일환으로 리에 체용론(體用論)을 적용하였다. 리에 동정이 있는 까닭을 리에 작용의 측면이 있기 때문이라고 설명하였다. 단순히 '리가 기를 낳는다'는 것이 아니라 어디까지나 리의 작용이 기를 낳는다는 것이다. 체용론(體用論)을 리의 세계에 적용

---

115) 『性理大全』, 「太極圖說解」, "太極者本然之妙也, 動靜者所乘之機也."

116) 『性理大全』 卷1, 「太極圖」, "蓋太極是理, 陰陽是氣, 理無形而氣有迹, 氣旣有動靜, 則所載之理亦安無動靜."

117) 『朱熹集』 卷56, 「答鄭子上」, p.2871, "理有動靜, 故氣有動靜. 若理無動靜, 則氣何自而有動靜乎."

시켰던 것이다. 이것을 도리(道理)상의 작용이라 하여 사물(事物)상의 작용과 구별하고 있다.[118] 이와 같이 볼 경우, 비록 리를 동(動)하는 것이라고 하더라도 리는 형이하의 것이 아니므로 리와 기를 혼동하였다고 할 수 없다.

반면, 이이는 정이(程頤)의 '동정무단 음양무시(動靜無端 陰陽無始)'의 이론을 계승하여 끝도 없고 시작도 없는 순환작용을 음양[기]의 속성으로 이해하였다. 그러므로 동정하는 것은 어디까지나 음양이며, 동정을 가능하게 하는 소이연(所以然)의 리로써 태극을 설명하였다. 형이상인 리와 형이하인 기가 본질적으로 다르다는 것을 인정하면서도, 리에 대한 인식은 어디까지나 기 위에서만이 가능하다는 입장이다.

이이는 리의 동정(動靜) 문제에 대해, 리를 기의 내재원리(內在原理)로 이해하여 동정하는 실체를 기로 본 반면, 이황은 리를 능동하는 실체로 강조하였다. 이현일은 분별설(分別說)의 관점을 보다 강조함에 따라 리가 동정하는 실체로 확인한다. 기본적으로 이현일은 기에 동정이 있을 뿐만 아니라 리에도 자연히 동정이 있음을 인정한다.

> 태극에 동정이 있어 음양이 나누어지고 음양이 변하여 오행이 생기며 오기(五氣)가 순행하여 사시(四時)가 유행하는 것이니, 원

---

118) 사물(事物)상으로 체용을 말하면, 배가 물로 다닐 수 있고 수레가 땅 위로 다닐 수 있는 가능성으로서의 원리를 체(體)라 하고, 배와 수레가 실제로 물과 땅에서 다니는 것 [원리의 실현]을 용(用)이라고 말하는 것과 같다. 도리(道理)상으로 체용을 말하면, '충막무짐 만상삼연이구(沖漠無朕 而萬象森然已具)'의 경우 '충막무짐(沖漠無朕)'을 체(體)라 하고 만상삼연이구(萬象森然已具)를 용(用)이라고 하는 것과 같다(윤사순, 「退溪의 太極生兩儀」, 『韓國儒學思想論文選集』, 불함문화사, p.117 참조.).

(元)・형(亨)・이(利)・정(貞)의 작용[用]이 사시에 드러나고 오행의
기에 있어서 각각 속하는 바가 있는 것이다.119)

이와 같이 태극의 동정으로부터 음양・오행의 전개과정을 설명함
으로써 태극에 동정이 있음을 분명히 하였다. 대체로 리가 외물(外
物)에 감응하여 동할 때에 기가 바로 그 안에 포함되어 있고 형기가
외물에 감응하여 동할 때에도 리가 거기에 있지 않은 적이 없으니,
리가 먼저 동한다거나 기가 먼저 동한다고 하더라도 불가할 것이
없다.120) 따라서 이현일은 율곡을 다음과 같이 비판하였다. 즉 "율
곡의 뜻이 항상 리를 공허하고 적막하여 주재하는 바가 없고 감응
(感應)하고 발동(發動)하는 것은 모두 기의 작위라고 여기는 데 있기
때문에, 실제로 리는 비록 형상도 없고 소리나 냄새도 없지만 동정
(動靜)을 두루 관통하고 있지 않은 곳이 없다. 미발(未發)할 때에는
거두어들이고 이발(已發)할 때에는 유행하여 뿌리부터 가지에 이르
기까지 모두 하나의 길로 관통한다는 것을 모른다는 것이다."121)

> 이씨는 '리가 무위(無爲)하다'는 설을 듣고는 항상 리는 허무공
> 적(虛無空寂)한 것인 줄만 알고 그것이 만물을 신묘하게 하여 조
> 화의 추뉴(樞紐)가 된다는 것을 알지 못하였으니, 이 어찌 석씨의
> '있는 것을 비어 있다고 여긴다'는 뜻과 같지 않겠는가.122)

---

119) 『葛庵集』 卷10, 「金重卿・時任」, "太極有動靜而陰陽分, 陰陽有變合而五行生,
五氣順布而四時行焉, 則元亨利貞之用, 著於四時, 其於五行之氣, 各有攸屬."

120) 『葛庵集』 卷8, 「答丁君翊・別紙」, "蓋此理感物而動, 氣便包攝在其中, 形氣亦感
物而動, 理亦無乎不在, 則謂之理先動氣先動者, 似亦無所不可."

121) 『葛庵集』 卷12, 「答申明仲・別紙」, "蓋栗谷之意, 常以理爲空虛寛漠, 無所主宰,
其所以感應發動者, 皆氣之所爲. 實不知理雖無形象無聲臭, 而該貫動靜, 無所不
有, 歛藏於未發之時, 流行於已發之際, 從根本至枝葉, 皆是一箇塗轍."

122) 『葛庵集』 卷18, 「栗谷李氏論四端七情書辨」, "蓋李氏嘗聞理無爲之說, 常認理爲

여기에서 이현일은 성리학이 노불(老佛)을 배척하는 방식으로 이이의 리무위설(理無爲說)이나 리무동정설(理無動靜說)을 비판한다. 대체로 리[태극]는 소리·냄새·그림자·메아리로 말할 수 없으나 실제로 조화의 추뉴(樞紐)이고 품휘의 근저(根柢)가 되어 사물이 있기 이전에 있으면서 사물이 있은 후에 있지 않은 적이 없으며, 음양의 밖에 있으면서 음양 속에 유행하지 않은 적이 없다. 그렇다면 리는 공허하고 적막하여 음양의 기화에 타는 '무용(無用)'한 것만이 아니다.[123]

이처럼 이현일은 이이처럼 리를 무위(無爲)나 소이연(所以然)의 내재원리로 제한시키지 않고 능동적으로 자발하는 것임을 강조함으로써 조화의 추뉴(樞紐)요 만물의 근저(根柢)로서의 리의 지위를 확보하였던 것이다.

또한 "음양동정(陰陽動靜)은 기틀이 저절로 그러할 뿐이고 그렇게 하도록 시키는 자가 있는 것이 아니다. 양이 움직이면 리가 움직임에 타고 음이 고요하면 리가 고요함에 타니 리가 동정하는 것이 아니다"[124]는 이이의 주장에 대해, 이것이 실제로 이이 철학의 본원강령(本原綱領)으로 전후의 많은 이론들이 모두 여기에서 나왔음을 지적하였다.[125] 이이의 주장과 같다면 리가 허무공적(虛無空

虛無空寂, 不復知其妙萬物而樞紐乎造化, 豈釋氏所稱空諸所有之遺意邪."

123) 『葛庵集』卷18, 「栗谷李氏論四端七情書辨」, "夫太極固無聲臭影響之可言, 然實爲造化之樞紐品彙之根柢, 在無物之前而未嘗不立於有物之後, 在陰陽之外而未嘗不行於陰陽之中. 則不是空虛冥寂, 但爲陰陽氣化所乘載而已也."

124) 『栗谷全書』卷10, 書2, 「答成浩原」, p.209, "陰靜陽動機自爾也非有使之者也, 陽之動則理乘於動非理動也, 陰之靜則理乘於靜非理靜也."

125) 『葛庵集』卷18, 「栗谷李氏論四端七情書辨」, "此實李氏主意所在本原綱領, 前後許多云云, 皆自此一模中脫出也."

寂)한 것이 되어 만화의 근원이 될 수 없고 음양의 기화만이 조화를 행함으로써 조리와 질서를 잃게 된다고 비판한다.

> 대저 리는 비록 작위가 없으나 실제로 조화의 추뉴(樞紐)이고 만물의 근저(根柢)이다. 만약 이이의 말과 같다면 이 리는 다만 허무공적(虛無空寂)한 물건으로 만화의 근원이 될 수 없고, 다만 음양의 기화만이 종횡(縱橫)으로 전도되어 그 조화를 행하게 되니, 또한 어긋나지 않겠는가. 대저 하나의 리가 혼륜(渾然)하여 동정을 관통하고 주관한다. 그러므로 만물을 화생(化生)하고 발육(發育)할 때에 음양이 서로 엇갈려 운행하고 번갈아 밝아져서 천만 가지 단서들이 조리와 질서를 잃지 않는다. 여름에는 덥고 겨울에는 추우며, 물은 아래로 흐르고 산은 높으며, 말은 갈기가 있고 소는 뿔이 있으며, 배꽃은 희고 복숭아꽃이 붉은 것은 만고토록 한결같다. 만약 리를 위주로 하지 않고 음양의 기화(氣化)가 하는 대로 맡겨 둔다면 반드시 여름에 춥고 겨울에 더우며 산은 평평해지고 냇물이 거꾸로 치솟으며 말에 소의 뿔이 생기고 복숭아나무에 배꽃이 피는 등 그 괴이하고 어긋난 현상이란 이루 형용할 수 없을 것이다.126)

실제로 리는 무위(無爲)하나 조화의 추뉴(樞紐)이고 품휘의 근저(根柢)이기 때문에 리가 동정을 관통하고 주관한다. 그러므로 리의 주재하에서만이 온갖 변화들이 조리와 질서를 유지할 수 있으며, 반면 리의 주재를 벗어나면 삼라만상의 온갖 변화들이 조리와 질서를 잃게 된다. 즉 이현일은 리를 주체가 되어 발동하는 능동적 존재

---

126) 『葛庵集』 卷18, 「栗谷李氏論四端七情書辨」, “夫理雖無爲, 而實爲造化之樞紐品彙之根柢. 若如李氏之說, 則此理只是虛無空寂底物, 不能爲萬化之原, 而獨陰陽氣化縱橫顚倒以行其造化也, 不亦謬乎. 夫一理渾然, 貫動靜而爲之主, 故化生發育, 錯行代明, 萬端千緒, 不失條序, 夏熱冬寒, 水流出峙, 馬鬣牛角, 李白桃紅, 亘萬古如一日. 若不以理爲主, 而一任陰陽氣化之爲, 則必將夏寒冬熱, 山夷川湧, 馬生牛角, 桃樹生李花, 其詭異差忒殆不可名狀矣.”

로 인정하였다. 여기에서 기에 대한 해석상의 차이를 엿볼 수 있다. 이이는 기를 보다 폭넓게 해석하여 리를 내포하는 전체를 기로 본 반면,[127] 이황은 리를 기에서 분리해 내어 서로 대립적인 개념으로 파악하였다. 이황의 학설을 계승한 이현일은 분별설(分別說)의 관점에 따라 리와 기의 엄격한 구분을 강조하였다. 따라서 우주변화의 주체를 상대적인 기의 작위로 보기보다는 절대적인 리의 통제하에서만이 조리와 질서를 잃지 않을 수 있다고 보았던 것이다.

> 대저 태극은 진실로 소리·냄새·그림자·메아리로 말할 수 없으나 실제로 조화의 추뉴(樞紐)이고 만물의 근저(根柢)가 된다. 사물이 있기 이전에 있으면서 사물이 있은 후에 세워지지 않은 적이 없으며, 음양의 밖에 있으면서도 음양 속에 행해지지 않은 적이 없다면, 공허(空虛)하고 적막(寂寞)하지만 음양의 기화(氣化)에 타게 될 뿐만이 아닌 것이다. 그러므로 주돈이(周敦頤)는 "태극이 동(動)하여 양을 낳고 정(靜)하여 음을 낳는다"라고 말하였고, 또한 "동하지만 동이 없고 정하지만 정이 없는 것은 신(神)이다"라고 말하였다. 주희는 그것을 해석하기를, "이 말은 동하여 양을 낳고 정하여 음을 낳지만 그 사이에 저절로 하나의 신(神)이 있어서 음에도 속하지 않고 양에도 속하지 않고 저절로 형기(形氣)의 밖으로 초월하여 동정(動靜)을 관통하여 말한 것이니 그 본체가 리와 같을 뿐이다"라고 말하였다. 이것은 태극에 저절로 동정이 있다는 말이니 기와 무슨 관계가 있겠는가. 지금 "음양이 동정하여 태극이 탄다"라고 한다면, 이것은 태극을 허무공적(虛無空寂)한 하나의 사물로 본 것이니 옳겠는가.[128]

---

127) 이이에게 있어서 리와 기는 상보적으로 이해되어 어느 하나만으로는 불완전한 것으로 인식되었다. 이황에 의해 상대적으로 경시되었던 기의 위상이 이이의 철학에서는 리만큼이나 중요한 위치를 차지하였다. 리와 기의 균형과 조화, 이것이 이이 철학의 근본정신이다(황의동, 『율곡학의 선구와 후예』, 예문서원, 1993년, p.257 참조.).

128) 『葛庵集』 卷18, 「栗谷李氏論四端七情書辨」, "夫太極固無聲臭影響之可言, 然實

이현일은 기와는 아무런 관계가 없는 태극의 동정(動靜)을 강조하였다. 다만 리에 동정이 있기는 하지만, 리는 볼 수 없고 음양을 통해서 알 수 있을 뿐이다. 개체의 존재에서는 리가 기를 떠날 수 없지만 전체적으로는 리의 초월적 존립이 가능함을 제시하고 있다. 즉 리가 사물 속에 내재하지만, 무형(無形)한 리는 유형(有形)한 사물 속에 갇혀 있는 것이 아니라 초월하여 유형한 사물 전체를 관통하는 것임을 역설하고 있다. 그것은 전체 우주에서는 기가 소멸될지라도 리의 독자적 존립이 확보되어야 한다는 말이다. 지금 음양이 동정하여 태극이 탄다라고 한다면, 이것은 태극을 하나의 허무공적(虛無空寂)한 물건으로 본 것이며 이렇게 생각하는 근거가 바로 리의 주재적(主宰的) 지위와 능동적(能動的) 조화작용을 부인하는 데서 나오는 것이라고 비판한다. 이현일은 주돈이와 주희의 말을 논거로 하여 리에 동정이 있음을 거듭 강조하였다. 주희는 이 문제에 대하여 신(神)과 물(物)을 구별하고, 리의 동정이 시간적 질서에 지배받는 기의 동정과 전혀 다른 성격임을 밝히고 있다. 즉 형체가 있는 사물은 동(動)·정(靜)의 어느 한편에 치우치게 되지만, 신(神)은 형체를 떠나지 않으면서도 형체에 갇혀 있지 않기 때문에 '동' 가운데 '정'을 머금고 있고 '정' 가운데 '동'을 머금고 있다는 것이다.[129]

爲造化之樞紐品彙之根柢, 在無物之前而未嘗不立於有物之後, 在陰陽之外而未嘗不行於陰陽之中. 則不是空虛冥寂, 但爲陰陽氣化所乘載而已也. 故周子曰太極動而生陽靜而生陰. 又曰動而無動靜而無靜神也. 朱子釋之曰此說動而生陽靜而生陰, 自有箇神在其間, 不屬陰不屬陽, 自是超然於形氣之表, 貫動靜而言, 其體如是而已矣. 此言太極自有動靜也, 何關於氣乎. 今曰陰陽動靜而太極乘之, 則是以太極爲箇虛無空寂一物事而已, 其可乎哉."

129) 『性理大全』, 「通書解·動靜」, "有形, 則滯於一偏, 神則不離於形, 而不囿於形矣, 動中有動, 靜中有靜."

또한 이현일은 주희나 면재(勉齋) 황간(黃榦, 1152~1221)의 말을 논거로 하여 자신의 '리에 동정이 있다'는 사실을 재삼 확인한다. "리에 동정이 있기 때문에 기에 동정이 있다. 만약 리에 동정이 없다면 기에 어찌 저절로 동정이 있겠는가.",130) "동정을 겸한 것이 아니라 태극에 동정이 있다.",131) "태극은 리이고 음양은 기이다. 그러나 리는 형체가 없고 기는 자취가 있으니, 기에 이미 동정이 있다면 그것을 타고 있는 리에 어찌 동정이 없다고 할 수 있겠는가."132) 이러한 몇 가지의 말들을 살펴볼 경우, '리에 동정이 있다'는 뜻을 밝힌 뜻이 이와 같이 분명한데도 이이는 "음양동정은 그 기틀이 저절로 그러할 뿐이요, 그렇게 하도록 시키는 자가 있는 것이 아니다. 리가 동정에 타는 것이지, 리 자체가 동정하는 것은 아니다"라고 하였으니 과연 어긋나지 않겠느냐는 것이다.133)

이처럼 그의 성리설(性理說)은 리를 능동적 작용의 주체로서 동정을 주재하는 존재로 인식하는 데서 출발하여 적극적으로 리무위설(理無爲說)이나 리무동정설(理無動靜說)을 극복함으로써, 이황의 견해를 이어서 리유동정설(理有動靜說)을 확고히 제시한다. 이현일은 그가 활동하던 17세기 당시의 극심한 붕당정치의 역사 상황을 근본적으로 도덕원리의 무력화에 인한 소치로 인식하고, 리의 능동

---

130) 『朱熹集』 卷56, 「答鄭子上」, p.2871, "理有動靜, 故氣有動靜. 若理無動靜, 則氣何自而有動靜乎."

131) 『朱子語類』 卷94, 「太極圖」, p.2372, "梁文叔云, 太極兼動靜而言. 曰不是兼動靜, 太極有動靜."

132) 『西山讀書記』 卷1, 「天命之性」, "太極是理, 陰陽是氣, 理無形而氣有迹, 氣旣有動靜, 則所載之理, 亦安得無動靜."

133) 『葛庵集』 卷18, 「栗谷李氏論四端七情書辨」, "凡此數說, 發明理有動靜之義, 如此分曉, 其與李氏所論陰陽動靜, 其機自爾, 非有使之者也, 理乘於動靜, 非理自有動靜之說, 果不相戾邪."

성 강화에 기초하여 현실에서의 도덕원리의 작용을 진작시킴으로써 당시의 역사 상황에 대응하고자 하였던 것이다. 이러한 그의 신념은 자연히 이이의 리무위설(理無爲說)이 리를 무력한 피동적 존재로 인식하게 함에 따라 도덕원리의 무력화를 조장할 위험을 내포한다고 간주하여 배척하지 않을 수 없었던 것이다. 이현일이 '리'라는 도덕원리의 절대성을 강조한 것은 도덕의 근본성격을 참으로 인식하고 리를 현실사회에서 실현 내지 구현하도록 하려는 것이라 할 수 있다.

3) 理有體用論

조선 성리학에서 체용론(體用論)이 문제 되는 것은 이황에서부터이다. 이황은 일찍이 '리에 정의와 조작이 없다'는 무위(無爲)한 리를 작위적 개념인 '동한다[動]'거나 '발한다[發]'고 서술함에 따라 여기에서 오는 논리적인 모순을 체용론(體用論)으로 설명하였다.[134]

이황과 마찬가지로, 이현일도 무위(無爲)한 리에 동정의 작위성

---

134) "정의와 조작이 없다고 운운하는 것은 본연의 체이고 발(發)하고 생(生)할 수 있는 것은 지극히 신묘한 작용이다"는 것은 리의 능동성에 관한 이황의 정론이다. 여기에서 우리는 이황이 만년에 이르러 리의 신묘한 작용성을 철저히 체인(體認)함으로써 리를 활물(活物)로 인식하였음을 알 수 있다. 이황은 리에 동정이 있음을 인정하였고, 리에 동정이 있는 까닭을 리에 작용의 측면이 있기 때문이라고 설명하였다. 단순히 '리가 기를 낳는다'는 것이 아니라 어디까지나 리의 작용이 기를 낳는다는 것이다. 그렇지만 이것은 리에 작용으로서의 동정(動靜)의 성질이 있음을 말하여 리를 기와 분별하기 어렵게 하여 리와 기의 개념상에 혼란을 초래하였다. 즉 '리가 동한다'는 것은 리에 기와 같은 작위성(作爲性)을 인정하는 결과가 되어 리와 기의 개념상의 혼란을 초래하자, 그 문제 해결의 일환으로 리에 체용론(體用論)을 적용하였다. 체용론이라는 하나의 기준을 리의 세계에 적용시켰던 것이다. 이것을 도리(道理)상의 작용이라 하면서 사물(事物)상의 작용과 구별하고 있다.

(作用性)을 인정함으로써 발생하는 리와 기의 개념상의 혼란에 대해 그의 체용이론으로써 설명한다.

> 하나의 '리' 자는 체(體)를 가리켜 말한 경우도 있고 용(用)을 가리켜 말한 경우도 있으며, 근원의 곳을 가리켜 말한 경우도 있고 만 가지로 달라진 곳을 가리켜 말한 경우도 있는데, 모두 태극이라는 하나의 근원 속에서 나누어 말한 것이다. 적연부동(寂然不動)의 체(體)는 음(陰) 속에 갖추어진 리이고, 감이수통(感而遂通)의 용(用)은 양(陽) 속에 유행하는 리이다.[135]

이현일은 리의 세계에 체용이론을 적용하여 적연부동(寂然不動)의 본체의 경우와 감이수통(感而遂通)의 작용의 경우로 구분하여, 리의 동정과 같은 작위성을 '감이수통'과 같은 리의 작용적 측면으로 설명한다. 여기에서 '적연부동'이란 감각현상을 초월한 혼연한 상태이며 '감이수통'이란 만물을 생성할 수 있는 온갖 조리가 갖추어져 있어서 실제로 유행하는 리를 뜻한다. 따라서 이현일은 '리에 동정이 있다'고 인정함에 따라 나타나는 논리적 모순을 리의 작용의 측면으로 설명한다. 이와 같이 볼 경우, 비록 리를 동(動)하는 것이라고 하더라도 리는 형이하의 것이 아니므로 리와 기를 혼동하였다고 할 수 없는 것이다.

게다가 이이가 리를 음양의 동정이 생겨나기 이전에 있는 것으로 보고 그 유행·발용에 미쳐서는 리는 관여하는 바가 없고 오직 음양의 기화만이 저절로 동정하는 것으로 여기는 잘못된 생각을

---

135) 『葛庵集』 卷8, 「答丁君翊·甲申·別紙」, "只此一箇理字, 有指體而言者, 有指用而言者, 有指其源頭處, 有指其散殊處, 皆自太極一原中分言之也. …… 寂然不動之體, 即陰中所具之理也, 感而遂通之用, 即陽中流行之理也."

다음과 같이 비판한다.

> 무릇 정(靜)은 태극의 본체이고 동(動)은 태극의 작용이니 하나
> 의 태극이 이발(已發)의 사이에서 유행하고 미발(未發)의 때에는
> 거두어들이는 것이다. 동(動)은 바로 양(陽)에 속하고 정(靜)은 바
> 로 음(陰)에 속하는데, 이 양이 동하고 음이 정하는 것이 바로 타
> 는 바의 기틀이니 또한 어찌 미연(未然)과 이연(已然)의 구분이
> 있겠는가. …… 이것은 리가 리 되는 소이(所以)를 제대로 알지 못
> 하고 어림짐작으로 말하였기 때문에 그 설이 매양 이와 같다.136)

이현일은 본체인 하나의 태극[리]을 미발(未發)과 이발(已發)이라
는 두 양상으로 설명함으로써 아직 음양으로 갈라지지 않은 때와
이미 음양으로 갈라진 때로 구분한다. 아직 발동하기 이전은 태극
이 동정의 리를 갖추고서 이미 갈라져 음과 양이 되기 이전에 해
당하는 것인데, 이때에는 혼연(渾然)한 성(性)만 있어 순수한 선(善)
만 있고 악(惡)이 없는 상태이다. 또한 이미 발동할 때에는 태극이
이미 갈라져서 동정하여 음과 양이 나누어진 것에 해당되는 것인
데, 이때에는 기가 처음 작용하므로 정이 발동함에 선악(善惡)의
구분이 없을 수 없다는 것이다. 그런데도 이이는 "음양·동정은
그 기틀이 저절로 그러할 뿐이요 그렇게 하도록 시키는 자가 있는
것이 아니다. 리가 동정에 타는 것이지 리 자체에 동정이 있는 것
이 아니다"137)라고 하여 리와 기의 유행을 모두 이연(已然)의 상태

---

136) 『葛庵集』 卷18, 「栗谷李氏論四端七情書辨」, "夫靜卽太極之體也, 動卽太極之用
也, 一箇太極流行於已發之際, 斂藏於未發之時, 動便屬陽, 靜便屬陰, 卽此陽動
陰靜, 便是所乘之機, 又豈有未然已然之分乎. …… 蓋不知理之所以爲理而揣摸
言之, 故其說每如此."

137) 『栗谷全書』 卷10, 書2, 「答成浩原」, "陰陽動靜機自爾也, 非有使之者也, 陽之動
則理乘於動, 非理動也, 陰之靜則理乘於靜, 非理靜也."

로만 설명하였는데, 이것은 리를 음양의 동정이 생겨나기 이전에 있는 것으로만 보고 그 유행(流行)·발용(發用)에 미쳐서는 리는 관여하는 바가 없고 오직 음양의 기화만이 저절로 동정하는 것으로 여기는 잘못을 범하였다는 것이다.138)

> 대개 태극은 동정하는 리를 갖추고 있으니 동(動)도 또한 태극의 동(動)이고 정(靜)도 또한 태극의 정(靜)이다. 음정(陰靜)에 말미암아 태극의 본체가 서는 것도 아니고, 양동(陽動)에 말미암아 태극의 작용이 유행하는 것도 아니다. 주자가 "동(動)하는 것은 태극이 아니라 동하는 것은 태극의 작용일 뿐이고, 정(靜)하는 것은 태극이 아니라 정하는 것은 태극의 본체일 뿐이다"라고 말한 것이 이것을 말한 것이다139)

태극은 동정(動靜)의 리를 갖추고 있기 때문에 동(動)도 또한 태극의 동이고 정(靜)도 또한 태극의 정이다. 이이가 리무위(理無爲)를 주장하면서 그 근거를 주희의 "리에는 정의(情意)도 조작(造作)도 없다"고 한 것에서 찾았으나, 이현일은 주희의 체용(體用)이론을 수용하였다. 즉 "동은 태극이 아니라 동하는 것은 다만 태극의 작용이고, 정은 태극이 아니라 정하는 것은 태극의 본체일 뿐이다"140)는 말을 인용하여 리에 동정이 있음을 설명한다. 리는 작위능력이 없는데, 작위능력이 없다는 것은 본연의 본체[體]로 말한

---

138) 『葛庵集』 卷18, 「栗谷李氏論四端七情書辨」, "蓋其意似若以理爲在陰陽動靜未生之前, 及其流行發用, 則理無所與, 而獨陰陽氣化, 自爲動靜者然, 何其說之謬邪."

139) 『葛庵集』 卷11, 「與元聖夫致道」, "蓋太極具動靜之理, 而動亦太極之動, 靜亦太極之靜, 非因陰靜而極之體立, 非因陽動而極之用行. 朱子動不是太極, 但動者太極之用, 靜不是太極, 但靜者太極之體云者, 此之謂也."

140) 『朱子語類』 卷94, 「太極圖」, p.2369, "動不是太極, 但動者太極之用耳. 靜不是太極, 但靜者太極之體耳."

것이고, 작용[用]의 측면에서 말한다면 능히 유행·발현할 수 있다
는 것이다. 이처럼 이현일은 리의 세계에 체용론(體用論)을 적용하
여 리가 동정하는 원인을 리의 작용의 측면으로 설명한다.

나아가 이현일은 본체로서의 혼연(渾然)한 리일지라도, 그 속에
는 이미 질서정연한 조리가 구비되어 있다고 지적한다. "하나의 리
가 혼연하여 참으로 말로 표현할 수 있는 소리·냄새·모양·형
상도 없지만 그 안에 온갖 이치를 갖추고 있어 각각 조리가 있는
데, 이치의 큰 강령에는 네 가지가 있으니 원(元)·형(亨)·이(
利)·정(貞)이라는 것이다. 그러므로 유행에 나타나는데 순서가 분
명하여 서로 문란하지 않는다."141) 혼연한 리의 본체 속에는 이미
온갖 조리가 질서정연하게 구비되어 있다는 말이다.

> 태극의 본체는 일리(一理)가 혼연(渾然)하여 원래 이름 하여 말
> 할 수 없다. 그러나 이미 리(理)라고 하였으면 바로 조리(條理)라
> 는 이름이 있기 때문에 그 속에 원(元)·형(亨)·이(利)·정(貞)이
> 라는 네 글자에 각각 하나의 도리(道理)가 있어서 서로 섞이지
> 않는 것이요, 혼연한 속에 전혀 분별이 없다가 다만 유행을 기다
> 린 연후에 차례로 나와 각각 모습이 다른 것이 아니다.142)

혼연한 태극의 본체 속에는 이미 조리(條理)가 정해져 있기 때문
에 유행을 기다린 연후에 이름이 정해지는 것이 아니다. 그 안에

---

141) 『葛庵集』 卷10, 「金重卿·時任」, "一理渾然, 固無聲臭貌象之可言. 然其中含具
萬理, 各有條緒, 其綱理之大者有四, 曰元亨利貞. 是故其發於流行也, 次序分明,
不相紊亂."
142) 『葛庵集』 卷10, 「金重卿·時任」, "太極之體, 一理渾然, 本不可以名字言. 然旣
謂之理, 則便是有條理底名字, 故其中所謂元亨利貞四字, 各有一箇道理, 不相混
雜, 是非渾然裏面, 都無分別, 直待流行然後, 旋次生出, 各有面貌之不同也."

는 온갖 이치를 갖추고 있는데 그 가운데 벼리가 되는 리의 큰 것 네 가지가 바로 원(元)·형(亨)·이(利)·정(貞)이다. 그러므로 그것들이 유행으로 나타나는데 질서가 분명하여 문란하지 않는 것이다. 게다가 복희(伏羲)가 팔괘(八卦)를 그은 것도 모두 원래 있던 리에 인하여 탐구해 낸 것일 뿐이며, 만약 이름이 성립된 선후 때문에 '유행한 뒤에 이름이 성립된다'고 한다면, 정(情)과 같은 것은 이름을 붙일 수 있겠지만 성(性)과 같은 것은 이름을 붙일 수 없으며, 음양은 이름을 붙일 수 있어도 리는 이름을 붙일 수 없게 된다.

> 인물(人物)이 생기기 전에 음양이 번갈아 운행한 지가 이미 오래되었다. 비록 음양동정(陰陽動靜)이 유행에 드러난 것에도 이름이 붙어 있지는 않았는데, 성인(聖人)이 나온 뒤에는 그 말단을 보고 그 근원을 알았고 그 형상[象]에 따라 이름을 명명하였으니, 동정(動靜)과 현유(顯幽)를 막론하고 이름이 진실로 성립되지 않음이 없었다. 어찌 유행(流行)에 발한 것만 홀로 그 이름을 짓고 혼연히 충막(沖漠)한 것은 끝내 이름을 붙일 수 없다고 할 수 있겠는가.[143]

비록 현상적으로 드러나지 않는 것이라고 하더라고 이미 천지 사이에는 온갖 조리가 질서정연하게 정해져 있다. 혼연한 본체(本體) 속에는 온갖 조리가 이미 질서정연하게 구비되어 있다는 말이다. 이것은 주희가 논한 "비록 사물이 있기 전이라도 이미 사물의 리는 있다"[144]는 것과 상통한다.

---

143) 『葛庵集』 卷10, 「金重卿·時任」, "人物未生之前, 陰陽迭運, 固已久矣. 雖陰陽動靜之著於流行者, 亦未有名, 聖人者作然後, 觀其委而識其源, 因其象而命之名, 無論動靜幽顯, 名固無不立矣. 豈可謂發於流行者獨著其名, 而渾然沖漠者, 終不可以名狀乎."

　이처럼 이현일은 리의 본체에서는 온갖 조리가 질서정연하게 구비되어 있고 리의 작용에서는 그 발함이 두루 미치는 능동성을 확인함으로써 자신의 '리' 개념임을 밝히고 있다. 이러한 체용론(體用論)을 통해 리를 한갓 형이상학적 원리나 논리적 개념으로서가 아니라 현실세계에 있어서 생생하게 현행하는 능동적 실체로서 정립하고자 하였던 것이다.

3. 理氣互發說

1) 分別說에 입각한 理氣互發說

　이기호발설(理氣互發說)은 이황이 주장한 이후 이이가 비판하면서 조선 성리학사에서 중요한 문제로 제기되었다.[145] '이기호발설'

---

144) 『朱熹集』 卷46, 「答劉叔文」, "雖未有物而已有物之理."

145) 이황과 이이의 성리설에 있어서 견해 차이가 심한 것 중의 하나가 발(發)의 문제, 즉 이발(理發)의 문제이다. 이이가 이발(理發)을 부정하고 기발(氣發)만을 인정하여 '기발이승일도설(氣發理乘一途說)'을 주장한 것과는 달리, 이황은 이발기발(理發氣發)을 함께 인정하는 '이기호발설(理氣互發說)'을 주장하였다. 물론 이황은 리의 체용을 말하여 작용의 측면에서 이발(理發)을 주장하였지만, 일반적으로 리와 기를 형이상과 형이하로 설명하는 성리학의 전통적 입장에서 볼 때 리를 발하는 것으로 표현하면 작위(作爲) 개념인 기와의 혼동을 피할 수 없다. 혹자는 이발(理發)과 기발(氣發)에 있어서 그 '발'이 동일한 것이 아니고 우주론에 있어서의 '발'과 인성론에 있어서의 '발'이 동일한 의미가 아니라고도 하지만, 이발(理發)이라는 표현 자체가 문제가 되지 않을 수는 없다. 물론, '발'의 문제가 제기된 것은 이황과 기대승 간의 사단칠정논변(四端七情論辨)이 전개되는 과정에서이다. 이황은 기대승과의 토론을 거치면서 사단과 칠정을 리와 기로 각각 갈라놓는 문제점이 있음을 인정하여 최종적으로 사단은 "리가 발하여 기가 따르는 것이요, 칠정은 기가 발하여 리가 타는 것이다[理發而氣隨之 氣發而理乘之]"라는 자신의 입장을 정의하였다. 여기서 이황의 '이기호발설(理氣互發說)' 이론이 제기된다. 사단과

은 분명히 이황 철학의 범주적 명제이다. 이현일은 이러한 이황의 '이기호발설적' 명제를 자기 이론으로 수용하여 이론적으로 심화·발전시킨다. 이현일은 분별설(分別說)의 논리에 입각하여 사단과 칠정을 주리(主理)·주기(主氣)로 분별함으로써 이발(理發)·기발(氣發)의 주장이 타당하다는 것을 입증한다. 현실적으로 리와 기는 어떠한 경우에도 분리될 수 없지만 리와 기로 의미가 다르게 분별되는 이상, 리와 기에 대한 분별적인 해석이 불가능할 것이 없다는 입장이다. 리와 기의 불상리(不相離)한 관계를 강조하는 입장에서는 이발(理發) 자체가 성립할 수 없다. 때문에 이발·기발이 혼륜설의 관점에서는 불가능할지 모르지만, 분별설의 관점에서는 타당함을 제시하고 동시에 혼륜설의 한쪽에만 치우치지 않은 분별설의 인식방법을 강조한다. 그리고 분별해서 보아야 하는 이유 중의 하나를 사단과 칠정의 내력이 서로 같지 않다는 데서 찾고 있다. 그는 사단과 칠정의 내력이 이미 근본적으로 구별된다고 설명한다.

　　주자께서 말하기를, "'천명지위성(天命之謂性)'이란 오로지 리만을 말한 것이니 비록 기도 그 속에 포함되어 있지만 리를 말한 뜻이 비교적 많고, 만약 기를 겸하여 말한다면 바로 '솔성지위도

칠정은 모두 리와 기를 아울러 지니고 있지만, '나아가 말하는 바'에 따라 각각 주리(主理)와 주기(主氣)의 분별이 가능하다는 입장이다. 그것은 사단(四端)이 전적으로 리에 의해서만 좌우되고 칠정(七情)이 전적으로 기에 의해서만 좌우된다는 말이 아니라, 사단과 칠정이 모두 리와 기로 이루어진 것이지만 사단의 경우 본래 말하게 된 취지가 리가 중심이 되기 때문에 그 가리키는 바에 따라 '이발'이라 해석할 수 있고, 칠정도 리와 기를 겸하지만 실제로 작용하는 것은 기요 악으로 흐르기 쉬우므로 '기발'이라 해석할 수 있다는 것이다. 다시 말하면, 이황이 말하는 사단 역시 기가 없는 것은 아니지만 기를 겸해 말하지 않은 것이다. 그는 이러한 입장에서 사단을 이발(理發)이라고 하였다. 여기서의 '이발'이란 리의 속성을 설명하기 위한 것이라기보다는 사단의 형이상학적 근거를 확립하기 위하여 제시된 명제이다. 사단의 순수선(純粹善)의 논거를 절대선인 리에 근거 짓기 위하여 사단을 이발(理發)로 규정하였던 것이다.

(率性之謂道)’를 말한 것이니 기화(氣化)에 말미암는다는 것을 떠나지 않고 도라는 명칭이 있다”라고 하였다. 그렇다면 주자는 리가 기를 타고 행한다는 것을 알지 못한 것이 아니라 도가 성(性)을 따르고 기에 국한되지 않는 것을 밝히려고 하였으니, 그 설이 리와 같지 않을 수 없는 것이다. 맹자가 사단(四端)을 말하면서 오직 리만을 말하고 기와 섞지 않았기 때문에 주자는 “사단은 리가 발한 것이고 칠정은 기가 발한 것이다[四端理之發 七情氣之發]”라고 하였고, 노선생[퇴계]에 이르러서는 기도 그 안에 포함되어 있다는 것을 겸하여 말하였기 때문에 마침내 “사단은 리가 발함에 기가 따르는 것이고, 칠정은 기가 발함에 리가 타는 것이다[四端理發而氣隨之 七情氣發而理乘之]”라고 하여 사단과 칠정의 내력(來歷)이 같지 않은 것은 그 근본으로부터 이미 그러하다는 것을 밝혔다.146)

『중용(中庸)』의 ‘천명지위성(天命之謂性)’은 그 속에 기가 포함되어 있지만, 주로 리만을 말한 것인 만큼, 주희가 리가 기를 타고 유행한다는 것을 몰랐던 것이 아니라 기에 국한되지 않은 온전한 리[성]만을 밝히려고 하였기 때문에 그렇게 말하였던 것이다. 맹자가 사단을 말한 것도 기와 섞이지 않은 순수한 리만을 밝히고자 하였기 때문에 주자가 “사단은 리가 발한 것이고 칠정은 기가 발한 것이다[四端理之發 七情氣之發]”라고 하였으며, 퇴계의 경우는 사단에도 기가 있고 칠정에도 리가 있다는 사실을 좀 더 강화하는 입장에서, 즉 리와 기의 불상리(不相離)한 관계를 배제할 수 없었

---

146) 『葛庵集』卷12,「答申明仲・己卯」, “朱子蓋曰, 天命之謂性, 是專言理, 雖氣亦包在其中, 然說理意較多, 若云兼言氣, 便言率性之謂道, 不去夫由氣化, 有道之名. 則朱子非不知理之乘氣而行, 而欲明道之率性而不囿乎氣, 則其說不得不如此也. 孟子說出四端, 專言理, 不雜乎氣, 故朱子以爲四端理之發, 七情氣之發, 至於老先生, 兼言氣亦包在其中, 故乃曰四端理發而氣隨之, 七情氣發而理乘之, 以明其來歷不同, 自其根本而已然.”

기 때문에 "사단은 리가 발함에 기가 따르는 것이요, 칠정은 기가 발함에 리가 타는 것이다[四端理發而氣隨之 七情氣發而理乘之]"라고 하였다. 따라서 맹자의 측은(惻隱)·수오(羞惡)·사양(辭讓)·시비(是非)의 마음을 인(仁)·의(義)·예(禮)·지(智)의 단서라고 한 것은 '사단이 리에서 발한다'는 것을 말하고자 한 것이고, 정이가 「호학론(好學論)」에서 "형체가 이미 생겨나면 외물이 그 형체에 감촉하여 안에서 동하여 칠정이 나온다"[147]고 한 것은 '칠정이 기에서 발한다'는 것을 말할 것이니, 사단과 칠정을 반드시 둘로 나누어 분별해서 말해야 사단과 칠정에 대한 의미가 보다 분명해진다.

이에 이현일은 '사단이 리에서 발하고 칠정이 기에서 발한다'는 사실을 논증하기 위해, 다음과 같은 구체적인 사례를 제시한다.

> 무릇 이러한 묘맥(苗脈)이 원래 이러한 심의 내면에 있기 때문에 외면에서 일이 갑자기 부딪쳐 오면 감촉에 따라 발현하여 기가 관여할 수 없다. 예를 들면 제선왕(齊宣王)이 벌벌 떠는 소를 보고 차마 하지 못하는 본심(本心)이 발로하였고, 주자가 탐관오리를 만나면 천시하고 미워하여 목소리와 안색이 거칠어지는 것과 같은데, 이것은 모두 심 안에 본래 가지고 있던 리에서 나온 것이고 기가 작용하지 못하기 때문에 공정하여 선하지 않음이 없는 것이다. 이것은 사단이 리에서 발한다는 증거이다. …… 양무제(梁武帝)의 사랑과 정후(鄭侯)의 미움과 같은 것은 모두 품부한 기질이 치우친 데서 나온 것이다. 이 기질은 사람마다 다르기 때문에 반드시 극복하여 다스리는 공부를 가한 뒤에야 비로소 공정하여 선할 수 있으니 이것은 칠정이 기에서 발한다는 증거이다.[148]

---

147) 『二程集』 卷9, 「顔子所好何學論」, "形旣生矣, 外物觸其形而動於中矣, 其中動而七情出焉."

148) 『葛庵集』 卷11, 「答李國材·壬午·別紙」, "夫這箇苗脈, 元在這心裏面, 故被外面事忽然撞著, 便隨觸而發, 氣著脚手不得. 若齊宣王見觳觫之牛, 而不忍之本心便

제선왕(齊宣王)의 불인지심(不忍之心)이나 어린아이가 우물에 빠지려는 것을 볼 때는 심속에 본래 가지고 있던 리가 감촉에 따라 발하기 때문에 기가 여기에 간여할 수 없다. 그러므로 측은지심(惻隱之心)과 같은 것은 바로 리가 발한 것이다. "사단의 발은 비록 기가 그 속에 있다고 말하지 않을 수 없지만 심속에 본래 가지고 있던 리가 감응에 따라 나타나는 것이기 때문에 리가 주가 되고 기는 아직 작용하지 못하기 때문에 이발(理發)이라고 말하지 않을 수 없다."149) 한편 칠정만으로 정의 전체를 말하는 경우는 칠정이 리와 기를 겸하지만, 사단과 상대해서 말할 때는 사단이라는 개념 자체가 칠정과 구별되는 개념인 만큼 그대로 기가 발한 것이다. 칠정에 선악(善惡)이 있다는 주장은 혼륜설(渾淪說)의 관점에 입각한 것이고, 분별설(分別說)의 관점에서 칠정은 전적으로 형기에 감촉하여 대상과 관계를 맺어서 생기는 성의 욕구라고 아니할 수 없다. 그러므로 사단과 칠정은 그 소종래(所從來)에 있어서 각각 근본으로 삼아 위주로 하는 바가 다르다. 칠정에도 리가 있고 사단에도 기가 있지만 근본적으로 칠정은 기를 위주로 하고 사단은 리를 위주로 하기 때문에 이발(理發)·기발(氣發)의 구분이 있는 것이다.

"사단은 리가 발한 것이고 칠정은 기가 발한 것이다[四端理之發 七情氣之發]"라는 설은 주자가 맹자의 뜻을 조술(祖述)한 것으로, 리와 기를 분별하여 양편으로 나누어서 사단은 오로지 리

露, 朱子遇貪贓之吏, 而賤惡之 聲色輒廣, 此皆出於心中本有之理, 氣不用事, 故公而無不善. 此四端發於理之驗也. …… 若賢契所謂梁武之愛, 鄭侯之惡, 皆出於氣質稟賦之偏. 人各不同, 故必加克治之工, 然後方得公而善, 此七情發於氣之驗也."

149) 『葛庵集』 卷19, 「愁州管窺錄」, "四端之發, 雖不可不謂之氣便在其中, 然心中本有之理, 隨感而見, 理爲之主, 氣未用事, 則其可止謂之氣動, 而不謂之理發邪."

만을 말하고 칠정은 오로지 기만을 말한 것이다. 퇴계의 "사단은 리가 발함에 기가 따르고 칠정은 기가 발함에 리가 탄다[理發而氣隨之 氣發而理乘之]"는 말 또한 리와 기를 분별하여 양쪽으로 나누어 말한 것이다. …… 대체로 주자는 맹자의 "성(性)을 논하고 기를 논하지 않는다"는 뜻을 조술하였고, 면재(勉齋)와 퇴계는 정자(程子)와 장자(張子, 張載)가 "성을 논하고 기를 논하지 않으면 완비되지 못한다"는 뜻을 참작하였기 때문에 그 어세(語勢)가 자연 그러하지 않을 수 없었던 것이다.150)

혼륜설(渾淪說)을 주장할 때에는 칠정이 리와 기를 겸하지만 분별설(分別說)을 주장할 때에는 이발(理發)·기발(氣發)의 차이가 있게 된다. 그러므로 칠정을 사단과 상대해서 말하면 자기의 사사로움을 극복하기 어려운 폐단이 있는 것이기 때문에 사단과 칠정은 저절로 구분된다. 사단과 칠정이라는 개념정의는 어디까지나 '사단 대칠정(四端對七情)'이라는 대립적인 관계 속에서만 가능하다. 따라서 주희가 맹자의 뜻을 조술하여 리와 기로 분별하여 사단과 칠정을 대립시켜 "사단은 리가 발한 것이고 칠정은 기가 발한 것이다[四端理之發 七情氣之發]"라고 말하였을 때 사단은 리를 위주로 하는 것이기 때문에 이발(理發)이고 칠정은 기를 위주로 하는 것이기 때문에 기발(氣發)이다.

또한 "리는 비록 무위(無爲)하지만 실제로 조화의 추뉴이고 품휘의 근저이다"는 명제를 통해 리의 속성을 재확인하면서 이발(理發)을 부정하면 리는 허무공적(虛無空寂)한 것이 되어 만화의 근원이

---

150) 『葛庵集』 卷8, 「答丁君翊·甲申·別紙」, "四端理發七情氣發之說, 朱子蓋述孟子之意分別理氣 劈做兩片說, 四端專言理, 七情專言氣. 若退溪所謂四端理發而氣隨, 七情氣發而理乘云者, 亦是分別理氣, 兩下開說. …… 蓋朱子述孟子論性不論氣之意 勉齋退溪參用程張論性不論氣不備之意. 故其語勢自不得不然邪."

될 수 없다고 주장한다. 리와 기가 서로 구분되어야 한다는 분별설(分別說)의 인식을 강조함으로써 칠정이 리와 기를 겸한 것이라는 이유 때문에 분별설을 버리고 혼륜설만을 주장하는 이이의 성리설을 한쪽에 치우친 것으로 비판하고,151) 맹자 이래로 주희를 거치면서 사단과 칠정을 상대시켜 파악하는 분별설이 정통적 입장을 이루어 왔던 것으로 파악함으로써 분별설의 정당성을 강조한다.

> 대체로 이씨는 "기가 처음에는 비록 리로부터 발하지만 이미 발하면 기의 동정(動靜)·운위(云爲)는 기틀이 스스로 그러할 뿐이어서 리는 관여하는 바가 없다"라고 하였다. 이것은 리가 리되는 소이(所以)가 그 본체가 충막무짐(冲漠無朕)하여 만물을 낳는 근본이 되고 그 작용이 사물 사이에서 발용(發用)하여 두루 미치지 않은 바가 없다는 것을 결코 알지 못한 것이다.152)

정암(整菴) 나흠순(羅欽順, 1465~1547)은 인심과 도심이 모두 심(心)인 이상 이발(已發)이라는 주희의 주장에 대해, "도심(道心)을 결코 이발로 간주할 수 없다"153)는 입장을 견지하였다. 그는 "도심은 본체로 말한 것이고 인심은 작용으로 말한 것이다"154)라고 하

---

151) 이이가 혼륜설(渾淪說)을 강조한 것은 논적인 성혼(成渾)과 그가 근거하고 있는 이황의 학설이 리와 기를 두 개의 존재로 보는 오류를 범하고 있다는 판단에 따른 것으로, 이이가 혼륜(渾淪)에만 집착된 것은 아니다. 이이의 이기론의 본질은 혼륜(渾淪)과 분별(分別)이라는 대립적인 두 성향의 통일에 있다(최영진, 「율곡의 이기지묘적 사유와 개혁사상」, 『조선조유학사상사의 양상』, 성균관대학교출판부, 2005년, p.116.).

152) 『葛庵集』 卷18, 「栗谷李氏論四端七情書辨」, "蓋其意以爲氣之始雖自理發, 及其旣發則動靜云爲機自爾也, 而理無與焉, 殊不知理之所以爲理者, 其體冲漠無朕, 而爲生物之本, 其用發於事物之間, 而無所不周也."

153) 『明儒學案』 卷47, 「諸儒學案中一」, "決不可作已發看, 若認道心爲已發, 則將何者以爲大本乎."

154) 『困知記』, 附錄, 「答林次崖第二」, "道心以體言, 人心以用言, 體用原不相離, 如

96

여 도심과 인심을 심에 대한 체용상즉(體用相卽)의 관계로 설명하였다. 즉 하나의 심에 대한 두 양상[이름]으로 도심(道心) = 성(性) = 미발(未發) = 체(體), 人心(인심) = 情(정) = 已發(이발) = 用(용)으로 구분하였는데 그 본체[근원]는 어디까지나 하나로 이해하였다.155) "인심과 도심이 비록 명칭은 둘이지만 근원은 다만 하나의 심일 뿐이다"156)는 관점은 이이의 학설과 일맥상통한다. 나흠순과 이이의 이러한 주장은 "리와 기가 서로 떠나지 않는다[理氣不相離]"는 혼륜설의 관점에 입각한 것이다. 또한 이현일은 장현광(張顯光)의 이기경위설(理氣經緯說)도 혼륜설에 치우친 것으로 비판한다.157) 장현광은 리와 기에 대해, 하나의 존재를 구성하는 두 요소로 인식하는 이기경위설(理氣經緯說)을 제시함으로써 리와 기의 불상리(不相離)한 관계를 강조한다. "아직 기가 있기 전에 기의 근본은 이미 리에 있는데 이것은 바로 기가 리 속에 있다는 것이요, 이미

　　何分得."

155) 『困知記』, 附錄, 「答黃筠溪亞卿」, "道心性也, 性者道之體, 人心情也, 情者道之用, 其體一而已矣."

156) 『栗谷全書』 卷10, 書2, 「答成浩原・壬申」, "人心道心雖二名, 而其原則只是一心."

157) 여헌(旅軒) 장현광(張顯光)은 리와 기의 관계를 '경(經)・위(緯)의 비유'로 설명함으로써 그 자신의 독자적인 이론으로서 '이기경위설(理氣經緯說)'을 제시한다. 즉 베틀의 바디 축에 걸려 있어서 고정되어 처음부터 끝날 때까지 불변하는 '날실[經]'과 북에 걸려 있어서 좌우로 왕복하며 베를 짜 가는 '씨실[緯]'의 비유가 바로 그것이다. 여기서 날실은 불변하지만 씨실의 작용에 기준이 되고 씨실은 변화운동을 통해 베를 짜 간다. 양자는 각각 역할이 다르지만, 같은 실로서 서로 기다려 병행하는[相須而並行] 관계이다. 이처럼 장현광이 리의 불변함과 기의 변화를 경위(經緯)의 관계로 비유한 것은 리와 기가 원래 두 근본이 아님을 알게 하고자 한 것이다. 그리하여 그는 도를 궁극적 일체(一體)의 개념으로 부각시키고 리와 기를 도의 체(體)・용(用) 혹은 경(經)・위(緯)의 양면적 성격으로 종합하는 논리를 제시하였다. 즉 "리는 도의 리요 기는 도의 기이다[理爲道之理 氣爲道之氣]"라고 하여 리와 기를 통합하는 존재 근원으로서 '도(道)'의 개념을 제시함으로써 리와 기를 도 속에 흡수시켜서 도의 체・용이라는 두 양상으로 이해하였다.

기가 있은 다음에 리의 작용은 바로 기에서 행해지는데 이것은 리가 기 속에 있다는 것이다"158)라고 하여, 리와 기를 서로 내포된 일체의 존재로 파악하였다. 이처럼 장현광의 '이기경위설'을 통한 불상리(不相離)한 인식은 이황의 견해와 상당한 차이를 드러냄으로써 퇴계학파 내에서도 이현일 등으로부터 많은 비판을 받는다.

이이가 기의 운동변화를 "기틀이 스스로 그러할 뿐이요 리는 관여함이 없다"는 리무위(理無爲)와 기발이승일도설(氣發理乘一途說)의 관점에 대해, 이현일은 "본체로서의 리는 만물을 낳는 근본이 되고 그 작용이 사물 사이에서 유행·발현하지 않음이 없는 사실을 모르는 처사"159)임을 지적하면서, 리와 기를 모두 능동적인 실체로 인정한다. 게다가 이이가 이황의 이기호발설(理氣互發說)을 정암(整菴) 나흠순(羅欽順, 1465~1547)이 인심과 도심을 체용으로 삼았던 병폐와 같은 것으로 간주하였는데, 이에 대해 이현일은 다음과 같이 설명한다.

> 이이는 나정암(羅整菴)의 인심도심(人心道心)을 체용(體用)으로 삼는 설에 대해 겉으로는 그 설을 배척하면서도 속으로는 그 뜻을 지지하여 '대본(大本)상에서는 어긋나지 않는다'고 하였으니, 대체로 이씨가 말한 대본(大本)이란 무엇인가. 리와 기가 혼륜(渾淪)하여 분개(分開)할 수 없는 것을 말한다. 무릇 리와 기는 서로 의지하여 음양(陰陽)을 떠나서는 진실로 리를 말할 수 없다. 그러나 리 상면(上面)에 나아가서 응당 그 본체(本體)가 원래 서로 떨어지지 않을 뿐만 아니라 또한 서로 섞이지도 않는다는 것

---

158) 『旅軒性理說』 卷5, 「經緯說·經緯說總論」, "未有氣之前, 氣之本已在於理, 則氣在理中者是也. 旣有氣之後, 理之用乃行乎氣, 則理在氣中者是也."

159) 『葛庵集』 卷18, 「栗谷李氏論四端七情書辨」, "其體冲漠無朕, 而爲生物之本, 其用發於事物之間, 而無所不周也."

을 보아야 한다.[160]

이현일은 현상적으로는 혼륜(渾淪)의 상태일지라도 일물(一物) 가운데 나아가 분석하여 섞이지 않은 일면(一面)도 있다는 것을 볼 수 있어야 한다는 분별설의 논리를 강조한다. "일반적으로 도리를 볼 때에 하나의 설만을 고수해서는 안 되니 혼륜설(渾淪說)을 내세운 곳도 있고 분별설(分別說)을 내세운 곳도 있다."[161] 그러므로 이현일은 혼륜과 분별을 통합하는 인식방법을 제시하면서 분별설의 논리에 입각하여 주희의 "사단은 리가 발한 것이고 칠정은 기가 발한 것이다[四端理之發 七情氣之發]"라는 명제에 대해, "그 말이 정밀하고 분명하여 백세 뒤에 성인이 나온다 하더라도 의혹이 없을 것이라고 자신하였던 것이다."[162]

이처럼 이현일은 분별설의 논리에 입각하여 이발(理發)·기발(氣發)의 타당성을 입증한다. 이러한 분별설의 논리에 입각하여 리와 기, 사단과 칠정, 도심과 인심을 구분하고자 하였으며, 이러한 분별의식이 도덕문제와 연결됨에 따라 리는 선(善)한 것이고 기는 악(惡)한 것이며, 리가 귀(貴)한 것이라면 기는 천(賤)한 것으로 규정됨으로써 기에 비해 상대적으로 가치우선인 리를 중시한다. 게다가 그는 사단을 기와 섞어서 혼동할 수 없다는 관점에서, 맹자의 성

---

160) 『葛庵集』 卷18, 「栗谷李氏論四端七情書辨」, "李氏於羅整庵人心道心爲體用之說, 顯斥其說而陰主其意, 以爲於大本上未錯, 夫李氏所謂大本者何. 理氣渾淪不可分開之謂也. 夫理氣自相依附, 離了陰陽, 固不可以理言. 然就此上面當見其本體元不相離, 亦未嘗雜耳."

161) 『葛庵集』 卷8, 「答丁君翊·別紙」, "然凡看道理, 不可膠守一說, 有渾淪說處, 有分別說處."

162) 『葛庵集』 卷11, 「答李國材·壬午·別紙」, "夫朱子旣曰, 四端理之發, 七情氣之發. 其所以言之者, 精審的確, 百世以俟聖人而不惑."

선(性善)을 이해하였고, 그것을 그대로 이발기발(理發氣發)로 설명함으로써 이기호발설(理氣互發說)의 타당성을 강조하였던 것이다. 이것은 '인간의 본성이 선하다'는 것을 맹자가 사단으로 설명하였던 그 본뜻에 따라 본성의 단서라 믿는 사단(四端)을 그대로 이발(理發)이라고 역설한 것이다. 다시 말하면, 이발(理發)을 통해 인간에게 선한 본성이 본래부터 내재해 있고 그것이 자연적으로 발현되는 것을 강조하는 이외의 것이 아니다.

2) 이이의 '氣發理乘一途說'에 대한 비판

이황이 사단의 구조를 '이발이기수지(理發而氣隨之)', 칠정의 구조를 '기발이이승지(氣發而理乘之)'라고 하여 이발·기발의 이중구조로 설명하자, 이이는 칠정뿐만 아니라 사단도 마찬가지로 '기발이승일도(氣發理乘一途)'임을 주장하였다. 이이는 리무위(理無爲)의 원칙에 근거하여 기발만이 옳고 이발은 있을 수 없다고 보았다. 그는 작위·발용·변화의 주체를 기로 보고 기 작용에 대한 소이연(所以然)으로 리를 이해하였다. 화담(花潭) 서경덕(徐敬德, 1489~1546)의 기자이(機自爾)의 용어를 차용하여 기의 작용능력 혹은 기의 고유기능을 기틀[機]이라고 칭하고 자율적 고유기능으로서 '기의 기틀'은 '시키는 것이 따로 있는 것이 아니다[非有使之]'고 하여 그 원인을 외재적인 것이 아니라 내재적인 것으로 인식하였다. 즉 물질현상의 총화(總和)를 기로 보는 동시에 기 자체 내에 내재한 주재적(主宰的)인 기본원리와 원인을 리로 규정하였다. 이처럼 이이의 기발이승일도설(氣發理乘一途說)은 '리무위 기유위(理無爲 氣有爲)'의 논리에 따른 기자이(機自爾)로 설명함으로써 그는 기 개념을 보다 포괄적인 것으로 인식하였다. 따라서 칠정이란 사단을 포함하는 정 전체의 개념이며 사단은 칠정의 선일변(善一邊)으로 보았던 것이다. 인심도심이 포괄적인 기의 개념에 포함되는 것도 리와 다르지 않다.

이처럼 이이는 '기발이승일도(氣發理乘一途)'라는 논리 속에서 이황의 성리설을 크게 두 가지로 비판한다. 하나는 '이발이기수지(理發而氣隨之)'의 표현형식이 리와 기에 시간적 선후(先後)를 인정하기 때문에 옳지 않다[163]는 것이고, 다른 하나는 칠정뿐만 아니라 사단도 외물(外物)의 감촉에 의해 발하기 때문에 천하에 어떠한 것도 외물의 감촉 없이 저절로 발하는 것은 없다[164]는 것이다. 이이가 발하는 것은 오직 '기발' 하나뿐이라는 기발이승일도설(氣發理乘一途說)로서 이황의 성리설을 비판하자, 이현일은 이황의 이기호발설(理氣互發說)의 타당성을 인정하는 입장에서 이이의 논리를 재비판한다. 이현일은 이황의 이기호발설(理氣互發說)과 이이의 기발이승일도설(氣發理乘一途說)을 "신 것과 단 것, 흰 것과 검은 것과 같은 차이가 있어 둘 다 옳은 것으로 함께 병존할 수 없다"[165]는 대립적 관계로 인식하고 이황의 학설을 옹호하는 동시에 이이의 학설을 이단(異端)을 배척하는 수준으로 혹평한다. "지금 율곡은 그

---

163) 『栗谷全書』 卷10, 書2, 「答成浩原(壬申)」, "若理發氣隨之說, 則分明有先後矣, 此豈非害理乎."

164) 『栗谷全書』 卷10, 書2, 「答成浩原(壬申)」, "天下安有無感而由中自發之情乎."

165) 『葛庵集』 卷12, 「答申明仲 · 己卯」, "栗谷自謂其說與老先生之言, 有若辛甘白黑之不同, 不可兩可而俱存云."

말이 이치에 어긋나고 도리를 해쳐서 도적을 자식으로 여기는 잘
못을 범하려고 하는 줄을 깨닫지 못하고, 도리어 주자와 퇴계의
설을 속이고 바꾸어서 없는 것을 가리켜서 있다고 한다.”166) 물론
이현일의 이러한 발언은 당쟁이 극심하던 그 시대상황과 결부시켜
이해해야 하지만, 객관적 입장에서는 현상윤(玄相允)이 『조선유학사
(朝鮮儒學史)』에서 지적한 것처럼 학문적 공평성에 의심을 갖게 하
는 동시에 실망감마저 느끼게 하지 않을 수 없게 한다는 것이다.

이현일은 이이의 기발이승일도설(氣發理乘一途說)이 혼륜의 관점
에 입각하여 이발이기수지(理發而氣隨之)를 지나치게 리와 기를 둘
로 나눈다는 비판에 대해, 현실적으로 리와 기의 불상리(不相離)한
관계를 배제하지 않았다는 사실을 구체적으로 설명한다.

> 이이는 ‘이발이기수지(理發而氣隨之)’라는 한 조목으로서 결정
> 적인 논쟁의 안건을 삼아 끝까지 견지하고 놓지 않았으나, 이는
> 남의 말뜻을 제대로 알지 못하면서 갑자기 무고한 죄를 뒤집어씌
> 운 것이다. 무릇 ‘이발이기수지(理發而氣隨之)’는 “태극이 동하여
> 양을 낳고 정하여 음을 낳는다”는 말과 같아서 리가 움직이자마
> 자 기가 바로 리를 따르니 어찌 선후(先後)를 말할 수 있겠는가.
> 예를 들면, 굽히고 펴는 것은 팔에 달려 있고 뒤집고 엎는 것은
> 손에 달려 있어서 굽히고 폄에 팔이 바로 그것을 따르고 뒤집고
> 엎음에 손이 바로 그것을 따르는 것과 같다. 또 사람이 말을 타
> 면 말은 사람을 따르는데 사람이 움직이자마자 말이 바로 따라
> 나오는 것과 같으니, 사람은 이미 문을 나왔는데 말은 오히려 마
> 구간에 있다가 채찍으로 몰아서 끌고 나온 후에야 그를 따른다고
> 말하는 것이 아니다.167)

---

166) 『葛庵集』 卷11, 「李粹彦(玩)·壬午·別紙」, “今栗谷不覺其言之悖理傷道, 將入
　　於認賊爲子之科, 而反將朱子退陶之說, 讀張變易, 指無爲有.”

167) 『葛庵集』 卷18, 「栗谷李氏論四端七情書辨」, “李氏以理發氣隨一款, 爲決正公案,

　　이황의 경우, 기대승과 사단칠정논변(四端七情論辨)을 거치면서 사단과 칠정을 리와 기로 각각으로 갈라놓는 문제점이 있음을 인정하여 최종적으로 사단과 칠정을 각각 '이발이기수지 기발이이승지(理發而氣隨之　氣發而理乘之)'로 정의하였다. 이황이 '이발이기수지 기발이이승지'라는 명제를 제기하게 된 원인은 바로 사단과 칠정을 지나치게 분별하는 것이 아닌가 하는 염려에서 제기된 것인 만큼,[168] 이황의 경우도 리와 기의 불상리(不相離)한 관계를 항상 염두에 두었던 것이다.[169] 그렇지 않고 만일 리와 기가 서로 떠나지 않는다[不相離]는 이유 때문에 '기를 겸한다'는 것으로 설명하려고만 하면 성의 본래 선한 속성[본연지성]을 설명할 수 없기

持之不置, 然不能盡乎人言, 而遽爲之鍛鍊羅織者也. 夫所謂理發而氣隨之者, 猶太極動而生陽, 靜而生陰之謂也, 理纔動, 氣便隨之, 豈有先後之可言乎. 如屈伸在臂, 反復惟手, 屈之伸之, 臂便隨之, 反之復之, 手便隨之. 又如人乘馬, 馬隨人, 人纔動著, 馬便隨出, 非謂人已出門, 馬尙在廐, 待驅策牽引而后從之也."

168) 당초에 추만(秋巒) 정지운(鄭之雲)은 「천명도(天命圖)」에서 '사단발어리 칠정발어기(四端發於理　七情發於氣)'라고 하였는데, 이황은 이것이 지나치게 분별하는 느낌이 강하다고 하여 '사단이지발 칠정기지발(四端理之發　七情氣之發)'로 수정하였다. 후에 기대승은 이것이 사단과 칠정을 지나치게 리와 기로 분속시킨다는 데 불만을 품고 이황과의 논쟁을 벌인 것이 바로 사단칠정논변(四端七情論辨)이다. 여기에서 이황은 기대승의 의견을 받아들여 최종적으로 자신의 주장을 "사단이발이기수지 칠정기발이이승지(四端理發而氣隨之　七情氣發而理乘之)"로 정의하였다.

169) '사단이발이기수지 칠정기발이이승지(四則理發而氣隨之　七則氣發而理乘之)'에 대한 이황 자신의 설명을 참조해 보자. "무릇 리가 발함에 기가 그것을 따르는 것은 리를 주로 하여 말할 수 있을 뿐이지 리가 기 밖에 있음을 말한 것이 아니니 사단이 이것이다. 기가 발함에 리가 그것을 타는 것은 기를 주로 하여 말할 수 있을 뿐이지 기가 리 밖에 있음을 말하는 것이 아니다."(『退溪全書』卷16,「答奇明彦·論四端七情第2書」, p.419, "大抵有理發而氣隨之者, 則可主理而言耳, 非謂理外於氣, 四端是也. 有氣發而理乘之者, 則可主氣而言耳, 非謂氣外於理, 七情是也.") 여기에서 '리를 주로 해서 말하는 것'이라는 구절은 기와의 공존상태를 전제로 하는 말이다. 동시에 '기를 주로 해서 말하는 것'이라는 구절도 리와의 공존상태를 전제로 하는 말이다. 결국, 이황의 경우에 있어서도 현실적으로 리와 기는 어떠한 경우에도 분리될 수 없다는 사실을 배제하지 않았음을 알 수 있다.

때문에 사단을 '이발이기수지(理發而氣隨之)'로 설명하였던 것이다. 따라서 이황과 마찬가지로, 이현일의 경우도 현실적으로 리와 기는 분명히 떨어질 수 없는 관계에 있음을 인정한다. 그 예로 '굽히고 펼 때의 손과 팔의 관계'라든지 '뒤집고 엎을 때의 손과의 관계', 그리고 '출입할 때 사람과 말의 관계'에 비유하여 현실적으로 혼륜(渾淪)한 관계에 있음을 설명한다. 그렇지만 리와 기를 분석하여 말할 경우, 각각 주로 하는 바에 따라 말하지 않을 수 없다. 즉 사단은 리를 주로 하여 말한 것이고 칠정은 기를 주로 하여 말한 것이라는 분별설(分別說)의 논리를 자신의 철학적 입장으로 관철하였던 것이다.

> 각자 주로 하는 바에 나아가 말하면, 그 어세(語勢)가 이러하지 않을 수 없으니 또한 '서로 발하는 바가 있다'고 하여 비방해서는 안 된다. 대저 문자(文字)를 봄에는 각각 그 차원에 나아가서 그 가리키는 뜻이 무엇인지를 보아야 하는데, 지금 '리와 기가 서로 떨어지지 않는다[不相離]'는 이유만으로 이발(理發)·기발(氣發)의 한 구절에 대해 리가 발할 때에는 기가 다른 한쪽에 있고 기가 발할 때에는 리가 다른 한쪽에 있는 것처럼 간주해서는 안 된다.[170]

하나의 사물이지만 가리켜서 말하는 바에 따라 각각 차원을 달리한다. 그러므로 이현일은 현실적으로 리와 기가 혼륜(渾淪)한 관계에 있지만, 각자 '주로 하는 바에 나아가서 말하면' 어세(語勢)가 이발(理發)과 기발(氣發)로 구분되지 않을 수 없기 때문에 사단을

---

170) 『葛庵集』卷18,「栗谷李氏四端七情書辨」, "然而各就所主而言之, 語勢不得不爾, 又可指謂互有所發而譏之乎. 大抵看文字, 各就地頭觀其指意之如何耳, 今以理氣不相離之故, 而將理發氣發字, 作理發時氣在一邊, 氣發時理在一邊樣."

이발(理發)이라 하고 칠정을 기발(氣發)이라 하여도 무방하다고 보았다. 사단(四端)이라고 하여 기가 없는 것이 아니고, 칠정(七情)이라고 하여 리가 없는 것이 아니다. 그렇지만 사단은 기를 겸해 말하지 않고 리만을 주로 말하였기 때문에 이발(理發)이고, 칠정도 리를 겸해 말하지 않고 기를 주로 말하였기 때문에 기발(氣發)인 것이다. "일반적으로 문자를 볼 때에는 각각 그 차원에 나아가서 그 가리키는 뜻이 무엇인지 보아야 하는데, 혼륜설(渾淪說)의 관계에 치우쳐서 늘 합치기만을 좋아하고 분리하기를 싫어함으로써 가리키는 뜻이 무엇인지를 제대로 파악하지 못한다면, 이는 기본적으로 글을 보는 법조차 잘못되었다."[171] 일반적으로 글을 볼 때는 혼륜설과 분별설을 동시에 파악하여 그 가리키는 뜻이 무엇에 있는지를 알아야 하는데, 이이는 늘 합치기만을 좋아하고 분리하기를 싫어하여 가리키는 뜻이 무엇인지를 제대로 파악하지 못하였으니 이것은 글자를 보는 법조차 모르는 것이라고 비난하고, 사단과 칠정을 각각 리와 기로 분속시켜서 보는 분별설(分別說)의 타당성을 강조하였다. 이현일은 이이가 혼륜설(渾淪說)에 입각하여 이황의 분별설(分別說)의 논리를 비판하였기 때문에 이황의 학설을 옹호하는 입장에서, 상대적으로 분별설의 인식방법을 강조하였던 것이다.

이에 이현일은 '리무위 기유위(理無爲 氣有爲)'의 논리에 따라 기발이승일도(氣發理乘一途)만을 주장하는 이이의 학설이 리는 항상 허무공적(虛無空寂)한 것인 줄만 알고 그것이 만물을 신묘하게

---

171) 『葛庵集』卷18,「栗谷李氏論四端七情書辨」, "大抵看文字, 各就地頭觀其指意之如何耳, 今以理氣不相離之故, 而將理發氣發字, 作理發時氣在一邊, 氣發時理在一邊樣, 至發在東在西有性無性之語, 則非惟不察於理, 亦失看文字之法矣."

하여 조화의 추뉴(樞紐)가 된다는 것을 알지 못한다고 비판한다.

> 대저 리는 비록 무위(無爲)이지만 실제로 조화의 추뉴(樞紐)이
> 고 만물의 근저(根柢)가 된다. 만약 이이의 설과 같다면, 리는 다
> 만 허무공적(虛無空寂)한 것으로 만화의 근원이 될 수 없다. 다만
> 음양기화만이 홀로 종횡으로 전도하여 그 조화를 행한다고 한다
> 면, 리는 또한 그릇된 것이 아니겠는가.[172]

이현일은 이이가 리무위(理無爲)의 원칙에 입각하여 끝도 없고
시작도 없는 순환작용을 기[음양]의 속성으로 이해하고 음양(陰陽)
동정(動靜)은 기틀이 스스로 하는 것이요 시키는 자가 있는 것이
아니라는 주장에 대해, 리가 비록 무위(無爲)하지만 실제로 조화의
추뉴가 되고 만물의 근저가 됨을 강조한다. 하나의 리가 혼연(渾
然)하지만 동정을 관통하고 주관하기 때문에 천만 가지의 단서들
이 조리와 질서를 잃지 않는다고 설명함으로써 리를 능동적 존재
로 확인한다. 때문에 '리가 무위하다'고 하여 단지 텅텅 비어 있는
죽은 물건으로 간주해서는 안 된다는 사실을 거듭 강조한다. 게다
가 칠정뿐만 아니라 사단까지도 외물의 감촉에 따라 발한다는 이
이의 주장에 대해 이현일은 다음과 같이 설명한다.

> 이씨는 리와 기가 서로 떨어지지 않고 선후(先後)가 없다는 것
> 때문에 "어린아이를 보고서 측은히 여기는 것은 기이다"라고 하였
> 으니 이는 맹자의 요지를 잃은 것이며, "음양이 동정(動靜)하여 태
> 극이 탄다"고 하였으니 또한 주돈이의 요지를 잃은 것이다. 대저

---

172) 『葛庵集』 卷18, 「栗谷李氏論四端七情書辨」, "夫理雖無爲, 而實爲造化之樞紐品
　　彙之根柢. 若如李氏之說, 則此理只是虛無空寂底物, 不能爲萬化之原, 而獨陰陽
　　氣化縱橫顚倒以行其造化也, 不亦謬乎."

리와 기는 진실로 서로 떨어지지 않으나 바야흐로 어린아이가 우물에 빠지려는 것을 갑자기 보았을 때는 심속에 본래 가지고 있던 리가 감촉에 따라서 발하여 심이 그것을 감싸 둘 수 없고 기가 여기에 간여할 수 없다. 그렇다면 측은히 여기는 것이 어찌 리가 발한 것이 아니겠는가. 맹자의 애당초 본뜻은 진실로 여기에서 나온 것인데, 지금 사단을 기가 발한 것이라고 하면 옳겠는가.173)

사단의 경우, 그 '가리켜서 말하는 것'이 리를 주로 하기 때문에 측은히 여기는 마음은 인(仁)·의(義)·예(禮)·지(智)의 선한 본성이 직접 발동한 것이며, 칠정의 경우는 그 '가리켜서 말하는 것'이 주로 기에 있기 때문에 기가 리의 주재에 따라 발동하면 선한 정이 되고 리의 주재를 무시하고 멋대로 발동하면 악이 되므로 칠정은 선할 수도 있고 악할 수도 있다. 때문에 사단은 리가 발한 것이고 칠정은 기가 발한 것으로 사단의 순수한 선과 칠정의 상대적인 선을 구별하고자 하였고, 이에 따라 사단과 칠정의 존재구조를 다르게 보았던 것이다. 이것은 이이가 인간의 정을 칠정 하나로 보고 그 가운데 선일변(善一邊)의 정만을 사단으로 보는 것과는 구별된다. 그런데도 이이가 '사단을 기가 발한 것'으로 보아 칠정과 배합하여 설을 삼고자 하는 것은 맹자가 사단을 말하여 인성의 선한 본성을 밝히려는 본뜻을 망각한 처사임을 지적하고,174) 지나치게 혼륜(渾淪)의 관점에 빠져서 분별(分別)의 측면을 직시하지 못

---

173) 『葛庵集』 卷18, 「栗谷李氏論四端七情書辨」, "愚謂李氏以理氣不相離, 非有先後之故, 而謂見孺子而惻隱者氣也, 則失孟子之旨矣, 謂陰陽動靜而太極乘之, 則又失周子之旨矣. 夫理氣固不相離, 然方其乍見孺子入井時, 心中本有之理隨觸而發, 心包蓄不住, 氣著脚手不得. 則惻隱豈非理之發邪. 孟子元初本意固出於此, 而今以四端爲氣之發, 則其可乎哉."

174) 『葛庵集』 卷18, 「栗谷李氏論四端七情書辨」, "且李氏必以四端爲氣之發, 欲與七情配合爲說, 則孟子說出四端, 發明人性之善, 大有功於聖門之意 果安在哉."

한 것이라고 비판하였다.

이처럼 이현일이 이황의 이기호발설(理氣互發說)의 입장을 견지하는 것은 본질적으로 그의 이기 개념이 서로 뒤섞일 수 없다는 분별설(分別說)의 논리를 주장하는 데 근거하고 있지만, 실천적으로는 천리에 근원하는 선(善)을 인욕에 근원하는 악(惡)으로부터 명확히 구분하자는 데 있었다.

3) 理氣互發說의 의의

여기서는 이황의 '이기호발설'을 퇴계학파 내에서는 어떻게 해석해 나갔는지 간단히 살펴보고자 한다. 이황 이후 퇴계학파 내에서는 기본적으로 이황의 입장을 조술(祖述)하고 있지만, 그 해석에는 상당한 차이와 다양성을 드러내고 있다. 따라서 퇴계학파 내에서의 '이기호발설'에 대한 해석을 고찰함으로써 이현일이 이황 내지 퇴계학파 내의 성리학자들과 철학적 입장을 어떻게 달리하는지 그 차별성을 고찰하고자 한다.

갈암(葛庵) 이현일(李玄逸, 1627~1704)은 이황의 성리설을 정통적 학풍으로 간주하고 분별설(分別說)의 입장에서 이이의 이론을 조목조목 비판하는 속에서 자신의 입장을 전개시켜 나간다. "리와 기는 결단코 이물(二物)이다. 비록 기 속에 있다 하더라도 리는 리이고 기는 기이니 뒤섞을 수 없다."175) 현상적으로는 일체를 이룬

---

175) 『葛庵集』 卷19, 「愁州管窺錄」, "理與氣決是二物, 雖其方在氣中, 理自理, 氣自氣, 不相夾雜."

혼륜(渾淪)의 상태일지라도 근원적으로는 리와 기가 이물(二物)이기 때문에 분별되어야 한다는 것이다. "사물이 감응하여 움직이게 되면 혹 리가 동하는데 기가 그것에 끼고 혹 기가 동하는데 리가 그것을 타니, 비록 리가 기 위에 있어서 혼륜(渾淪)하여 분개(分開)할 수 없을지라도 이물(二物)이 각각 일물(一物)이 되는 데 방해될 것이 없다"176)라고 하여, 현상적으로는 일체를 이룬 혼륜의 상태일지라도 근원적으로는 리와 기가 이물(二物)이라는 분별설의 타당성을 강조한다.

그리하여 "리는 비록 무위(無爲)이지만 실제로 조화의 추뉴(樞紐)이고 품휘의 근저(根柢)이다"라는 명제를 통해 리의 속성을 재확인하면서 이발(理發)을 부정하면 리는 허무공적(虛無空寂)한 것이 되어 만화의 근원이 될 수 없다는 것이다.177) 이처럼 이현일은 리와 기가 서로 분별되어야 한다는 분별설(分別說)의 인식을 강조함으로써 불상리(不相離)를 강조하는 이이뿐만 아니라 퇴계학파 내에서 제기된 불상리한 경향에 대해서도 엄격히 비판한다. 대표적인 예로, 장현광178)이 경위(經緯)로써 리와 기를 말하는 것 또한 혼륜의 관점에 입각한 것인데, 이는 리와 기가 원래 두 근본이 아님을 알게 하고자 한 것이지만 불상리(不相離)한 속에서 본체가 원래 일찍이 뒤섞여 있지 않음을 보아야 할 것을 강조한다.

---

176) 『葛庵集』 卷19, 「愁州管窺錄」, "其感物而動, 則或理動而氣挾之, 或氣動而理乘之. 雖在氣上, 渾淪不可分開, 然不害二物之各爲一物也."

177) 『葛庵集』 卷18, 「栗谷李氏論四端七情書辨」, "夫太極固無聲臭影響之可言, 然實爲造化之樞紐品彙之根柢. …… 則是以太極爲箇虛無空寂一物事而已."

178) 장현광[張顯光, 1554(명종 9)~1637(인조 15)]: 조선후기의 학자, 본관은 안동(仁同), 자는 덕회(德晦), 호는 여헌(旅軒)이다. 저서로는 『여헌집(旅軒集)』11권, 『성리설(性理說)』6권, 『역학도설(易學圖說)』9권, 『용사일기(龍蛇日記)』2권 등이 있다.

대산(大山) 이상정(李象靖, 1710~1781)[179]은 기본적으로 혼륜설[合看]과 분별설[分看]의 양면을 동시적으로 파악할 것을 강조하는 종합적 입장을 제시한다. 리와 기의 관계를 리는 주장(主張)으로 작용하고 기는 재료(材料)로서 역할을 한다는 '이주기자설(理主氣資說)'을 제시하는 동시에 동정의 현상을 떠나서는 리도 존재할 수 없음을 밝히고 있다. "태극은 오로지 미발(未發)로 말할 수 없으며 미발(未發)과 이발(已發)을 관통하는 것이다. 그 동정에 입각하여 그 소이연(所以然)을 가리키는 것이니 진실로 음양과 섞이지 않는 것이다. 그러므로 위에다 끄집어내어 본체를 보이는 것이니 정(靜)에 갖추어진 것을 태극이라 하고 동(動)에 드러난 것을 음양이라 하는 것이 아니다."[180] 태극[리]을 음양[기]과 명백히 구별하면서도 실제로는 음양과 분리될 수 없음을 강조한다. 즉 태극이 음양을 초월하여 있는 것이 아니라 미발(未發)·이발(已發), 동(動)·정(靜), 음(陰)·양(陽)을 관통하여 그 속에 있는 소이연(所以然)으로서의 리를 나타낸다는 것이다. 그것은 리를 기와 구분하여 인식하면서도 실제로 분리될 수 없는 존재임을 설명한 것이다. 즉 불상리(不相離)한 리를 인정하면서도 '불상리'로부터 독립되어 있는 것이 아니라 불상리의 상태에서 끌어낸 개념으로 리의 불상잡(不相雜)한 본체를

---

179) 이상정[李象靖, 1711(숙종 37)~1781(정조 5)]: 조선후기의 학자, 본관은 한산(韓山), 자는 경문(景文), 호는 대산(大山)이다. 아버지는 태화(泰和)이며, 어머니는 재령이씨(載寧李氏)로 이현일(李玄逸)의 손녀이며 이재(李栽)의 딸이다. 저서로는 『심무출입설(心無出入說)』·『주자어절요(朱子語節要)』·『밀암선생연보(密庵先生年譜)』·『심경강록간보(心經講錄刊補)』·『연평답문속록(延平答問續錄』 등이 있다.

180) 『大山集』 卷27, 「答權支國·別紙」, "太極不可專以未發言, 貫通乎未發已發者也, 卽其動靜而指其所以然者, 則固不雜乎陰陽. 故挑出上面, 以示其本體, 非以具於靜者爲太極, 而著乎動者爲陰陽也."

인식한다. 기와 섞이지 않는 리의 본체를 인정하면서도 그 실제는 기를 타고 있고 기를 떠나지 않는 속에 리가 있음을 강조함으로써 '불상잡'과 '불상리'의 양면을 동시적으로 파악하고 있다.

또한 그는 태극의 동정(動靜) 문제에 있어서도 "태극이 기를 타고 동정한다고 한다는 것은 옳지만, 동정이 바로 태극이라고 하는 것은 음양의 경계를 침범하는 것이요, 형이상과 형이하의 분별을 흐리게 하는 것이다"181)라고 하여, 태극을 바로 동정과 일치시키는 것이 아니라 태극이 음양의 기를 타고 동정하는 것임을 강조한다. 이것은 리의 능동성(能動性)이 기를 떠나서 성립될 수 없는 것임을 전제하면서 기를 타고 유행하는 리의 능동성을 인정하는 종합적 논리를 제시한 것이다.

한주(寒洲) 이진상(李震相, 1818~1885)182)은 리와 기가 불상리(不相離)이면서 불상잡(不相雜)이라는 이기관계를 전제하면서도 리·기에 대한 인식관점으로 수간(竪看)·횡간(橫看)·도간(倒看)의 세 가지 관점을 설정한다. 그리고 이와 더불어 리·기 관계의 인식을 위한 추론방법으로서 순추(順推)·역추(逆推)의 두 가지 방법을 제시한다. 먼저 음양에서 태극의 리가 있음을 추론해 가는 과정을 '역추'라 하고 이러한 역추를 통해 만물의 근거가 되는 태극의 존재를 인식하는 관점이 수간(竪看)이다. 또한 태극에서 출발하

---

181) 『大山集』 卷6, 「答權淸臺」, "所乘者太極, 而動靜爲其機焉, 則謂太極乘機而有動靜則可, 謂動靜便是太極, 則是侵過陰陽界分, 而不明於形而上下之別矣."

182) 이진상[李震相, 1818(순조 18)~1886(고종 23)]: 조선말기의 유학파, 본관은 성산(星山), 자는 여뢰(汝雷), 호는 한주(寒洲)이다. 저서로는 『이학종요(理學綜要)』 22편 10책, 『사례집요(四禮輯要)』16편 9책, 『춘추집전(春秋集傳)』20편 10책, 『춘추익전(春秋翼傳)』3편 3책, 『천고심형(千古心衡)』2책, 『직자심결(直子心訣)』1책 등이 있다.

여 음양으로 추론해 가는 논리과정을 순추(順推)라 하고, 여기에서 음양을 구체사물로 인식하는 관점을 횡간(橫看)이라 하며, 기의 구체적인 현상에 빠져서 리의 근원을 망각하는 관점을 도간(倒看)이라 한다.183) 여기에서 그는 "역추(逆推)를 앞세우지 않으면 순추(順推)가 드러날 수 없고, 횡간(橫看)을 앞세우지 않으면 수간(竪看)이 진실이 아니다"184)라고 하여 '역추'·'횡간'에서 출발하여 '순추'·'수간'으로 가는 인식방법을 중시한다. 그것은 방법적 순서에서 '역추'·'횡간'을 출발점으로 삼지만, 최종적으로는 '순추'·'수간'에 나아가야 한다는 입장이다. 다시 말하면, 태극[리]과 음양[기]의 존재양상은 인식관점에 따라 수간(竪看)에서는 태극이 음양에 앞서 있고, 횡간(橫看)에서는 태극이 음양 속에 있으며, 도간(倒看)에서는 기만 있고 리는 죽은 것으로 여기게 된다는 것이다.185)

그는 동정의 문제에 있어서도 동정을 음양으로 보는 것은 드러나 보이는 것으로부터 말하는 것이라 하고, 동정을 태극의 유행으로 보는 것은 바로 본원(本原)에서 순추(順推)한 것으로,186) 대원(大原)에서 순추(順推)하여 동정을 태극의 유행으로 보는 입장이 동정을 보는 기준으로 파악한다. 따라서 수간(竪看)의 관점에서는 리가 기에 앞서는

---

183) 『寒洲集』 卷33, 「理氣動靜考證後說」, "氣之所以虛靈聚散熏蒸發育者, 太極純一之理爲之主宰故也(逆推). 太極者 …… 此誠萬化之頭腦, 品彙之根柢(竪看), 而旣有太極, 便會動靜, 纔有動靜, 便分陰陽(順推). …… 陰陽俱屬於定體, 故陰爲主(橫看)."

184) 『寒洲集』 卷33, 「理氣動靜考證後說」, "不先逆推, 則順者不可見也, 不先橫看, 則竪者非其眞矣."

185) 『寒洲集』 卷1, 「理學綜要」, "竪看則太極在陰陽之先, 橫看則太極在陰陽之中, 橫竪一理, 而新橫疑竪, 則其弊終歸於從氣倒看, 而理爲死物矣."

186) 『寒洲集』 卷1, 「理學綜要」, "自其可見者言之, 動者是陽, 靜者是陰. 然直從大原上順推, 則動者靜者, 固是太極之流行, 而苟無動靜, 則陰陽二氣無自以生也."

이선기후(理先氣後)의 차등관계가 성립함을 지적하고, 이러한 사고에서 "태극이 동정하여 음양이 낳는다"는 리생기(理生氣)를 주장한다.

또한 이진상은 기의 경위(經緯)로 이황의 이기호발설(理氣互發說)을 해명하면서,[187] 호발(互發)이 그 근본에서는 이발(理發) 하나일 뿐이요, 리와 기가 각각 발한 것이 아님을 밝히고 있다. 즉 호발설(互發說)은 리와 기가 각각 주체로서 발하는 것이 아니라 발하여 나타난 상황에서 무엇을 위주로 보느냐의 관점과 추론방법을 밝힌 것일 뿐임을 강조한다. 따라서 순추(順推)의 방법에 따르면 사단과 칠정이 이발(理發)이고, 역추(逆推)의 방법에 따르면 호발(互發)로 볼 수 있다는 것이다. 그렇지만 그 자신은 순추(順推)로서 이발(理發)을 자신의 기본입장으로 삼음으로써 이황의 이기호발설(理氣互發說)을 '리' 철학으로 강화하는 새로운 해석을 제시한다.

총괄하면, 퇴계학파 내에서는 결과적으로 이발(理發)을 인정하는 범위 내에서 그 실제내용 면에서는 각자 관점을 달리하고 있다. 즉 이발을 인정함으로써 리의 능동성을 인정하는 입장은 퇴계학파의 공통된 견해이지만, 그 실제 내용에서는 각자 관점을 달리한다. 앞에서 언급하였듯이, 장현광의 '이기경위설(理氣經緯說)'이 리와 기의 불상리(不相離)한 관점에 입각하여 리와 기가 원래 두 근본이 아님을 알게 하고자 한 것이라면, 이현일은 분별설(分別說)의 관점에 입각하여 이이의 기발이승일도설(氣發理乘一途說)을 비판하고 이기호발설(理氣互發說)에 근거하여 이발(理發) 기발(氣發)의 타당성을 강조한다. 이

---

187) 이진상은 리가 타고 발하는 기를 '경기(經氣)'와 '위기(緯氣)'로 구분하여 사단은 경기(經氣)를 타고 발하는 것이요, 십정(十情, 칠정)은 위기(緯氣)를 타고 발하는 것이라 분석하기도 하였다(『寒洲集』 卷32, 「四七經緯說」, 참조.).

상정은 태극[리]이 음양의 기틀을 타고 동정하는 것임을 강조하여 기를 떠나지 않은 리의 능동성을 인정하였으며, 이진상은 태극을 동정의 주체로 확인함으로써 리의 능동성을 더욱 적극적으로 주장하였다.

4. 理의 主宰性

이황은 리와 기의 관계를 "리는 귀하고 기는 천하다"[188] "리는 선하고 기는 악하다", "리는 기의 장수이고 기는 리의 졸병이다"[189]고 설명하였다. 이황에 있어서의 리는 극존무대(極尊無對)하여 사물에게 명령을 내리고 사물로부터 명령을 받지 않는다.[190] 즉 리는 명령자(命令者)이고 기는 청명자(聽命者)이니 이것은 리의 주재적(主宰的) 성격을 분명히 하는 것이다.

반면 이이는 기의 운동변화가 저절로 그렇게 되는 것[自然而然爾]이지 별도로 어떤 의지적인 존재가 있어서 그렇게 시키는 것이 아닌 것으로 간주하였다. 이이가 비록 "리는 기의 주재이고 기는 리의 타는 바이다"[191]라고 하여 리가 기의 주재임을 말하였으나, 무위(無爲)하다고 전제된 리의 주재는 결코 '시킨다'거나 '부린다'를 뜻하는 것이 아니다. 이이의 입장에서 기가 운동하는 것은 '저절로 그러한 것일 뿐'인 것이고 '이치가 마땅히 그렇기 때문'인 것이다. 즉 이이

---

188) 『退溪全書』 卷12, 「與朴澤之」, "理貴氣賤."
189) 『退溪全書』 卷3, 「天命圖說」, "理爲氣之帥, 氣爲理之卒."
190) 『退溪全書』 卷13, 「答李達李天機」, "此理極尊無對, 命物而不命於物故也."
191) 『栗谷全書』 卷10, 書2, 「答成浩原(壬申)」, "理者, 氣之主宰也, 氣者, 理之所乘也."

가 말하는 주재는 소이(所以)와 근저(根柢)를 의미하는 내재적 개념이지, 이황과 같이 "물에게 명령을 내린다"는 것을 의미하는 것이 아니다. 따라서 이이에 있어서 리의 주재성은 매우 약화된 것이며 상대적으로 기의 현실적 주도권이 강화된 셈이라고 볼 수 있다. 그러나 이황과 마찬가지로, 이현일에 있어서의 주재개념은 이러한 소이연(所以然)의 차원을 넘어서 '시킨다'거나 혹은 '부린다'는 사역의 의미를 갖는다. 따라서 여기에서는 리와 기의 주종(主從) 개념 내지 귀천(貴賤)·상하(上下)의 위상을 인정하게 된다. 대체적으로 이현일은 이황의 리에 대한 주재의 성격을 그대로 답습하고 있다.

이현일이 리의 주재(主宰)를 강조하는 것은 바로 리가 활물(活物)임을 강조하는 것이다. 운동하는 실제적 주체는 기이지만 기의 운동은 리의 주재(主宰)에 의한 것이라는 논리이다. 이러한 이현일의 리에 대한 주재는 이이의 리무위설(理無爲說)에 입각한 '기자이(機自爾)'와 '비유사지(非有使之)'의 논리를 비판하면서 전개된다.

> 대개 율곡의 뜻은 리를 항상 공허하고 아득한 것으로 여겨서 주재(主宰)하는 바가 없다고 하고 감응(感應)하여 발동(發動)하는 것은 모두 기의 작위(作爲)라고 하니, 이것은 참으로 리가 비록 형상이 없고 소리·냄새가 없지만 동정(動靜)을 관통하여 있지 않은 곳이 없음을 알지 못한 것이다.[192]

> 대체로 이씨는 기가 처음에는 비록 리로부터 발하지만 이미 발하면 기의 동정(動靜)·운위(云爲)는 기틀이 스스로 그러할 뿐이어서 리는 관여함이 없다고 생각하였으니, 이것은 리가 리되는 소이

---

192) 『葛庵集』卷12,「答申明仲」, "蓋栗谷之意, 常以理爲空虛寂漠, 無所主宰, 其所以感應發動者, 皆氣之所爲, 實不知理雖無形象無聲臭, 而該貫動靜無所不有."

가 그 본체는 충막무짐(沖漠無朕)하여 만물을 낳는 근본이 되고 그
작용은 사물 사이에서 발하여 두루 미치지 않음이 없음을 결코 알
지 못한 것이다.[193]

리는 비록 작위가 없으나 실제로 조화의 추뉴(樞紐)이고 만물의
근저(根柢)이다. 그런데도 리무위(理無爲)의 관점에 입각하여 리의
능동성(能動性)을 거부하면, 리는 허무공적(虛無空寂)한 것이 되어
온갖 조화의 근원이 될 수 없다. 작위(作爲)·발용(發用)·변화(變
化)의 주체를 기로 보고 리의 실체적 존재를 부정하는 이이의 학
설과는 달리, 이현일은 리가 동정을 관통하고 주관하는 능동적인
실체임을 강조한다.

대저 하나의 리가 혼연(渾然)하여 동정(動靜)을 관통하고 주관
한다. 그러므로 만물을 화생(化生)하고 발육(發育)할 때에 음양이
서로 엇갈려 운행하고 교대로 밝아져서 천만 가지 단서들이 조리
와 질서를 잃지 않는다. 예컨대 여름에는 덥고 겨울에는 추우며,
물은 아래로 흐르고 산은 높으며, 말에게 갈기가 있고 소에게 뿔
이 있으며, 배꽃은 희고 복숭아꽃이 붉은 것과 같은 것은 만고토
록 한결같다. 만약 리(理)를 위주로 하지 않고 음양의 기화가 하
는 대로 맡겨두면, 반드시 여름에 춥게 되고 겨울에 더울 것이며,
산은 평평해지고 냇물이 위로 용솟음치며, 말에게소의 뿔이 생기
고 복숭아 나무에 배꽃이 피는 등 그 괴이하고 어긋난 현상이란
이루 형용할 수 없을 것이다.[194]

---

193) 『葛庵集』 卷18, 「栗谷李氏論四端七情書辨」, "蓋其意以爲氣之始雖自理發, 及其
既發則動靜云爲機自爾也, 而理無與焉, 殊不知理之所以爲理者, 其體沖漠無朕,
而爲生物之本, 其用發於事物之間, 而無所不周也."

194) 『葛庵集』 卷18, 「栗谷李氏論四端七情書辨」, "夫一理渾然, 貫動靜而爲之主, 故
化生發育, 錯行代明, 萬端千緒, 不失條序, 夏熱冬寒, 水流出峙, 馬鬣牛角, 李白
桃紅, 亘萬古如一日. 若不以理爲主, 而一任陰陽氣化之爲, 則必將夏寒冬熱, 山
夷川湧, 馬生牛角, 桃樹生李花, 其詭異差忒殆不可名狀矣."

이현일은 자연법칙이 질서를 잃지 않을 수 있는 이유가 바로 리가 동정을 관통하고 주관하는 주재성(主宰性) 때문이라고 설명한다. 즉 만물이 형질을 이루는 것은 진실로 음양과 오행의 작용이지만, 그 만물이 만물되는 리는 이미 정해져 있지 않은 것이 없다. 음양·오행이 어지럽게 착종하면서도 조리를 잃지 않는 것은 바로 리 때문이니, 만약 리의 주재 없이 음양·오행의 조화에 맡겨 둔다면 천지의 사이에 생겨나는 생물들은 형용할 수 없이 괴상망측할 것이고, 끊임없이 생겨나는 생생지도(生生之道)도 그치게 될 것이다. 오직 리의 통제하에서만이 음양·오행이 경위로 착종하여 조화를 운행하기 때문에 천지가 만물을 낳는 것이 영원히 변함없는 것이다. 그러므로 말에게 뿔이 생기지 않고 발은 등에 달리지 않으며 둥근 것은 항상 둥글고 모난 것은 항상 모나게 되는데, 이러한 이치는 미리 정해져 있기 때문이다. 따라서 사물의 이치에 밝은 사람은 천하의 사물에 대해 당연히 있을 것과 당연히 없을 것을 알기 때문에 이치가 아닌 것으로 속이지 않는다.[195] 일체의 것들은 리가 아니면 생겨날 수 없다. 다시 말하면, 일체의 것들은 모두 리가 그렇게 시킨 것이요 리가 그렇게 주재하는 것이다. 이처럼 이현일은 소이연(所以然)의 내재원리로서의 리보다는 이황이 말한 것처럼 사물에게 명령을 내리고 명령을 받지 않는 존재이기 때문에 기는 결코 리를 이길 수 없다.

---

195) 『葛庵集』 卷17, 「與應中·甲辰」, "若夫萬類之成形成質, 固是陰陽五行之所爲, 然其所以爲是物之理則未嘗不前定. 蓋陰陽五行, 紛綸錯綜, 不失條緒, 便是理, 若非理爲之主, 而只陰陽五行鶻崙成化, 則兩間生類, 怪異差忒, 殆不可名狀, 而生生之道, 或幾乎息矣. 惟其理爲之主, 而陰陽五行經緯錯綜, 以行其造化, 故天地生物千萬年, 只是這物事. 馬不生角, 足不腎出, 圓者常圓, 方者常方, 此理前定故也."

또한 리가 세상만사의 주재자(主宰者)라는 주장은 마침내 '인사(人事)에 있어서의 불선(不善), 즉 악(惡)도 또한 리에 근원하는 것인가'라는 의문을 제기하게 된다. 즉 현상세계의 악의 원인까지도 리로 해석할 수 있는지의 여부에 대해,[196] 이현일은 '악에도 리가 없다'고 할 수 없음을 시인한다. 그렇지만 악은 선과 상반된 것으로 선(善)과 함께 생겨나서 대치하여 병행하는 것이 아니라 단지 리가 변하여 그 상도(常道)를 잃은 것으로 이해한다.

> 악을 제거하면 선이 보존되고, 악이 밖으로부터 들어오는 것이 아니라 리의 지나치거나 모자라는 것이 그것이며, 선이 이미 소멸했다가 다시 생겨나는 것이 아니라 사욕(私欲)의 장애를 제거하면 본체가 그대로 드러난다.[197]

선악(善惡)의 존재 자체를 모든 사물에 상대가 있는 본연의 이치로 보고 선이 있으면 반드시 악이 있음을 인정한다. 그러나 악은 리의 주재에 의한 창조물로 보는 것이 아니라, 리가 변하여 그 상도(常

---

196) 이 문제에 관한 노사(蘆沙) 기정진(奇正鎭, 1798~1880)의 견해를 살펴보자. 기정진은 현상계의 불선(不善), 즉 악(惡)을 기의 과불급(過不及)으로부터 발생하는 것으로 보고, 그 과불급(過不及)의 원인을 기가 아닌 기를 주재하고 있는 리에서 찾고 있다. "대개 리는 작위가 없고 기는 작위가 있기 때문에 기가 주장하는 것 같으나 이 리가 있은 후에 이 기가 있는 것이다. 그러므로 기에는 리 없는 기가 없으니 일에 불선(不善)이 있는 것은 비록 기의 작위라고 말하지만, 이 리가 없으면 이 기가 없는 것이니 어찌 기가 홀로 주장할 수 있겠는가."(『蘆沙先生文集』, 「問答類編」 卷1, "蓋理無爲氣有爲, 固有似乎氣爲主張, 然有是理而後有是氣. 而氣無無理之氣, 則事有不善者, 雖曰氣之所爲, 而無是理則無是氣也, 安得爲氣獨主張乎.")

197) 『葛庵集』 卷17, 「與應中·甲辰」, "故曰天下無性外之物, 而惡亦不可不謂之性, 若於此信得及, 可與論性矣. 雖然, 惡是善之反, 非與善俱生對峙而竝行, 只此理之變而失其常耳. 故曰惡祛則善存 垢盡則明復. 惡非自外而入, 只此理之過不及便是, 善非旣減而復息, 只祛其蔽則本體固然."

道)를 잃은 것으로 이해한다. 이러한 이치를 확대해 갈 경우, 산의 망량(魍魎, 산속에 사는 도깨비)·물의 망상(罔象, 물속에 사는 괴상한 형상)·땅의 분양(羵羊, 땅속에 사는 괴상한 양)과 같은 것은 비록 상리(常理)라고 말할 수 없지만, 이미 이러한 물(物)이 있으니 또한 이러한 리가 없다고 말할 수 없다.[198] 그렇지만 이러한 것들은 사람들의 일상적인 상도(常道)가 아니기 때문에 성인이 거의 말하지 않았으니 학자들이 굳이 그 이치를 탐구할 필요가 없는 것으로 간주하였다. 이른바 악(惡)이라는 것은 본래부터 악한 것이 아니라 리의 지나치거나 모자라는 견해로 받아들임으로써 악의 실재성(實在性)을 부정한다. 선(善)에 있어서는 맹자의 성선설(性善說)에 근거하여 리가 가려지지 않은 마음의 본체를 선한 것이라고 확신한다. 따라서 선은 본성에 근원하는 것이기 때문에 고유한 것이고 악은 기질의 은폐에 따라 부차적으로 발생하는 본래 없던 것으로 규정함으로써, 선의 본체는 있으나 악의 본체는 없는 것으로 규정한다.

총괄하면, 이현일이 리를 주재적 존재요 절대적 존재로 인식한 것은, 리를 동정하는 주체로 인식하는 논리와 그 맥을 같이한다고 볼 수 있다. 결국 리의 주재(主宰)를 강조하는 것은 리를 실재하는 주체로 강조하는 것이다. 이러한 리의 실재성을 주장함으로써, 이현일은 현실세계에서의 리의 절대적 영역과 순수성을 확보하여 군자(君子)와 소인(小人)이 전도되는 시대적 모순을 극복하고자 하였던 것이다.

---

198) 『葛庵集』 卷17, 「與應中·甲辰」, "若極論之, 則如山之魍魎, 水之罔象, 土之羵羊之類, 雖不可謂理之常, 旣有其物, 則亦不可謂無此理."

제3장
心性情論

심성정론(心性情論)은 인간의 심·성·정 등의 주요 개념을 분석하고 또한 그 개념들의 상호 연관관계를 철학적으로 분석하는 것을 말한다. 성리학은 심·성·정의 관계를 리와 기의 개념으로 설명함으로써 심성정의 관계를 보다 체계적으로 설명한다. 따라서 인간에 있어서 성(性)의 차원뿐만 아니라 정(情)의 차원에까지도 형이상학적 이론을 전개함으로써 복잡한 문제가 발생하기도 한다. 즉 정에 있어서의 사단을 이발(理發)로 해석해야 할 것인지 기발(氣發)로 해석해야 할 것인지의 논쟁을 야기하였던 것이다.

여기에서는 성에서의 본연지성(本然之性)과 기질지성(氣質之性), 심에서의 도심(道心)과 인심(人心), 그리고 정에서의 사단(四端)과 칠정(七情)을 이현일의 분별설적 논리에 입각하여 살펴보고자 한다.

제3장 心性情論

1. 本然之性과 氣質之性

1) 性과 氣質과의 관계

성이란 성즉리(性卽理)의 명제에 따라 인간이 천으로부터 리를 부여받은 것이고, 그 내용은 인(仁)·의(義)·예(禮)·지(智)로서의 사덕(四德)을 말한다. 성이 성으로 명명되기 위해서는 반드시 기질(氣質)이 수반되어야 한다. 리에 본래 천으로부터 부여받은 그 자체의 성을 '본연지성(本然之性)'이라고 하고, 기질과 연관된 성을 '기질지성(氣質之性)'이라고 한다. 이처럼 성은 성리학에서 중요한 위치를 차지하지만 그것이 리와 기로 논의되면서 논쟁의 여지가 발생하게 되었다. 즉 본연지성과 기질지성을 리와 기의 구조 속에서 이해하면서, 리와 기와 마찬가지로 본연지성과 기질지성을 대립적인 개념으로 해석할 것인지[本然對氣質] 아니면 기질지성이 본연지성을 내포하는 성의 전체개념으로 해석할 것인지[氣質包本然]에 대한 논쟁을 야기하였다. 전자가 이황의 학설을 대표한다면, 후자는 이이의 학설을 대표한다고 할 수 있다.

이현일은 이황과 마찬가지로, 본연지성과 기질지성을 대립구조 속에서 이해하였다. 성이란 기 안에 내재된 리이다. 따라서 성을 리와 기가 묘합(妙合)된 상태의 기질지성 하나만을 인정하지만, 그 합쳐진 상태에서 분별하여 리를 주로 하는 본연지성과 기를 주로 하는 기질지성으로 둘로 분명히 구분할 것을 강조한다. "리와 기의 묘합(妙合) 가운데 리만을 가리켜 말할 수 있거늘 어찌 기만을 가리켜 말할 수 없겠느냐"는 입장에서 성에 대한 이해를 리와 기의 구조 속에서 주리(主理)와 주기(主氣)로 분별하여 설명한다.[199]

> 천이 부여하고 사람이 받은 것을 성(性)이라 한다. …… 성은 하나이지만 본연지성(本然之性)이 있고 기질지성(氣質之性)이 있다. 본연지성은 이른바 천이 부여한 이치이니, 맹자가 말한 '성선(性善)'이란 것이 이것이다. 기질지성은 기질을 섞어서 말한 것이니, 공자가 말한 '성상근(性相近)'이란 것이 이것이다.[200]

이현일은 여느 성리학자와 마찬가지로 성이란 개념을 사람이 태어나면서 얻은 리, 즉 기 안에 내재된 리로 이해한다. 그러나 이 하나의 성에는 본연지성과 기질지성이 있다. 즉 기와 연계되지 않은 순수한 리만의 성인 본연지성과 기와 연계되는 성인 기질지성으로 구분된다는 것이다. 이렇게 구분을 지은 이유는 아무리 순수

---

199) 원래 성(性)을 리와 기의 구조 속에서 본격적으로 해석을 시작한 것은 횡거(橫渠) 장재(張載, 1020~1077)가 처음이다. 장재는 성을 천지지성(天地之性)과 기질지성(氣質之性)으로 구분하여 설명하였고, 이천(伊川) 정이(程頤, 1033~1107)는 이것을 천명지성(天命之性)과 생지위성(生之謂性)으로 구분하여 설명하였다. 회암(晦庵) 주희(朱熹, 1130~1200)에 이르러 이것이 적극적으로 수용되고 종합적으로 체계화되어 본연지성(本然之性)과 기질지성(氣質之性)으로 구분하여 설명되었다.

200) 『葛庵集』 卷18, 「權學士士範疑義」, "天之所賦而人之所受謂之性. …… 性則一也, 而有本然之性, 有氣質之性. 本然之性, 卽向所謂天之所賦之理也, 孟子之道性善者是也. 氣質之性, 乃夾氣質而言者也, 孔子之謂性相近者是也."

한 성일지라도 기질과 섞어서 말하면 순수한 성의 본연이 방해를 받아 순선한 본연의 모습을 유지할 수 없기 때문에 기질을 완전히 벗어난 순수한 본연지성을 별도로 설정하였던 것이다. 구체적으로 말하면, 자사(子思)의 '천명지위성(天命之謂性)'이나 맹자의 '성선(性善)'과 같은 것은 기질을 섞지 않은 순수한 리만의 본연지성을 말한 것이고, 공자의 '성상근(性相近)'이나 맹자의 '이목구비(耳目口鼻)의 성'과 같은 것은 기와 연계하는 기질지성을 말한 것이기 때문에 그 말한 취지가 근본적으로 다르다는 것이다. 그러므로 말한 취지가 다른 이상, 둘은 분별해서 보아야 의미파악이 보다 명확해진다는 것이 이현일의 일관된 주장이다.

> 사람이 태어난 것은 성(性)과 기(氣)가 합쳐진 것일 뿐이다. 그러나 이미 합쳐진 데에서 분석하여 말하면, 성은 리를 주로 하여 형체가 없고 기는 형체를 주로 하여 질(質)이 있으니, 대개 그 근본으로부터 이미 그러한 것이다.[201]

인간의 존재는 현실적으로 보면 물론 기질지성(氣質之性) 하나만 존재하지만, 그 기질지성 속에 나아가서 기질과 연계되지 않은 리만의 성인 본연지성과 기질과 연계되는 성인 기질지성으로 분별해서 보아야 한다는 것이다. 이현일은 이러한 분별설(分別說)의 논리를 주희의 말을 인용하여 강조한다. "성을 논하고 기를 논하지 않으면 충분하지 않고 기를 논하고 성을 논하지 않으면 분명하지 않다고 하였다. 대개 본연지성은 지선(至善)할 따름이지만 기질로써

---

201) 『葛庵集』 卷8, 「與丁君翊·辛巳」, "人之有生, 性與氣合而已, 然卽其已合而析言之, 則性主於理而無形, 氣主於形而有質, 蓋自其根本而已然."

논하지 않으면 혼명(昏明)·개색(開塞)·강유(剛柔)·강약(强弱)이 있다는 것을 알지 못한다. 그러므로 충분하지 않은 점이 있다. 다만 기질지성만을 논하고 본원(本原)을 말하지 않는다면, 혼명(昏明)·개색(開塞)·강유(剛柔)·강약(强弱)이 다르다는 것을 알지라도 지선(至善)의 근원이 일찍이 다른 적이 없음을 알지 못한다. 그러므로 분명하지 못한 점이 있다. 모름지기 양변을 모두 말하여야 이치가 비로소 분명히 갖추어진다."202) 따라서 본연지성의 지선(至善)만을 알고 기질지성의 차이를 모른다면 성론(性論)이 완비되었다고 할 수 없고, 또한 기질지성의 차이만 알고 지선(至善)한 본원지성이 하나라는 것을 알지 못하면 충분하지 않기 때문에 혼륜(渾淪)한 데에서 실제로 서로 분별(分別)됨을 보아야 할 것을 강조하였다.

> 리와 기가 서로 어우러져 있는 가운데 나아가서 기에 섞이지 않은 것을 가리켜서 말하면 본연지성(本然之性)이라 하고, 리와 기를 부여받은 가운데 나아가서 기질(氣質)과 섞인 것을 가리켜서 말하면 기질지성(氣質之性)이라고 한다.203)

리와 기가 혼륜한 가운데 기질을 섞지 않고 말하면 본연지성이 되고 기질을 섞어서 말하면 기질지성이 된다. 본연지성은 기질을

---

202) 『朱子語類』 卷59, 「孟子·告子上」, p.697, "論性不論氣, 不備, 論氣不論性, 不明. 蓋本然之性, 只是至善, 然不以氣質而論之, 則莫知其有昏明開塞剛柔强弱, 故有所不備. 徒論氣質之性, 而不自本原言之, 則雖知有昏明開塞剛柔强弱之不同, 而不知至善之源未嘗有異, 故有所不明. 須是兩邊都說, 理方明備."

203) 『葛庵集』 卷18, 「讀金天休論李大栗理氣性情圖說辨」, "就理氣相成之中而指其不雜於氣者而言之, 則曰本然之性也, 就理氣賦與之中而指其渾於氣質者而言之, 則曰氣質之性也."

제외한 순수한 리이기 때문에 순선(純善)이 되지만, 기질지성은 기질을 섞어서 말하기 때문에 선(善)할 수도 있고 악(惡)할 수도 있다. 기질지성도 물론 본연지성과 마찬가지로 성의 개념이지만, 기질에 내재해 있기 때문에 성 자체의 본연한 모습을 그대로 나타내지 못한다. 왜냐하면 기질의 제약 때문이다. 그러므로 이현일은 본연지성의 순선(純善)을 강조하고 그것을 기질지성의 상대적 선과 구별하였다. 물론 그도 현실적으로는 기질지성 하나만을 인정하지만, '주로 하는 바'의 입장에서 본연지성과 기질지성으로 양분할 수 있기 때문에 분별해서 보아야 한다는 논리이다. 즉 혼륜(渾淪)한 가운데서 실제로 서로 분별됨을 보아야 한다는 분별설(分別說)의 타당성을 강조하였던 것이다. 그렇지만 성을 본연지성과 기질지성으로 지나치게 양분시키려는 방식은 자칫 성을 두 개의 성으로 간주할 오해의 여지를 남겨 두기 때문에 논란의 대상이 되기도 하였다.[204]

2) 本然之性과 氣質之性의 대립적 이해

이현일은 분별설(分別說)의 논리에 따라 성에 있어서도 본연지성과 기질지성을 분명히 둘로 구분해 보아야 한다는 입장을 관철하였

---

204) 이이는 본연지성(本然之性)은 오로지 리만을 말한 것으로서 그것이 기에 미치지 않지만, 기질지성(氣質之性)은 기를 겸하여 말한 것으로서 리가 그 가운데 포함되어 있기 때문에 주리(主理)·주기(主氣) 양변으로 나누어 말할 수 없다. 때문에 본연지성(本然之性)과 기질지성(氣質之性)을 양변으로 구분한다면 모르는 사람들은 두 개의 성으로 오해하지 않겠느냐고 우려하였다(『栗谷全書』 卷10, 書2, 「答成浩原」, p.199, "本然之性, 則專言理, 而不及乎氣矣, 氣質之性, 則兼言氣, 而包理在其中, 亦不可以主理主氣之說泛然分兩邊也. 本然之性與氣質之性兩邊, 則不知者豈不以爲二性乎.").

다. 기질지성 하나만을 두고 말하면 리와 기를 겸하는 성이라고 말할 수 있지만, 본연지성과 상대해서 말하면 그대로 탁박(濁駁)한 기질에 불과하다는 것이다. 따라서 분별해서 보아야 하는 이유를 본연지성과 기질지성의 유래 자체가 다르다는 사실로써 설명하였다.

예로부터 성현들이 논한 성은 모두 기질(氣質)을 겸하여 말하였으나, 맹자에 이르러 비로소 기질 속에서 기질에 섞이지 않은 것을 뽑아내어 말하였다. 그러므로 주자는 『맹자집주(孟子集註)』속에서 기질이라는 글자를 제기하지 않고 다만 물욕(物欲)에 가려진 것만을 말하였다. 맹자의 말에 "사람마다 모두 요순(堯舜)이 될 수 있다"라고 한 것은 기질을 섞지 않고 성을 말한 것이고, "그 정과 같은 것은 선하다고 할 수 있다"라고 한 것은 기질을 섞지 않고 정을 말한 것이다. 만약 기질을 섞어서 말한다면, 어찌 사람마다 모두 요순(堯舜)이 될 수 있고 정(情)이 모두 선할 수 있겠는가. 이로부터 보면 천명지성(天命之性)은 요순(堯舜)과 일반 사람들이 다름이 없고, 사단의 정은 어질고 지혜로운 자[賢智]나 어리석고 불초한 자[愚不肖]가 모두 그러한 것이다. 그런데 후세에 성정(性情)을 논하는 자들이 맹자의 설을 『중용』이나 『예기(禮記)』 「악기(樂記)」・정자의 「호악론(好學論)」 등과 몰래 연결하고 비교하여 주자가 말한 "사단은 리가 발한 것이고 칠정은 기가 발한 것이다[四端理之發 七情氣之發]"는 말을 의심하고 또한 "도심은 성명에 근원하고 인심은 형기에서 생겨난다[道心原於性命 人心生於形氣]"는 말을 의심하여 반드시 옮겨 나아가서 자신의 뜻에 따르고자 하였다. 혹자는 인심과 도심으로 체용(體用)을 삼기도 하였고, 혹자는 성명과 형기를 경위(經緯)로 삼기도 하였으며, 혹자는 사단과 칠정을 일도(一途)에서 함께 나온 것이라고 하였으니 모두 맹자가 사람의 몸에서 하늘이 명한 것을 도출(挑出)해 내어 기질을 겸하지 않고 말했다는 것을 모르기 때문이다. 그러므로 문자는 모름지기 융통성 있게 보아야 한다. 이것은 이것에 나아가 말한 것이고 저것은 저것에 나아가 말한 것인데,

만약 이것을 끌어다 저것에 합치면 도처에서 막히게 된다. 공자
가 말한 성은 기질을 겸하여 말하였고, 맹자가 말한 성은 기질
속에서 성의 본체를 도출(挑出)하여 말한 것이다. 맹자가 이미 도
출해 내어 말하였기 때문에 주자가 "사단은 리가 발한 것이다"라
고 말한 것이니, "칠정은 기가 발한 것이다"는 것은 변론할 여지
가 없다. 그런데도 후학들은 구별하는 것이 정밀하지 못하고 매
번 사단에 기질을 섞어서 말하고 인심과 도심을 억지로 끌어다
합치니 옳지 않다.[205]

성현의 말은 각각 의도하는 뜻이 따로 있고 그들이 말한 차원이
각각 다르니 억지로 끌어다 합치하려고만 해서는 안 된다. 공자가
말한 성은 기질을 섞어 말한 것이고, 맹자가 말한 성은 기질을 발
라내고 본체만을 도출(挑出)하여 말한 것이기 때문에 그 차원을 달
리한다. 그럼에도 불구하고 하나의 인식방법으로 공자가 말한 기질
지성(氣質之性)과 맹자가 말한 본연지성(本然之性)을 일괄적으로
설명하려고 하면 그들이 말을 하게 된 본지(本旨)를 잃게 된다. 그
러므로 공자가 말한 차원에 나아가 혼륜(渾淪)의 도리를 이해하고,
맹자가 말한 차원에 나아가 분별(分別)의 도리를 이해하면, 혼륜설

---

205) 『葛庵集』 卷13, 「答申明仲·癸未」, "從古聖賢論性, 皆兼氣質而言之, 至孟子,
始就氣質中, 剔出其不雜乎氣質者而爲言. 故朱子於孟子集註中, 未嘗提起氣質字,
但言物欲之蔽而已, 於他書訓釋 則莫不兼擧氣質之拘物欲之蔽而言之, 其意可見
矣. 孟子之言曰, 人皆可以爲堯舜, 是不雜氣質而言性也. 又曰乃若其情則可以爲
善矣, 是不雜氣質而言情也. 若雜氣質而言之, 則豈有人皆可以爲堯舜, 情皆可以
爲善之理乎. 由此觀之, 天命之性, 堯舜與凡人無異也, 四端之情, 賢智與愚不肖
皆然也. 後世論性情之德者, 皆不達此意, 乃謂天下豈有無理之氣, 又豈有無氣之
理, 其說縱橫繆戾, 紛紜舛錯, 乃以孟子說, 賺連中庸樂記好學論等書, 比竝較量,
曲求其合. 至疑朱子所論四端理發七情氣發, 旣又竝疑道心原性命人心生形氣之
言, 必欲多般遷就, 以從己意. 或以人心道心爲體用, 或以性命形氣爲經緯, 或以
四端七情爲同出一途, 是皆不知孟子於人身上挑出天之所命者, 不兼氣質而爲言故
也. …… 而後儒擇不精而語不詳, 每以四端雜氣質而爲言, 竝與人心道心必欲牽
合而傅會之, 其亦不思而已矣."

(渾淪說)과 분별설(分別說)의 의미가 각기 저절로 분명하여 의심할 여지가 없게 된다. 나흠순의 '인심도심체용설(人心道心體用說)'이나 장현광의 '이기경위설(理氣經緯說)' 그리고 이이의 '기발이승일도설 (氣發理乘一途說)'은 모두 혼륜의 관점에 입각한 것이다. 때문에 이것은 기질을 겸하지 않고 본연지성만을 도출하여 말한 맹자의 본의(本意)와는 구분 지어 이해해야 한다. 이처럼 말한 바의 차원이 다른데도 불구하고 끌어다 합하기만을 좋아하고 분별의 뜻을 제대로 파악하지 못하면 종합적 인식방법이 될 수 없다. 따라서 문자를 볼 때는 모름지기 융통성 있게 볼 것을 강조하였으니 "일 반적으로 도리를 볼 때에 하나의 설만을 고수해서는 안 되는데, 혼륜설(渾淪說)을 내세운 곳도 있고 분별설(分別說)을 내세운 곳도 있다."206) 같은 하나의 성일지라도 말한 차원이 다르기 때문에 본 연지성과 기질지성으로 분별해서 보아야 한다. 여기에서 이현일은 혼륜설과 분별설을 아우르는 종합적 인식방법을 강조하고, 전체를 통간(通看)하지 못하고 하나의 설에만 집착하면 독단적인 편견에 빠진다고 비판한다.

　　대체로 자사(子思)는 혼륜하게 말하여 미발(未發)의 전에는 하 나의 리가 혼연(渾然)하다가 이발(已發)한 후에 참과 거짓이 비로 소 나뉜다는 것을 밝혔으며, 맹자는 본연지성(本然之性)의 선한 측면만을 끄집어내어 말하여 다만 그 성(性)만을 논하고 기질(氣 質)을 언급하지 않아 사람들로 하여금 근원이 모두 선하다는 것 을 알게 하고자 하였다. 자사의 설은 자체로 자사의 설이고 맹자 의 설은 자체로 맹자의 설이니 말의 뜻이 서로 관계하지 않는다.

---

206) 『葛庵集』卷8,「答丁君翊・別紙」, "然凡看道理, 不可膠守一說, 有渾淪說處, 有 分別說處."

만약 맹자가 다만 자사가 말한 희(喜)·노(怒)·애(哀)·락(樂) 중
에서 선한 측면만을 가려내어 사단(四端)이라고 하였다면, 그 누
가 맹자는 오로지 리(理)에서 발하는 것만을 가리켜 말하여 이전의
성인이 밝히지 못한 바를 밝혔다고 말하겠는가. 대저 하나의 물
건이지만 '가리켜서 말하는 것'에 각각 차원이 있는 것이다.[207]

맹자의 '성' 개념은 인욕(人欲)에 대립되는 천리(天理)를 분별함
으로써 인간의 본성이 선하다는 사실을 밝힌 것이니 바로 본연지
성(本然之性)만을 도출하여 제시한 것이다. 그러므로 비록 성은 하
나일지라도 '가리켜서 말하는 바'에 따라 본연지성과 기질지성으로
구분해서 보아야 한다는 것이다. 다만 사람들의 인식방법으로 합쳐
서 보기도 하고 구분 지어 보기도 하는 것이지, 리와 기에 떨어지
고 붙는 때가 있는 것이 아니다. 공자가 말한 '성상근(性相近)'은
본연지성과 기질지성을 모두 총괄한 것이고, 맹자는 '성선(性善)'만
을 도출해 내어 말하였을 뿐이니 그 '말한 바의 차원'이 각자 다르
기 때문에 두 설을 끌어다 합치시키려고 하면 천착된다. 그러므로
맹자의 설은 맹자의 설대로, 자사의 설은 자사의 설대로, 그 자체
로 이해해야지 어느 하나의 관점으로 일괄해서는 안 된다. '가리켜
서 말하는 바'에 각각 차원이 있기 때문에 혼륜의 관점과 더불어
분별해서 파악하는 분별적 관점을 제기하였다. 때문에 지나치게 혼
륜의 관점만을 중시하는 이이의 문제점을 지적하고 상대적으로 분
별의 관점을 강조하였다. 이이의 '기발이승일도(氣發理乘一途)'의

---

207) 『葛庵集』 卷18, 「栗谷李氏論四端七情書辨」, "蓋子思是渾淪言之, 以明未發之前,
　　一理渾然, 旣發之後, 眞妄始分, 孟子是挑出言之, 只論其性不及氣質, 要人見得源
　　流皆善. 子思說自是子思說, 孟子說自是孟子說, 語意自不相蒙. 若孟子只就子思
　　所說喜怒哀樂中, 擇取善一邊而爲四端, 則其誰曰孟子專指其發於理者言之, 而爲
　　發前聖所未發乎. 夫以一个物事指而言之, 各有地頭."

구조 속에서 "본연지성과 기질지성은 결코 두 성이 아니다. 기질 위에 나아가 그 리만을 가리켜 말하면 본연지성(本然之性)이고 리와 기를 합해서 말하면 기질지성(氣質之性)일 뿐이니, 본연지성과 기질지성을 두 쪽으로 나누어 말할 수 없다"208)는 주장에 대해, 이현일은 이이의 학설이 지나치게 혼륜의 관점에 입각해 있는 것이라고 파악하고 이러한 혼륜의 인식방법을 택당(澤堂) 이식(李植, 1584~1647)의 말을 인용하여 다음과 같이 비판한다.

> 오늘날의 유자들은 성선론(性善論)에 근본을 두지 않고 오로지 기질지성(氣質之性)만을 말하고 심지어는 리와 기를 한 물건이라고까지 하니, 그 폐단이 혹 도적을 자식으로 잘못 아는 지경에까지 이르렀는데도 알아차리지 못한다.209)

이현일은 본연지성의 개념을 기가 작용하지 않는 특정한 상태로 설정하고, 반면 리와 기가 결합된 기질지성만을 성의 실체로 인식하는 이이의 혼륜설의 관점을 리와 기를 한 물건으로 여겨 그 폐단이 도적을 자식으로 잘못 여기는 지경에까지 이르렀는데도 알지 못한다고 비판한다. 물론 이이의 주장처럼 본연지성과 기질지성은 두 개의 성이 아니다. 그렇지만 공자의 '성상근(性相近)'과 맹자의 '성선(性善)'처럼 '각자 말한 바의 차원'이 다르기 때문에 둘로 분명히 구분하여 인식하여야 성에 대한 이해가 더욱 분명해진다고 보는 것이 이현일의 일관된 생각이다.

---

208) 『栗谷全書』 卷10, 書2, 「答成浩原」, "氣質之性本然之性決非二性, 特就氣質上單指其理曰本然之性, 合理氣而命之曰氣質之性耳."

209) 『葛庵集』 卷19, 「愁州管窺錄」, "今之儒者, 不本性善之論, 而專言氣質之性, 甚者至謂理氣爲一物, 其弊或至於認賊爲子, 而莫之省."

대개 천명지성(天命之性)은 진실로 선하지 않음이 없으나 이미
형기 속에 떨어지면 바로 기질지성(氣質之性)이 되어 그 형기의
혼명(昏明)·강약(强弱)에 따라 선(善)과 불선(不善)의 차이가 있
으니, 예를 들면 물이 모래와 돌에 있는 것은 맑고 진흙에 있는
것은 흐린 것이 물 자체에 청탁(淸濁)이 있는 것이 아니라 그것
을 담아 둔 것이 같지 않기 때문인 것과 같다. 비록 그렇지만 성
이 순선(純善)하고 악이 없는 것은 사람들의 같은 점이고, 기에
혼명(昏明)·강약(强弱)이 있는 것은 사람들의 다른 점이다.[210]

기질을 섞지 않고 말하면 본연지성이 되고 기질을 섞어서 말하
면 기질지성이 된다. 본연지성은 기질을 섞지 않은 순수한 리이기
때문에 순선무악(純善無惡)하고, 기질지성은 기질의 청탁수박(淸濁
粹駁)에 따라서 그 청수(淸粹)한 것은 본연지성과 마찬가지로 선하
지만 그 탁박(濁駁)한 기질은 불선(不善), 즉 악이 된다. 따라서 본
연지성은 순선(純善)이요 기질지성은 유선악(有善惡)의 차이가 있
다. 여기에서 기질지성에 대한 개념적 차이가 드러난다. 이현일은
기질지성을 하나의 성(性) 속에서 본연지성을 제거한 기질적인 부
분만을 기질지성으로 본 반면, 이이는 기질지성을 본연지성을 내포
한 성의 전체로 이해하였던 것이다. 때문에 이현일에 있어서 기질
지성은 후박(厚薄)한 기질만을 주로 말하게 되는데, 이 후박(厚薄)
한 기질이 악이 되는 장본이기 때문에 본연지성의 순선(純善)과 기
질지성의 상대적 선을 구별하였던 것이다. 이것은 이이가 기질지성
을 성의 전체로 보는 관점과는 대조적이다.

---

210) 『葛庵集』 卷18, 「權學士士範疑義」, "蓋天命之性, 固無不善, 然旣墮在形氣中,
   則爲氣質之性, 隨其形氣之昏明强弱, 而有善不善之異. 如水之在沙石者淸, 而在
   泥土者獨, 非水之有淸濁也, 所盛之地不同爾. 雖然性之純善而無惡者, 人所同也,
   氣之有昏明强弱者, 人所異也."

이처럼 이현일은 '성' 개념에서도 리와 기의 구조 속에서 리를 주로 하는 순선한 본연지성과 기를 주로 하는 선악(善惡)이 혼재하는 기질지성으로 분명하게 구분하여 이해하였다. 그는 이러한 분별설의 논리만이 본연지성과 기질지성의 의미를 보다 분명히 설명해 줄 수 있다고 생각하였다. 즉 기질지성 하나만을 말하면 좋은 것이라고 말할 수 있겠지만, 본연지성과 상대해서 말하면 기질지성은 어디까지나 후박(厚薄)하다고 말하지 않을 수 없기 때문이다. 본연지성과 기질지성의 대립적 이해는 기질에 비해 상대적으로 순선(純善)한 본연지성의 발현을 지적함으로써 인간의 본래적인 자기 회복을 제시하려는 이현일의 의도를 엿볼 수 있다.

3) 人物性同異에 대한 견해

17～18세기의 성리학적 전통 속에서 사단칠정논변(四端七情論辨)을 더욱 깊이 천착해 나가가는 과정에서, 그 이해의 근원적 성찰을 위해서 칠정(七情)이라는 정(情)의 현상을 넘어서 정이 발하여 나오는 원천인 성(性)에 대한 인식으로 심화되어 가지 않을 수 없었다. '성발위정(性發爲情)'이라는 성리학의 기본명제에 의하면, 정의 문제는 성의 문제와 표리(表裏)관계에 놓인 개념이다. 여기에 성의 개념에 대한 인식문제가 제기되어 사람의 성과 사물[동물·식물도 포함]의 성이 같은지 다른지를 논변하는 인물성동이논변(人物性同異論辨)이 전개되면서 성리학의 이론적 근거를 성의 근원에까지 심화시켜 나갔다.[211]

이 시기에 인물성동이론의 발단은 1658년에서 1664년 사이에 영남학파의 존재(存齋) 이휘일(李徽逸, 둘째 형)·갈암(葛庵) 이현일(李玄逸)·항재(恒齋) 이숭일(李嵩逸, 넷째 동생) 3형제 사이의 논변에서 시작된다. 이휘일과 이현일은 이론(異論)을 제시하여 동론(同論)을 주장하는 아우 이숭일과 토론을 벌임으로써 인물성동이론(人物性同異論)을 중요한 쟁점으로 등장시켰다. 즉 이숭일에 의하면 '각각 하나의 태극을 지니고 있다[各具一太極]'의 입장에서 천명(天命)과 오상(五常)을 같은 것으로 간주하고 리는 하나[一]이므로 인(人)과 물(物)에서는 기질에 따른 차이에도 불구하고 모두 같다는 동론(同論)을 주장하였다.[212] 반면 이현일은 아우 이숭일의 동론을 비판하면서 '성' 개념을 기질 가운데 떨어진 이후의 단계로 파악하고 이론(異論)이 정당함을 강조하였다.

대체로 이 리(理)가 기질 속에 떨어져 저절로 하나의 성이 되니 비록 만물의 영장이라는 사람일지라도 그 기질에 따라서 인(仁)에 가까운 사람, 의(義)에 가까운 사람의 차이가 있을 수밖에 없다. 더욱이 금수(禽獸)와 초목(草木)의 성은 형기에 구속되어 전체를 관통할 수 없는데, 그렇다면 리는 비록 다 갖추고 있을지라도 그 성이 되는 것에는 온전하거나 치우침의 차이가 없을

---

211) 16세기의 '사단칠정논변'이 인간의 정감이 발단하는 근원을 찾아가서 '도덕의 실천적 단서'로 천리(天理)를 확인하고자 하는 문제라면, 17~18세기 성리학의 기본과제인 '인물성동이론'은 도덕적 근원인 천리(天理)가 인간과 사물의 성 속에 어떠한 양상으로 내재하는가를 확인하는 문제이다. 그것은 현실에서 근원을 탐색하는 문제의식으로부터 근원의 개념 속에 내포된 현실의 조건을 인식하는 문제의식으로 관심의 대상이 심화된 것이라 할 수 있다(琴章泰, 『朝鮮後期의 儒學思想』, 서울대학교출판부, 1998년, p.6.).

212) 『恒齋續集』 卷1, 「上葛庵兄」, "蓋物物各具五常之理, 則所謂各具一太極也. …… 以命言之則謂之元亨利貞, 以性言之則所謂五常之德也. 是故在人在物者, 雖有氣稟之異, 而理未嘗不同也."

수 없다.[213)

    이현일은 '성' 개념을 기질에 내재된 이후의 단계로 파악하고 인(人)과 물(物)의 기질적인 차이가 곧 성의 차이로 이어진다고 보았다. 같은 천명(天命)이 부여되었을지라도 사람의 형기는 바르고 사물의 형기는 치우쳤기 때문에 각각의 형기에 따라 천명을 부여받은 성에는 차이가 없을 수 없다. 즉 건순(健順)·오상(五常)의 덕은 오직 사람만이 그 전체를 얻어서 구비하고 다른 동·식물들은 모두 이 리를 얻어서 태어날지라도 기가 온전하지 못하기 때문에 리도 따라서 치우치게 된다는 것이다.[214) 예를 들면 소의 성이 온순하고 말의 성이 건강한 것과 같은 것은 건순(健順)의 성이고, 호랑이의 인(仁)이나 땅강아지나 개미의 의(義)와 같은 것도 바로 오상(五常)의 성이지만, 품수한 것이 적다 보니 사람이 받은 것처럼 온전하지 못하다. 따라서 인(仁)·의(義)·예(禮)·지(智)·신(信)과 같은 오상의 성은 물이 얻어서 온전히 가질 수 있는 것이 아니라는 '인물성이론'을 주장하였다.

> 기질이란 한번 결정되면 바뀔 수 없는 것이기 때문에 쇠를 깎아서 나무로 쓸 수 없고 나무를 녹여서 쇠로 쓸 수 없으며, 말을 부려서 밭을 갈 수 없고 소를 부려서 타고 달릴 수 없으며, 벌과 개미는 단지 임금을 호위하는 의(義)만을 알 뿐이고 이리와 수달은 단지 조상의 은혜에 보답하는 예(禮)만을 알 뿐이다.[215)

---

213) 『葛庵集』卷17,「與應中·甲辰」, "大凡此理墮在氣質中, 自爲一性, 則雖以最靈之人, 不免隨其氣質而有近仁近義之殊, 況禽獸草木之性, 梏於形氣, 而不能有以通貫乎全體, 則理雖具足, 而其所以爲性, 不能無偏全之異."

214) 『葛庵集』卷17,「與應中·甲辰」, "健順五常之德, 惟人得其全體而無所不備, 物則同得是理而氣有不全, 故理隨以偏."

이것은 '기가 치우치면 리도 또한 치우친다'는 뜻으로, 다른 동식물의 경우는 오상(五常)을 온전히 부여받지 못한다는 사실을 논증한 것이다. 동물에게도 오상의 성이 부여될지라도 부여받은 것이 적거나 부분적인 것으로 인간의 경우처럼 인(仁)·의(義)·예(禮)·지(智)·신(信)의 오상을 온전하게 갖추고 있는 것이 아니다. "그러므로 사람의 성을 따르면 부자(父子)의 사랑과 군신(君臣)의 의리는 오륜(五倫)에 속하는 것으로 모두 사람의 도이다. 소의 성을 따르면 논밭을 가는 것이 그 도이고, 말의 성을 따르면 사람을 태우는 것이 그 도이며, 개가 집을 지키거나 닭이 새벽을 알리는 것이며, 나무의 곡직(曲直)·쇠의 종혁(從革)에 이르러서도 모두 도가 아님이 없다."216) 천명(天命)의 리가 사람에게 주어진 것은 인·의·예·지·신의 성이지만, 소에게 있는 것은 경작하는 성만 있을 뿐이고 말에게 있는 것은 사람을 태우고 달리는 성만 있을 뿐이며 개는 집을 지키는 성만 있을 뿐이고 닭은 새벽을 알리는 성만 있을 뿐이니 인간에게 온전히 부여한 오상(五常)의 성과는 차이가 없을 수 없다.

인물성동이론은 처음에는 인성(人性)과 물성(物性)의 동이(同異) 문제가 주요쟁점을 이루었으나 논변을 거치면서 인간의 정감이 발하기 이전의 미발(未發) 상태에서의 선악(善惡) 문제로 심화된다. 이에 '미발심체(未發心體)가 본래 선하다'는 입장과 '선악(善惡)이

---

215) 『葛庵集』卷17, 「與應中·甲辰」, "氣質是一定而不可易者, 故金不可削做木用, 木不可鎔做金用, 馬不可使耕, 牛不可使馳, 蜂蟻只知衛君之義, 豺獺但知報本之禮."

216) 『葛庵集』卷17, 「與應中·甲辰」, "故率人之性, 則父子之親, 君臣之義, 凡五倫之屬, 皆人之道也, 率牛之性則耕其道也, 率馬之性則乘其道也, 至於犬之守, 雞之晨, 木之曲直金之從革, 無非道也."

함께 있다'는 입장이 대립하면서 '미발심체본선유선악론(未發心體本善有善惡論)'으로 충돌한다. '미발심체본선(未發心體本善)'을 주장한 동론(同論)에서는 성즉리(性卽理)의 명제에 따라 성을 리와 일치시켜서 본래 선한 것으로 간주한 반면, '미발심체유선악(未發心體有善惡)'을 주장한 이론(異論)에서는 기질에 청탁수박(淸濁粹駁)의 차이가 있음을 전제로 하고 기질의 차이에 따라 기질 속에 부여된 성에도 선악(善惡)의 차이가 있다고 간주하였다.[217] 그렇지만 이현일 시대의 인물성동이론은 말 그대로 인성(人性)과 물성(物性)이 같은지 다른지의 여부에 관한 내용을 중심으로 전개되었다. 율곡학파에서 인물성동이론을 본격적으로 전개시켜 미발심체(未發

---

[217] 율곡은 심(心)을 기적인 것으로 이해하였다. 때문에 율곡 이후 율곡학파에서는 미발심체(未發心體) 또한 기질적 차원을 벗어나지 못함에 따라 '미발심체'를 둘러싼 여러 문제가 파생하게 되었다. '미발심체'를 기질 속에서 이해할 경우, 유선악(有善惡)의 문제가 발생하기 때문에 순선(純善)의 확보가 어렵게 된다. 왜냐하면 '미발심체'일지라도 기질적 차원을 완전히 벗어날 수 없기 때문이다. 때문에 율곡학파 내에서는 '미발심체'를 철저히 기질 속에서 보아야 한다는 '인물성이론자(人物性異論者)'와 기질 속에서는 순선(純善)을 확보하기 어렵기 때문에 기질과는 구분 지어 보아야 한다는 '인물성동론자(人物性同論者)'로 갈라지게 되었다. 이렇게 볼 때 18세기 인물성동이론의 논리구조는 16세기 사단칠정논변의 논리구조와 거의 일치하게 된다. 다시 말하면, 퇴계가 순선(純善)의 확보를 위해 본연지성(本然之性)·사단(四端)·도심(道心)을 기질과 차원을 달리하여 구분하려고 했던 것과 마찬가지로, 인물성동론자(人物性同論者)들 역시 '미발심체'의 순선(純善)을 보장하기 위해 기질과 차원을 달리하여 이해하려고 하였던 것이다. 비록 '미발심체'가 기질적 차원을 벗어나지 못할지라도, 그 가리키는 것은 그 가운데 부여된 기질과 섞이지 않은 순선한 리(理)만을 말하는 데 있다는 것으로 이해하였던 것이다.
이와 관련된 논문으로는 김태년의 「17~18세기 율곡학파의 사단칠정론」이 있다. 김태년은 16세기 사단칠정논변과 18세기 '인물성동이논쟁'을 별개의 논쟁으로 보지 않고 사단칠정논변의 논리 틀이 율곡학파 내부에서 '인물성동이논쟁'이라는 다른 주제로 연속된 것으로 보고 있다. 때문에 사단칠정논변 당시 이이가 견지했던 입장을 더 강화해 가는 노선이 있었으니 '인물성이론자'에 해당되고, 이황의 입장과 이이의 입장을 절충하려는 노선이 있었으니 '인물성동론자'에 해당된다고 설명하였다(『동양철학』 제28집, 한국동양철학회 2008년, pp.33 - 35).

心體)의 단계로까지 심화시킨 것과는 구별되지 않을 수 없다.[218]

이현일은 기질에 떨어진 이후의 단계만을 성으로 명명하는 기준을 삼음으로써 인성과 물성도 기질에 따라 다르며 기질의 청탁수박(淸濁粹駁)에 따라 성에 선과 악이 있을 수 있다는 입장이다.

> 사람이 태어나면서 고요하여 미발(未發) 전에는 리가 찬연히 모두 갖추어져 있어 불선(不善)이 있지 않으나, 사물에 감응(感應)하여 움직여서 이발(已發)한 뒤에는 혹 지나치고 혹 모자라서 선악(善惡)이 비로소 나누어진다. 이 때문에 사람에게 불선(不善)이 있는 것은 항상 움직이는 데서 잘못이 있으니, 만약 그 근본을 미루어 궁구하여 리(理)만 가리켜 말하면 진실로 인물(人物)·귀천(貴賤)의 차이가 없지만, 이루어진 성으로부터 기를 겸하여 말하면 통하거나 막히고 온전하거나 온전하지 못한 차이가 있다.[219]

인물성동이론에서 동론(同論)과 이론(異論)으로 대표되는 상반된 입장을 전개하는 근본원인은 본연지성과 기질지성 가운데 어느 쪽을 진정한 '성' 개념으로 볼 것인가에 따른 '성'에 대한 개념정의를 달리하는 데 있다. 본연지성을 성으로 볼 경우, 성즉리(性卽理)의

---

218) 17세기 후반에서 18세기 전반기에 걸쳐 영남학파와 기호학파의 테두리 안에서 각각 인성(人性)과 물성(物性)이 같은지 다른지에 따르는 '인물성동이론'이 학설상에 중요한 쟁점으로 대두하여 이 시대의 성리학적 성격을 뚜렷하게 형성해 갔다. 이 쟁점은 영남학파에서 먼저 발생하였지만 제한된 범위에서 벌인 토론에 머물고 말았는데, 이에 비해 기호학파에서는 '인물성동이론'의 논쟁이 지속적으로 심화되고 확산되어 호서(湖西) 지역[湖論]과 서울 주위[洛論]로 분열되면서 이 시기 성리학의 가장 큰 이론적 특징을 보여 주었다(琴章泰, 『朝鮮後期의 儒學思想』, 서울대학교출판부, 1998년, p.5.).

219) 『葛庵集』 卷17, 「與應中·甲辰」, "人生而靜, 未發之前, 粲然全具, 無有不善, 感於物而動, 旣發之後, 或過或不及, 善惡始分. 是故人之有不善, 常失之於動. 若乃推原其本, 指理而言, 則固無人物貴賤之殊, 由其成性, 兼氣而言, 則便有通塞全不全之異."

명제에 따라 성을 리와 일치시켜 본래 선한 것으로 파악하기 때문에 인물(人物)·귀천(貴賤)의 차이가 있을 수 없다. 반면 성을 기질에 떨어진 이후에 성립하는 것으로 보고 기질지성만을 성으로 볼 경우, 기질의 차이에 따라 통하거나 막히고 온전하거나 온전하지 못하는 차이가 생기지 않을 수 없다. 이현일은 이 둘의 관점을 모두 인정하면서도 성을 기질에 떨어진 이후의 단계로 파악하고 기질적 차이를 인정하는 이론(異論)을 견지하였다. 게다가 인간의 정감이 발동하기 이전인 미발(未發)의 상태를 순선(純善)한 본연지성으로 보고, 기질의 제약을 받는 기질지성은 기질의 차이에 따라 선할 수도 있고 악할 수도 있다고 봄으로써 불선(不善)의 원인을 기질의 차이로 설명한다. 이러한 기질의 차이로 말미암아 기질 속에 내재한 리, 즉 성에도 차이가 없을 수 없다는 입장을 견지한다. 따라서 음양오행의 기를 물마다 갖추고 있지 않음이 없지만, 그 기의 많고 적음과 어둡고 밝음의 차등이 있기 때문에 그 속에 들어 있는 리가 온전함과 온전하지 못함의 차이가 있음을 면할 수 없는 것이다.[220]

결론적으로, 이현일은 성 개념을 리가 기질 속에 떨어진 이후에 이루어지는 것으로 파악하고, 인(人)과 물(物)이 같은 리를 갖추고 있지만 기질에 따라 성이 다르며 사람들 사이에도 기질에 따라 오상(五常)의 성에도 차이가 있다는 이론(異論)의 입장을 밝히고 있다. 일반적으로 성리학의 두 범주인 리와 기 가운데 상대적으로 리를 강조하는 주리론(主理論)의 입장에서는 인물성동론(人物性同論)을 주장하는 것이 일반적이다. 성즉리(性卽理)의 개념에 따라 성

---

220) 『葛庵集』 卷17, 「與應中·甲辰」, "陰陽五行之氣無物不具, 但有多少昏明之等, 理之在是者, 不免有全不全之異."

을 리와 일치시켜 리의 보편성에 비중을 두기 때문이다. 그런데도 이현일은 성의 개념을 기질에 내재된 이후의 단계로 분명히 구분함으로써 인물성이론(人物性異論)을 견지하였다.[221)

이현일을 중심으로 17세기 중반에서 18세기 초에 걸쳐 영남학파 안에서 발생한 인물성동이론(人物性同異論)은 18세기 초부터 활발하게 일어난 기호학파의 인물성동이론과 비교하면 먼저 발생한 것으로서, 논쟁의 범위나 활기의 규모는 작지만 그 쟁점의 논리적 전개는 분명하게 드러냈다고 볼 수 있다.

2. 人心道心論

1) 人心과 道心의 분별성 강조

성리학에서 심은 중요한 위치를 차지하지만, 그것이 리와 기로 논의되면서 논쟁의 여지가 발생하였다. 즉 도심(道心)과 인심(人心)을 리와 기의 구조 속에서 이해하면서, 이기론에서와 마찬가지로 인심과 도심을 대립적인 개념으로 해석할 것인지[人心道心二源說], 아니면 인심이 도심을 내포하는 심의 전체로 해석할 것인지[人心

---

221) 일반적으로 이황은 성을 성즉리(性卽理)의 명제에 따라 기질과 구분되는 본연지성의 성으로 이해하려고 한 반면, 이이는 성을 철저히 리와 기의 결합으로 보기 때문에 기질지성으로 이해하였다. 이현일은 인물성동이론에서만 유독 성을 기질과의 관계 속에서 성을 이해할 것을 강조한다. 이러한 주장은 그의 다른 이론들과 약간의 일관성이 결여된 듯한 느낌이 없지 않은데 이 부분에 대한 연구가 좀 더 보충되어야 할 것 같다.

道心一源說]에 대한 논쟁을 불러일으켰다. 전자가 이황의 학설을 대표한다면, 후자는 이이의 학설을 대표한다고 말할 수 있다.

인심과 도심이라는 용어는 『서경(書經)』「우서(虞書)·대우모(大禹謨)」에 "인심은 오직 위태롭고 도심은 오직 은미하니 오직 정밀히 하고 오직 한결같이 하여 진실로 그 중을 잡으라"222)는 말에서 유래한다. 그것을 주희는 그의 『중용장구서(中庸章句序)』에서 다음과 같이 해석하였다.

> 심의 허령지각(虛靈知覺)은 하나일 뿐이다. 그런데도 인심과 도심의 차이가 있는 것은 혹은 형기(形氣)의 사사로움에서 생겨나고 혹은 성명(性命)의 올바름에 근원하여 지각하는 것이 같지 않기 때문이다. 그러므로 혹은 위태하여 불안하고 혹은 은미하여 보기가 어려운 것이다.223)

주희에게 있어서 인심과 도심의 관념은 비교적 분명하다. 도덕원칙에 부합하는 지각은 도심이고, 개인의 감성적인 욕구의 지각은 인심이다.224) 주희에 따르면 모든 사람은 태어날 때부터 기를 품수받아 형기(形氣)가 되고 리를 품수받아 성이 된다. 각종의 감각적인 내용은 몸의 형기에 근원하고 도덕의식은 리를 내용으로 하는 본성에서 직접 발한다. 따라서 인심은 형기(形氣)에서 생겨나고 도심은 성명(性命)에 근원하는 것으로 심의 지각을 둘로 구분하였다.

---

222) 『書經』 卷2, 「大禹謨」, "人心有危, 道心有微, 惟精惟一, 允執厥中."

223) 『中庸章句』, 「中庸章句序」, "心之虛靈知覺, 一而已矣, 而以爲有人心道心之異者, 則以其或生於形氣之私, 或原於性命之正, 而所以爲知覺者不同, 是以或危殆而不安, 或微妙而難見耳."

224) 『朱子語類』 卷78, 「大禹謨」, p.2009, "或問人心道心之別. 曰只是這一箇心, 知覺從耳目之欲上去, 便是人心, 知覺從義理上去, 便是道心."

때문에 주희는 '혹은 형기의 사사로움에서 생겨난다[或生]'와 '혹은 성명의 올바름에 근원한다[或原]'는 것으로 인심과 도심의 유래를 설명하였다. 그러면서도 소주(小註)에서는 "이목구비(耳目口鼻)와 같은 것은 형기가 사사로운 것으로서 공공의 도리에 비할 바는 아니지만, 그렇다고 형기가 모두 사욕(私欲)으로서 불선(不善)한 것만은 아니다"[225]고 설명하면서 인심을 사욕(私欲)에서 배제시켰다.

주희가 인심과 도심의 차이를 '혹원혹생(或原或生)'으로 정의하였지만, 조선의 성리학자들은 '혹원혹생'에 대한 해석을 달리하였다. 이황은 인심이 인욕의 근본이 된다[226]는 이유에서 '혹원혹생'을 도심(道心) = 혹원(或原) = 사단(四端) = 리(理), 인심(人心) = 혹생(或生) = 칠정(七情) = 기(氣)로 차원을 달리하는 두 마음으로 이해하였다. 반면 이이는 기발이승일도설(氣發理乘一途說)에 근거하여 '혹원혹생'을 이발(已發)한 이후의 심의 두 양상으로 설명하였다.[227] 다 같이 주희의 '혹원혹생'을 해석하면서도 '인심과 도심은 근원이 하나이다' 혹은 '인심과 도심은 근원이 둘이다'는 차이가 발생하였던 것이다.

이현일은 주희의 '혹원혹생'을 도심(道心) = 혹원(或原) = 순선(純善), 인심(人心) = 혹생(或生) = 유선악(有善惡)과 같은 대립관계 속에서 이해하였다. 즉 도심은 공적인 것이기 때문에 순선(純善)하고 인심은 개인의 사사로운 것이기 때문으로 선할 수도 있고 악할 수

---

225) 『中庸章句』, 「中庸章句序」, 小註, "朱子曰, 但此數件事, 屬自家體段上, 便是私有底物, 不比道便公共, 故上面便有箇私底根本, 如飢飽寒煖之類, 皆生於吾之血氣形體, 而他人無與焉, 所謂私也, 亦未便是不好, 但不可一向徇之耳. 形氣非皆不善, 只是靠不得."

226) 『退溪全書』 卷40, 「答교姪問目(中庸)」, "人心者人欲之本, 人欲者人心之流."

227) 『栗谷全書』 卷10, 書2, 「答成浩原(壬申)」, "其所謂或原或生者, 見其旣發而立論矣."

도 있다는 것이다. 그는 주희가 계통(季通) 채원정(蔡元定, 1135～
1198)에게 답한 편지를 인용하면서 인심과 도심이 그 근본으로부
터 이미 구별되기 때문에 동일하게 지각해서는 안 된다는 것을 강
조하였다.

> 사람이 태어나는 것은 성(性)과 기(氣)가 합쳐지는 것일 뿐이
> 다. 그러나 이미 합쳐진 데 나아가 분석하여 말하면 성은 리(理)
> 를 주로 하여 형체가 없고 기는 형체[形]를 주로 하여 질(質)이
> 있다. 그 리를 주로 하여 형체가 없기 때문에 공정하여 선하지
> 않음이 없고, 형체를 주로 하여 질(質)이 있기 때문에 사사로워
> 혹 불선(不善)하다. 공정하여 선하기 때문에 그 발하는 것이 모두
> 천리(天理)이고 사사로워 혹 불선(不善)하기 때문에 발하는 것이
> 모두 인욕(人欲)이다. 이것은 순(舜)이 우(禹)에게 인심과 도심의
> 차이를 경계한 것이니 대체로 그 근본으로부터 이미 그러한 것이
> 지 기의 작위가 지나치거나 모자람이 있은 뒤에 인욕(人欲)으로
> 흐르는 것이 아니다.[228]

이현일은 사단·칠정과 마찬가지로, 인심·도심을 차원을 달리
하는 두 개의 마음으로 이해하였다. 물론 이이가 지적한 것처럼
한 사람에게 두 개의 마음이 따로 있다는 것은 아니다. 지각이 이
목(耳目)의 욕구에서 나온 것은 인심이고 지각이 의리(義理)에서
나온 것은 도심이다. 이러한 도심은 리를 주로 하기 때문에 공정
하여 선하지 않음이 없고, 인심은 형체를 주로 하기 때문에 사사

---

228) 『朱熹集』 卷44, 「答蔡季通」, pp.2057－2058, "人之有生, 性與氣合而已. 然卽其
已合而析言之, 則性主於理而無形, 氣主於形而有質. 以其主理而無形, 故公而無
不善, 以其主形而有質, 故私而或不善. 以其公而善也, 故其發皆天理之所行, 以其
私而或不善也, 故其發皆人欲之所作. 此舜之戒禹所以有人心道心之別, 蓋自其根
本而已然, 非爲氣之所爲有過不及而後流於人欲也."

롭거나 불선(不善)하다. 즉 인심(人心) = 불선(不善, 惡) = 사사롭다
[私] = 인욕(人欲), 도심(道心) = 선(善) = 공정하다[公] = 천리(天理)라
는 대립구조 속에서 인심과 도심을 이해하였다. 천리와 인욕이 명
백하게 둘로 갈라지듯이 인심과 도심도 둘로 구분하여야 더욱 분
명해진다. 이러한 대립구조의 타당성을 분별설(分別說)의 논리로
설명한다. 분별설의 논리에서 인심(人心) = 인욕(人欲) = 불선(不善,
惡)의 논리를 전개한다. "인심 그 자체를 인욕(人欲)이라 할 수는
없지만, 도심과 상대해서 말하면 인욕이라 말하지 않을 수 없다"는
입장에서 인심과 도심을 근본으로부터 차원을 달리하는 대립적 개
념으로 이해한다.

또한 이현일은 주희의 인심과 도심에 관한 많은 인용문을 열거
하면서 인심과 도심을 상대적으로 두 쪽으로 분명하게 구분해야
인심과 도심의 개념정의가 보다 명백해진다는 논리를 전개하였다.
그러면서 그는 불리(不離)나 불외(不外) 등의 말은 늘 합치기만을
좋아하고 분리하기를 싫어하는 폐단이 있으니 자세히 살필 것을
강조하였다.[229] 그리고 그는 주희가 내린 인심·도심에 대한 다양
한 개념정의를 분석하였다.

> ① 다만 하나의 마음인데 지각이 이목(耳目)의 욕구에서 나오
> 면 인심이고 지각이 의리(義理)에서 나오면 도심이다. 인심은 위
> 태로워 빠지기 쉽고 도심은 은미하여 드러나기 어렵다.[230] ② 도

---

229) 『葛庵集』 卷8, 「答丁君翊·別紙」, "且不離不外等語, 每有喜合惡離之意, 此亦不
可不察也."

230) 『朱子語類』 卷78, 「大禹謨」, p.2009, "或問人心道心之別. 曰只是這一箇心, 知
覺從耳目之欲上去, 便是人心, 知覺從義理上去, 便是道心. 人心則危而易陷, 道
心則微而難著."

심은 도리(道理)를 지각하는 것이고 인심은 성색취미(聲色臭味)를
지각하는 것이다.231) ③ 사람의 육체에서 일어나는 생각은 인심
이고 의리(義理)에서 일어나는 생각은 도심이다.232)

이현일은 주희가 언급한 인심과 도심에 대한 개념정의를 예로
들면서, "인심 하나만을 놓고 말하면 모두 좋은 것이지만 도심과
상대해서 말하면 혼란스러운 물건이다"233)는 관점에서 인심과 도
심을 둘로 분명히 구분하였다. 용강(龍岡) 황수일(黃壽一, 1666~
1725)이 "인심의 바른 것이 바로 도심이다"는 주장에 대해, 이현일
은 인심과 도심을 하나의 심에 대한 두 양상, 즉 인심의 바른 것
이 도심이라고 이해하는 것은 성명(性命)과 형기(形氣)를 섞어서
일물(一物)로 만드는 것으로 주희의 뜻에 어긋나는 처사임을 지적
하고,234) 인심과 도심을 두 쪽으로 나누어 볼 것을 강조하였다. 인
심은 혈기(血氣)가 화합하여 만들어 낸 것이고, 도심은 본래 품부
받은 인(仁)·의(義)·예(禮)·지(智)의 마음이다. 단지 하나의 마음
인데 두 가지 모양이 있는 것이니 반드시 인심과 도심을 두 쪽으
로 나누어 보아야 한다. 때문에 그는 인심과 도심의 관계를 정의
하면서 인심을 인욕(人欲)과 일관시키고 있다. 이현일은 정이(程頤)
의 "인심은 인욕이고 도심은 천리이다"235)는 말을 인용하면서, 성

---

231) 『朱子語類』 卷78, 「大禹謨」, p.2010, "道心是知覺得道理底, 人心是知覺得聲色
　　臭味底."

232) 『朱子語類』 卷78, 「大禹謨」, p.2010, "又曰形骸上起底見識, 便是人心, 義理上
　　起底見識, 便是道心."

233) 『朱子語類』 卷62, 「章句序」, p.1486, "如單說人心, 則都是好. 對道心說著, 便是
　　勞攘物事."

234) 『葛庵集』 卷8, 「答黃用五·癸未」, "示及人心道心之說, 大意則似好, 但所謂人心
　　之得其正, 豈非道心云者, 有戾於晦庵夫子之旨, 願賢者之更加詳察也. 蓋賢者每
　　不欲以人心道心分別兩邊說, 故有此疑."

인이 이 두 가지를 상대적으로 말한 것은 정밀(精密)하게 살피고 전일(專一)하게 지키게 하려는 이유 때문이라고 설명하였다.[236] 정밀하게 살피면 둘의 경계가 분명해지고 하나의 도심을 전일하게 지키면 인욕이 침범하지 못하게 되기 때문이다.

> 심의 허령지각(虛靈知覺)에 두 체(體)가 있는 것이 아니고 그 지각이 의리(義理)로부터 나오는 것을 도심(道心)이라 하고 혈기(血氣)로부터 나오는 것을 인심(人心)이라고 한다. 지각은 하나이지만 소종래(所從來)가 각각 '주로 하는 바'가 있으니 하나의 마음으로 두 모양을 갖는 것을 해치지 않는다. 그러므로 정자는 인심과 도심을 천리와 인욕으로 갈라서 둘로 나누어 말하였고, 주자도 역시 인심이란 혈기(血氣)가 화합하여 만들어진 것이고, 도심은 인(仁)·의(義)·예(禮)·지(智)의 마음을 품수받은 것이라고 말하여 그 근본으로부터 이미 양쪽으로 나누어 말하였으니, 대개 천리(天理)와 인욕(人欲)은 본체는 같고 작용만 다른 것이 아니다.[237]

인심과 도심의 구별은 지각(知覺)에 따른 것이지 애당초 두 마음이 있는 것은 아니다. 그렇지만 그 소종래(所從來)에 각각 '주로 하는 바'가 있기 때문에 하나의 마음이라도 두 모양을 가질 수 있다. 즉 하나의 지각이 의리(義理)에 따라 나오면 도심이고 형기(形

---

235) 『二程全書』, 「河南程氏外書(2)」, "人心人欲, 道心天理."

236) 『葛庵集』 卷11, 「答李國材·壬午·別紙」, "聖人以此二者對待而言, 欲其察之精而守之一也."

237) 『葛庵集』 卷18, 「栗谷李氏論四端七情書辨」, "心之虛靈知覺非有二體, 而其知覺從義理上去者謂之道心, 從血氣上去者謂之人心. 知覺則一, 而所從來者各有所主, 則不害其以一心而有兩樣也. 故程子以人心道心判爲天理人欲, 分作兩邊說, 朱子亦以爲人心者, 血氣和合做成, 道心是稟受得仁義禮智之心, 自其根本而已劈做兩片說, 蓋天理人欲不是同體而異用者也."

氣)에 따라 나오면 인심인 것이다. 인심은 혈기(血氣)가 화합하여 만들어진 것이고 도심은 인·의·예·지의 마음을 품수받은 것으로서 그 근본으로부터 이미 둘로 분명히 나뉘어 있기 때문에 분별해서 보아야 한다.

이현일은 오봉(五峰) 호굉(胡宏, 1105~1161)의 '천리인욕동체이이용설(天理人欲同體而異用說)'에서의 '동체(同體)'와 이이의 '인심도심일원설(人心道心一源說)'에서의 '일원(一源)'이 같은 맥락에서 비판하였다. 주자는 호굉의 『지언(知言)』 속의 "천리와 인욕은 본체는 같으나 작용이 다르다"는 설에 대해 「호자지언의의(胡子知言疑義)」라는 글 속에서 다음과 같이 해석하였다. "대체로 천리라는 것은 그 처음을 알 수 없지만 사람은 태어나면서부터 가지고 있는 것이고, 인욕이라는 것은 형체에 얽매이고 기에 뒤섞인 뒤에 있는 것이다. …… 지금 천리와 인욕을 섞어서 한 덩어리로 만들면 아마도 참으로 온당하지 못할 것이다."238) 주희는 이 글에서 호굉의 '천리와 인욕은 본체는 같으나 작용은 다르다'는 관점을 정면으로 부인하고 있다. 천리는 태어나면서부터 가지는 본유(本有)한 것이지만, 인욕은 형기에 얽매인 뒤에 있는 것으로 천리와는 본질적으로 구분되어야 한다는 것을 강조하였다. 물론 호굉이 사람들로 하여금 천리 속에서 인욕을 간별하고 인욕 속에서 천리를 보게 하기 위하여 천리와 인욕의 동체(同體)를 말하였으나 천리와 인욕의 분별을 말하지 않을 수 없었다.239) 이이도 역시 인심과 도심이 모두

---

238) 『朱熹集』 卷73, 「胡子知言疑義」, "蓋天理莫知其所始, 其在人則生而有之矣. 人欲者梏於形, 雜於氣, 狃於習, 亂於情而後有者也. 然旣有而人莫之辨也, 於是乎有同事而異行者焉, 有同行而異情者焉, 君子不可以不察也. 然非有以立乎其本, 則二者之幾微曖萬變, 夫孰能別之. 今以天理人欲混爲一區, 恐未允當."

리에 근거한 기의 발동임을 강조하여 인심도 진실로 리 안에 있는 물건으로 설명하였다. 이현일은 천리와 인욕이 구분되어야 하듯이 인심과 도심도 분명하게 둘로 구분할 것을 강조한다.

> 대체로 도심은 천리의 공정한 것이고 인심은 형기의 사사로운 것인데, 지금 '인심을 리 속의 고유한 것'이라고 말하니, "천리와 인욕은 본체가 같으나 작용은 다르다[天理人欲同體而異用]"는 설과 부절(符節)을 합한 듯하다. 만약 주부자(朱夫子)께서 듣는다면 뭐라고 할지 모르겠다. 이 또한 내가 이해하지 못하는 것이다.240)

이에 이현일은 천리와 인욕을 섞어서 한 덩어리로 만드는 것이 하나로 섞는 것을 좋아하고 분석하는 것을 싫어하는 병폐임을 지적하고, 도심은 천리의 공정한 것이고 인심은 형기의 사사로운 것이라고 분명히 구분하였다. "근자에 여러 군자들의 견해가 반드시 리와 기를 합쳐서 하나의 물건으로 만들려고 하기 때문에 하나로 섞는 것을 좋아하고 분석하는 것을 싫어하여 점점 기(氣)를 리(理)로 인식하는 지경에 빠지는 줄을 깨닫지 못하니 매우 두려운 일이다."241) 이에 인심과 도심을 그 근본으로부터 구별해야 된다는 입장에서 호굉의 '천리인욕동체설(天理人欲同體說)'과 이이의 '인심도심일원설(人心道心一源說)'을 같은 맥락에서 비판하였던 것이다.

---

239) 『五峰集』, 「程子雅言後序」, "無欲之理, 天理也."

240) 『葛庵集』 卷8, 「答黃用五・癸未」, "蓋道心是天理之公也, 人心是形氣之私也. 今日人心是理中固有之物事云, 則其與天理人欲同體異用之說, 如合符節. 未知若關朱夫子之聽, 則當以爲如何. 此亦淺陋之所未解也."

241) 『葛庵集』 卷8, 「答黃用五・癸未」, "大凡近日諸君子之見, 必欲合理氣爲一物, 故樂渾全而惡分析, 不覺其漸入於認氣爲理之域, 殊可懼也."

호굉이 비록 천리와 인욕의 절대적인 대립관계를 반대하였으나 여전히 천리와 인욕의 분별을 강조하였다.[242] 즉 천리와 인욕이 혼동될 수 없다면, 도심과 인심도 아무리 같은 심의 지각에서 나온다고 할지라도 분별하지 않을 수 없다는 것이다. "따라서 인심과 도심의 구별은 그 근본으로부터 이미 그러한 것이니 어찌 미발(未發)의 전에는 천리와 인욕이 한곳에 뒤섞여 있다가 이발(已發)한 뒤에 리와 기가 비로소 나뉘어서 서로 뒤섞이지 않게 되는 것이 아니라는 것이다."[243] 그런데도 지금 리와 기가 혼륜(渾淪)하여 분개할 수 없다는 이유만으로 인심과 도심을 일원(一源)으로 설명한다면, 천리와 인욕을 변별해 내지 못하는 병폐에 빠지게 된다.[244] 성현의 말은 각각 의도하는 뜻이 따로 있고 그들이 말한 차원이 각각 다르니, 억지로 끌어다 합하려고만 하면 천착된다. 그러므로 자사(子思)가 말한 차원에 나아가 혼륜(渾淪)의 도리를 이해하고 맹자가 말한 차원에 나아가 분별(分別)의 도리를 이해하면, 혼륜설(渾淪說)과 분별설(分別說)의 의미가 각기 저절로 분명하여 의심할 여지가 없을 것이다. 그렇지 않고 만약 끌어다 합하기만을 좋아하고 혼륜과 분별의 뜻을 모두 가지고 있는지를 모르면 병통에 빠지게 된다. "일반적으로 도리를 볼 때에 하나의 설만을 고수해서는 안 되니, 혼륜설을 내세운 곳도 있고 분별설을 내세운 곳도 있다."[245] 그러

---

242) 『五峰集』, 「程子雅言後序」, "無欲之理, 天理也."

243) 『葛庵集』 卷18, 「讀金天休論李大柔理氣性情圖說辨」, "蓋人心道心之別, 自其根本而已, 然豈可謂未發之前天理人欲混爲一區, 及其旣發而後理氣始分而不相夾雜邪."

244) 『葛庵集』 卷18, 「栗谷李氏論四端七情書辨」, "今以理氣渾淪不可分開之故, 而謂人心道心之發本是一途云爾, 則是以天理人欲渾爲一區, 有辨別性氣兩字不出之病."

245) 『葛庵集』 卷8, 「答丁君翊·別紙」, "然凡看道理, 不可膠守一說, 有渾淪說處, 有分別說處."

므로 심은 비록 하나이지만, 그 소종래(所從來)에 각각 근원(根源)과 묘맥(苗脈)이 있는 것이니, 인심과 도심은 원래 한 근원이 아니고 리와 기는 이물(二物)이라고 하여 두 쪽으로 나누어 말하더라도 결코 지나치지 않는다.[246)

한편 이현일은 심에서의 인심과 도심에 대한 구별은 정에서의 사단과 칠정에 대한 구별과 마찬가지로 동일선상에서 이해한다.

> 그러므로 나는 정에 사단과 칠정의 구분이 있는 것은 심에 인심(人心)과 도심(道心)의 차이가 있는 것과 같다고 생각한다. 인심에도 리가 없는 것은 아니지만 기가 주가 되면 '형기(形氣)에서 생겨난다'고 하고, 도심에도 기가 없는 것은 아니지만 리가 주가 되면 '성명(性命)에 근원한다'고 하는 것이니, 이것이 어찌 리와 기 둘이 마음속에 서로 대립하고 있다가 이것을 발하고 또한 저것을 발한 것이겠는가.[247)

이현일은 이이가 기발이승일도설(氣發理乘一途說)에 입각하여 그 소종래(所從來)에 각각 근저가 있음을 구별하지 않고 인심도심의 근원을 하나로 여기는 데 대해, 인심과 도심의 근본적인 차이를 주자의 '혹원혹생(或原或生)'의 설, 즉 도심은 성명의 올바름에 근원하고 인심은 형기의 사사로움에서 생겨난다는 설로써 설명한다. 도심에도 기가 없는 것은 아니지만 리가 주가 되기 때문에 성명의 올바름에 근원하는 것이고, 인심에도 리가 없는 것은 아니지만 기

---

246) 『葛庵集』 卷8, 「答丁君翊・別紙」, "心雖一也, 而其所從來, 各有根源苗脈, 則雖曰人心道心, 本非一源, 理氣二物, 分作兩邊說, 不爲過矣."

247) 『葛庵集』 卷18, 「讀金天休論李大柔理氣性情圖說辨」, "故愚以爲情之有四端七情之分, 猶心之有人心道心之異也. 人心非無理也而氣爲之主, 則謂之生於形氣, 道心非無氣也而理爲之主, 則謂之原於性命, 此豈理氣二者, 相對於心中, 旣發此又發彼邪."

가 주가 되기 때문에 형기(形氣)의 사사로움에서 생겨난다는 것이다. 주리(主理)와 주기(主氣)의 구별에 따라 도심과 인심을 구분할 수 있다는 분별설(分別說)의 논리를 강조한다. 주리·주기란 리와 기의 불상리(不相離)한 관계를 전제로 한 용어이다. 리와 기를 분리시킨 상황에서는 소주(所主)란 말을 할 수 없기 때문이다. 따라서 분별설의 논리도 또한 리와 기의 불상리(不相離)한 관계를 전제로 한 상황에서 전개되는 인식방법에 불과하다는 사실을 분명히 직시해야 한다. 이러한 분별설의 논리에서 인심과 도심을 규정할 때에는 성명(性命)과 형기(形氣), 올바름[正]과 사사로움[私]이라는 대립된 가치의식을 내포하게 된다. 따라서 도심에 대한 인심은 사단에 대한 칠정의 경우와 마찬가지로, 형기(形氣)의 사사로움에 근원하는 것으로 설명된다.

우담(愚潭) 정시한(丁時翰)[248]이 "인심과 인욕을 분별해야 한다"는 주장에 대해서, 이현일은 "인심만을 말할 때에는 인심도 좋은 것이지만 도심에 상대해서 말하면 인심도 물리쳐야 할 대상이다"[249]라는 주희의 말과 "인심은 인욕이고 도심은 천리이다"[250]라는 정이의 말을 인용하여 인심을 인욕과 동일시한다. 즉 인심 자체만으로 볼 때는 인욕이라 할 수 없지만 도심과 상대해서 말하면 인심 또한 인욕에 불과하다고 말하지 않을 수 없다는 입장이다. 천리와 인욕이 혼동될 수 없는 것처럼, 도심과 인심도 아무리 같

---

248) 정시한[丁時翰]: 1625(인조 3)~1707(숙종 33)]: 조선 후기의 성리학자, 본관은 나주, 자는 군익(軍翊), 호는 우담(愚潭)으로 서울출생이다.

249) 『朱子語類』 卷62, 「章句書」, p.1486, "如單說人心, 則都是好, 對道心說著, 便是勞攘物事, 會生病痛底."

250) 『二程全書』, 「河南程氏外書(2)」, "人心人欲, 道心天理."

은 심의 지각에서 나온다고 할지라도 분별되지 않을 수 없다는 것이다. 따라서 그는 인심을 인욕과 동일시하고 천리에 대한 대립 개념으로 파악하였다.

이처럼 이현일은 '혹원혹생(或原或生)'·"인심은 인욕이고 도심은 천리이다"에 근거하여 인심을 인욕과 동일시함으로써 '인욕을 막고 천리를 보존한다[遏人欲 存天理]'는 것으로서의 도심을 강조하였다. 천리와 인욕이 서로 혼동될 수 없는 것처럼, 인심과 도심도 두 쪽으로 나누어 보아야 의미파악이 보다 분명해진다. 이현일의 이러한 분별설의 논리는 기질지성(氣質之性)보다 본연지성(本然之性)을, 칠정(七情)보다는 사단(四端)을 더욱 중요시하는 태도로 일관되게 나타난다. 비록 인심과 도심이 직접적으로 선(善)과 악(惡)에 결부시키지 않는다고 할지라도 육체적 욕구인 인심을 도의적 측면과 구분하여 인심보다는 도심을 더 중시하지 않을 수 없었다. '인심이 바로 인욕이다'는 설은 분별설의 논리를 더욱 강조한 것이라고 할 수 있다.

2) 人心과 七情의 차이

인심과 칠정의 동이(同異)에 관한 설은 권시랑(權侍郎)[251]의 「심성도설(心性說圖)」을 논하면서 제기된 문제이다. 이현일은 인심과 칠정의 차이를 다음과 같이 설명한다.

---

251) 권시랑[權侍郎, 1633(인조11) ~ 1704(숙종30)]: 이름은 권유(權愈)이다. 자는 퇴보(退甫), 호는 하곡(霞谷), 본관은 안동(安東)이다.

일반적으로 '심(心)' 자가 지각운용(知覺運用)의 측면에 나아가
말한 것이기 때문에 하나의 심이지만 의리(義理)를 지각하는 것
은 도심이고, 소리·빛깔·냄새·맛을 지각하는 것은 인심이다.
또한 '정(情)' 자는 외물에 감촉하여 동(動)하는 곳에 나아가 말한
것이기 때문에 기에서 발하여 그 경계에 따라 생겨나는 것이 칠
정(七情)이다. 따라서 인심과 칠정은 입언(立言)하고 명명(命名)한
뜻에 약간의 차이가 없을 수 없음을 인정한다. 그렇지만 인심과
칠정을 개괄해 보면 인심과 칠정은 모두 형기에서 발한 것이기
때문에 그 의사(意思)와 정상(情狀)에 그다지 차이가 나지 않는
다. 왜냐하면 정자가 '인심은 인욕이다'라고 한 것은 인심을 칠정
으로 여긴 것이고, 주자가 '희(喜)·노(怒)는 인심이다'라고 한 것
은 칠정을 인심으로 여긴 것이다. 또한 인심 하나만을 말하면 좋
은 것이지만 도심과 상대해서 말하기 때문에 병통이 생길 수 있
다. 마찬가지로 칠정을 사단과 상대해서 말하기 때문에 자기의
사사로움을 극복하기 어려운 폐단이 있는 것이다. 그러므로 인심
과 칠정의 동이(同異) 여부는 별 차이가 나지 않으니 오직 얼마
나 마음을 비우고 이치를 관찰할 수 있는가의 여부에 달려 있을
뿐이다.252)

  인심과 칠정이 개념정의 면에서는 약간의 구별이 되는 면이 없
지 않지만, 전체적으로 개괄해서 볼 경우 같다고 보아도 불가할
것이 없다는 입장이다. 즉 '심(心)' 자는 지각이 운용되는 측면에서
말한 것이고, '정(情)' 자는 외물에 감응하여 움직이는 곳에서 말한
것이니 그 명의(名義)상에 약간의 차이가 있을 뿐이라고 설명한
다.253) 도심과 상대해서 말할 경우의 인심이나 사단과 상대해서 말

---

252) 『葛庵集』 卷12, 「與申明仲·別紙」, "所謂心字, 就知覺運用上說者, 蓋只是一箇
    心, 而知覺得義理底是道心, 知覺得聲色臭味底是人心. 所謂情字, 就感物而動處
    言者, 以其發於氣, 緣境而生者爲七情. 由此觀之, 人心與七情, 不能無少異. 然若
    總其同異而究言之, 則人心與七情, 皆是發於形氣 其意思情狀, 不甚徑延. 故程子
    曰, 人心人欲也, 是以人心爲七情也, 朱子曰, 喜怒人心也, 是以七情爲人心也. 此
    處同異, 亦不爭多, 惟在虛心觀理與不能者之如何耳."

할 경우의 칠정은 모두 자기의 사사로움을 극복하기 어려운 폐단
이 있다는 측면에서 별 차이가 없다. 그러므로 정이가 "인심은 인
욕이다"라고 한 것은 인심을 칠정으로 여긴 것이고, 주희가 "희
(喜)·노(怒)는 인심이다"라고 한 것은 칠정을 인심으로 여긴 것이
다. 이처럼 인심과 칠정은 그 명의(名義)상의 약간의 차이가 있을
뿐이지만 모두 물리쳐야 할 대상이다. 그 이유를 이현일은 다음과
같이 설명한다.

> 기쁨이 지나친데도 제어하지 못하고 노여움이 심한데도 막지
> 못하는 것은 기뻐하되 그 합당함을 얻고 노여워하되 그 합당함을
> 얻는 것과는 『중용』에서 말한 중절(中節)·부중절(不中節)이라는
> 것과 뜻이 실제로 서로 부합한다. 때문에 인심과 칠정은 애당초
> 다르지 않다.[254]

인심이 비록 형기에서 나온 것이라도 완전히 좋지 않은 것이 아
니다. 그러므로 인심만 놓고 말하면 나쁜 것이 아니지만, 도심과
상대해서 말하면 혼란스러워서 물리쳐야 할 대상이다. 따라서 이현
일은 인심을 칠정에 선악(善惡)이 합쳐 있는 것과 같은 것으로 보
았던 것이다. 이현일은 이러한 사단칠정과 인심도심의 차이를 전자
가 정(情)의 양상이요 후자가 심(心)의 양상이라는 명의(名義)상의
차이에 불과한 정도로 이해한다.[255] 즉 인심은 칠정과 같은 선악미

---

253) 『葛庵集』 卷12, 「答申明仲·別紙」, "老先生之意, 亦非專以七情與人心爲不可比
　　而同之. 特以爲心字就知覺運用上說, 情字從感物而動處說, 其名義有些不同耳."

254) 『葛庵集』 卷13, 「答申明仲·別紙」, "過而不能禁, 甚而不能遏, 與夫喜而得其當,
　　怒而得其當者, 正與中庸所謂中節不中節者, 意實相符. 以此言之, 竊恐人心與七
　　情, 初未嘗不同也."

255) 『葛庵集』 卷12, 「答申明仲·別紙」, "竊以爲人心與七情, 雖其名義稍似不同, 然

정(善惡未定)의 내용이요, 도심은 사단과 같은 순선(純善)한 내용을 이루고 있는 것으로 보았다. 이것은 인심과 칠정이 모두 인욕에 근원하며 도심과 사단이 천리에 근원한다고 보았기 때문이다.

또한 이현일은 이이가 성혼(成渾)에게 답한 편지글을 인용하면서, 이이 역시 인심과 칠정을 크게 분별하여 말한 적이 없었다는 것을 지적한다. "발하는 즈음에 기가 이미 작용하면 인심은 선악(善惡)이 합쳐 있는 칠정이다"[256]라고 하였으니, 이이는 진실로 인심을 칠정에 부합하여 말한 것이다. 게다가 이이가 지은 「인심도심도(人心道心圖)」를 보면 인심과 도심을 좌우로 나열하여 써 놓고, 그 가운데에 "총괄하여 이름 하면 칠정이다"라고 써 놓았으니 이것은 인심과 도심을 총괄하여 칠정 속의 사물로 여긴 것이다.[257] 여기에서 이현일은 이이 또한 인심과 칠정을 크게 구분하여 말하지 않았음을 강조하면서, 인심을 도심과 상대해서 말할 경우와 칠정을 사단과 상대해서 말할 경우의 인심과 칠정은 같은 맥락의 차원으로 이해해도 무방하다는 입장이다.

총괄하면, 이현일은 심은 하나이지만 그 소종래(所從來)에 각각 '주로 하는 바'가 있기 때문에 심의 발동에 형기(形氣)와 성명(性命)의 두 원천이 있다는 인심도심이원설(人心道心二源說)을 주장한다. 인심 하나만을 말할 경우는 혼륜설(渾淪說)도 가능하지만, 인심과 도심을 상대해서 말할 경우는 분별해서 보아야 한다는 분별설

亦不至大相徑庭."

256) 『栗谷全書』 卷9, 書1, 「答成浩原(壬申)」, "發之之際, 氣已用事, 則人心也, 七情之合善惡也."

257) 『葛庵集』 卷13, 「答申明仲・別紙」, "發之之際, 氣已用事, 則人心也, 七情之合善惡也. 是則栗谷固以人心合乎七情而爲言也. 又嘗觀栗谷所作人心道心圖, 列書人心道心於左右, 書其中間云摠名之曰七情, 是以人心道心, 摠爲七情中物事也."

(分別說)의 논리를 관철시켰던 것이다.

3) 이이의 '人心道心一源說'에 대한 비판

앞에서도 언급하였듯이, 이현일은 인심과 도심의 근원에 대한 이해를 이이와는 달리하였다. 이이가 "천지의 조화에는 두 근본이 없다"는 것으로 "내 마음의 발함에도 두 근원이 없다"는 것을 밝혀 인심과 도심이 비록 명칭은 둘이지만 그 근원은 다만 하나의 마음일 뿐이다258)는 주장에 대해, 이현일은 다음과 같이 설명한다.

> 이씨가 "천지의 조화에는 두 근본이 없다"는 것으로서 "내 마음의 발함에도 두 근원이 없다"는 것을 밝힌 것은 옳은 것 같지만 실제는 그렇지 않다. 대저 형이상의 것을 도(道)라 하고 형이하의 것을 기(器)라고 하니 태극과 음양에 두 개의 리가 있다고 말할 수 없는 것이다. 그러나 '형상이 없다'는 측면과 '기가 있다'는 측면으로 말한다면, 도(道)와 기(器)의 구분이 없을 수 없다. 그러므로 주희가 "태극은 음양 속에 있으니 음양을 떠날 수 있는 것이 아니다. 그러나 태극을 지론(至論)하면 태극은 스스로 태극이고 음양은 스스로 음양이다. 성(性)과 심(心)도 마찬가지이니, 이른바 하나이면서 둘이고 둘이면서 하나인 것이다[一而二 二而一]"라고 말하였으니 이것은 천도(天道)와 인도(人道)가 모두 그러하다는 것을 말한 것이다. …… 그렇다면 어찌 음양(陰陽)과 태극(太極)에 끝내 형이상과 형이하의 구분이 없고 인심과 도심에 과연 미발(未發) 전에 근저(根柢)와 묘맥(苗脈)이 없다고 말할 수 있겠는가.259)

---

258) 『栗谷全書』 卷10, 書2, 「答成浩原(壬申)」, "人心道心雖二名, 而其原則只是一心."
259) 『葛庵集』 卷18, 「栗谷李氏論四端七情書辨」, "李氏以天地之化無二本, 明吾心之

　이이가 미발(未發)의 상태에서는 하나의 마음이라는 주장에 대해, 이현일은 아직 발하지 않은 미발의 상태에서도 원천적으로 근저(根柢)와 묘맥(苗脈)의 차이가 있음을 인정한다. "따라서 인심과 도심의 구별은 그 근본으로부터 이미 그러한 것이니, 어찌 미발(未發)의 전에는 천리(天理)와 인욕(人欲)이 한곳에 뒤섞여 있다가 이발(已發)한 뒤에 리와 기가 비로소 나뉘어서 서로 뒤섞이지 않게 되는 것이 아니다."260) 형이상과 형이하의 측면에서 리와 기가 구분되지 않을 수 없는 것과 마찬가지로, 심에 있어서도 분별설(分別說)의 논리에서는 인심과 도심이 근원에서부터 구분되지 않을 수 없다. 인심과 도심의 출발점이 다르다는 주장은 결과적으로 이황의 이기호발설(理氣互發說)적인 해석이 타당함을 입증하는 것이기도 하다.

　　지금 서로 떨어지지 않는다는 이유만으로 그 소종래(所從來)에 각자 근저(根柢)가 있음을 변별하지 않고 "인심과 도심은 그 근원이 하나이니, 이미 발하여 인욕(人欲)으로 흐른 연후에 비로소 인심과 도심의 구별이 있을 뿐이다"고 말하였으니 이는 미발(未發)의 사이에는 리와 기가 혼륜(渾淪)하여 일물(一物)로 되어 있다가 이발(已發)한 연후에야 비로소 천리(天理)와 인욕(人欲)을 가려내는 것이 된다. 이와 같다면 이른바 대본(大本)이라는 것은 진흙과 물을 섞어 놓은 것과 같은 것으로서 골동품과 같은 하나의 모호한 사물이 됨을 면치 못할 것이니 어찌 크게 어긋나지 않겠는가.261)

發無二源, 則似矣而實不然也. 夫形而上者謂之道, 形而下者謂之器, 太極陰陽不可謂有二理. 然以無象與有氣而言之, 則不能無道器之分. 故朱子曰太極在陰陽中, 非能離陰陽也, 然至論太極, 則太極自是太極, 陰陽自是陰陽, 惟性與心亦然, 所謂一而二, 二而一者也, 此言天道人道皆然也. …… 夫然則豈可謂陰陽太極, 終無形而上下之殊, 而人心道心, 果無根底苗脈於未發之前邪."

260)　『葛庵集』 卷18, 「讀金天休論李大柔理氣性情圖說辨」, "蓋人心道心之別, 自其根本而已, 然豈可謂未發之前天理人欲混爲一區, 及其旣發而後理氣始分而不相夾雜邪."

리와 기의 불상리(不相離)한 이유만으로 그 소종래(所從來)에 각자 근저가 있음을 변별하지 않고, 미발(未發) 시에는 혼륜하므로 근원이 하나이다가 이발(已發)한 연후에야 비로소 인심과 도심으로 구별된다는 이이의 주장에, 미발(未發)의 상태에 이미 근저(根柢)와 묘맥(苗脈)의 차이가 있다고 설명한다. "마음은 비록 하나이지만 그 소종래(所從來)에 각각 근원(根源)과 싹이 있는 것이니, 인심과 도심은 원래 한 근원이 아니며 리와 기는 이물(二物)인 것이니 두 쪽으로 나누어 말하더라도 지나치지 않다."262) 때문에 "일반적으로 도리를 볼 때에 하나의 설만을 고수해서는 안 되니, 혼륜설(渾淪說)을 내세운 곳도 있고 분별설(分別說)을 내세운 곳도 있다."263) 이에 이현일은 '인심과 도심은 근원이 둘이다'는 말이 전혀 근거 없는 말이 아니라는 것을 주희의 말을 인용하여 증명한다.

① 어떤 사람이 주자에게 음식과 남녀에 대한 욕구가 올바름에서 나온 것이라면 이것을 도심(道心)이라 할 수 있는지를 묻자, 주자는 이것이 결국 혈기(血氣)에서 나온 것이라고 대답하였다.264) ② 또 심은 하나의 마음이지만 모름지기 양쪽으로 나누어 말해야 하니, 인심이 한쪽이 되고 도심이 다른 한쪽이 된다.265)

---

261) 『葛庵集』卷18, 「栗谷李氏論四端七情書辨」, "今以不相離之故而不復辨別其所從來者各有根柢, 以爲人心道心其源則一, 旣發而流於人欲, 然後方有人心道心之別云爾, 則是未發之際理氣混爲一物, 及其旣發然後方揀別天理與人欲也. 如此則其所謂大本者, 將不免和泥帶水, 爲一箇汨董底物事, 豈不大謬乎."

262) 『葛庵集』卷8, 「答丁君翊・別紙」, "心雖一也, 而其所從來, 各有根源苗脈, 則雖曰人心道心, 本非一源, 理氣二物, 分作兩邊說, 不爲過矣."

263) 『葛庵集』卷8, 「答丁君翊・別紙」, "然凡看道理, 不可膠守一說, 有渾淪說處, 有分別說處."

264) 『朱子語類』卷78, 「大禹謨」, p.2012, "問人心道心, 飮食男女之欲, 出於其正, 卽道心矣. 又如何分別. 曰這箇畢竟是生於血氣."

265) 『朱子語類』卷78, 「大禹謨」, p.2012, "心只是一箇心, 只是分別兩邊說, 人心便

③ 사람에게는 본래 인심과 도심이 있으니 하나는 혈기(血氣)에
서 나오고 하나는 의리(義理)에서 나온다.266)

인심은 혈기(血氣)가 화합하여 이루어진 것이고, 도심은 본래 품
수받은 인(仁)·의(義)·예(禮)·지(智)의 마음이다. 성인이 이 둘을
상대적으로 말하여 분명하게 두 쪽으로 나눈 것은 정밀하게 살피
고 전일(專一)하게 지키려 하였기 때문이다.267) 따라서 인심과 도
심의 구별은 그 근본으로부터 이미 그러하기 때문에 인심과 도심
을 명확하게 두 쪽으로 구분해보아야 한다.

이현일은 이이가 '인심도심종시설(人心道心終始說)'의 논리에 입
각하여 도심은 칠정의 선한 측면이고 인심은 칠정의 선악(善惡)을
합한 것과 같다는 주장에 대해, 인심과 도심을 근원적으로 구별할
것을 강조한다.

이씨가 "정리(正理)에서 똑바로 나와서 기가 용사(用事)하지 않
은 것이 도심이다"라고 한 것은 옳으나 "칠정의 선한 측면이다"라
고 한 것은 옳지 않으니, 대개 도심이 발하는 것은 성명(性命)에
근원하고 형기(形氣)에서 생겨나지 않기 때문이다. 또한 "칠정이
선악(善惡)을 합한 것이다"는 것은 옳으나 "발하는 사이에 기가
이미 용사(用事)하였으면 인심이다"는 것은 옳지 않다. 왜냐하면
대저 인심은 본래 형기(形氣)에서 생겨나는 것이니 발하여 기가
이미 용사(用事)한 뒤에 인심이 되는 것이 아니기 때문이다.268)

成一邊, 道心便成一邊."

266) 『朱子語類』 卷62, 「章句序」, p.1487, "人自有人心道心, 一箇生於血氣, 一箇生
於義理."

267) 『朱子語類』 卷78, 「大禹謨」, p.2018, "人心者, 血氣和合做成. 道心是本來稟受
得仁義禮智之心. 聖人以此二者對待而言, 正欲其察之精而守之一也."

268) 『葛庵集』 卷18, 「栗谷李氏論四端七情書辨」, "李氏言直出於正理, 而氣不用事則

여기에서 이현일은 이이의 "정리(正理)에서 똑바로 나와 기가 작용하지 않은 것은 도심이다"는 것과 "칠정은 선악(善惡)을 합한 것이다"는 것은 인정하면서도 "칠정 가운데 선한 측면이 도심이다"는 것과 "기가 이미 작용한 뒤라야 인심이 된다"는 주장에 대해서는 부인한다. 왜냐하면 이현일은 분별설(分別說)의 논리에서 칠정을 인욕과 같은 것으로 보았기 때문에 칠정 가운데 선한 측면도 도심과 구별되는 인욕일 수밖에 없다는 논리에서이다. 그는 도심과 인심을 리와 기에서처럼 떠날 수 없는 불상리(不相離)한 관계에 있지만, 근원적으로 독립된 실체로 보는 분별설의 입장을 강조한다. 그러므로 도심은 본래 성명(性命)에 근원하기 때문에 형기에서 생겨나지 않으며 인심은 본래 형기에서 생겨나는 것이기 때문에 기가 작용한 뒤에 인심이 되는 것이 아니다.

또한 우담(愚潭) 정시한(丁時翰)이 이이의 '인심도심일원설(人心道心一源說)'을 호굉(胡宏)의 '천리인욕동체설(天理人欲同體說)'로 논증하려는 것에 대해, 이현일은 주희의 말을 인용하여 리와 기를 합쳐서 하나의 물건으로 만들려고 하기 때문에 하나로 섞는 것을 좋아하고 분석하는 것을 싫어하는 그릇된 인식방법이라고 비판한다. "천리는 나면서부터 있는 것이고 인욕은 형기(形氣)에 얽매이고 섞인 뒤에 있는 것이다. 지금 천리와 인욕을 섞어서 한 덩어리로 만들려는 것은 온당하지 않다. 호굉은 사람들이 천리 속에서 인욕을 간별하고 또한 인욕 속에서 천리를 보고자 하였으나, 성인

道心云者則是矣, 而其曰七情之善一邊云者則不是. 蓋道心之發, 原於性命而不生於形氣也. 其曰七情之合善惡也者則是矣. 而其曰發之之際, 氣已用事則人心也者不是, 蓋人心本生於形氣, 不待其發而氣已用事而後爲人心也."

은 사람들로 하여금 인욕에 빠진 속에서 천리를 구하여 알도록 가르친 적이 없다고 설명한다.”[269] 게다가 정암(整庵) 나흠순(羅欽順, 1465~1547)의 “도심은 미발(未發)로서 본체(體)가 되고 인심은 이발(已發)로서 작용(用)이 된다”는 주장에 대해서는 너무 수준이 낮은 것으로 치부해 버리고,[270] 인심과 도심을 반드시 섞어서 일도(一途)로만 만들고 분별하려 하지 않았기 때문이라고 설명한다. 그리고 “인심과 인욕은 분별이 없어서는 안 된다”·“인심과 도심은 하나의 근원이다”는 정시한의 주장에 대해, 인심을 인욕이라 할 수 없지만 도심과 상대해서 말하면 인욕이라 아니 할 수 없다는 논리로 일관하였다.

한편 이현일은 이이의 ‘인심도심일원설(人心道心一源說)’을 호굉의 ‘천리인욕동체설(天理人欲同體說)’에 가깝다고 비판하지만 그가 주장한 ‘인심도심이원설(人心道心二源說)’이 지나치게 분별적(分別的)이라는 반박을 친우 정시한(丁時翰)이나 문인 신익황(申益愰)에게서 받게 된다. 이때 그는 ‘이원(二源)’이라는 용어의 뜻은 온전하지만 말에 걸림이 있다는 것을 시인하기도 하였다.[271] 그렇지만 그는 “마음은 비록 하나이지만 그 나온 곳을 놓고 본다면 근원(根源)과 묘맥(苗脈)이 각각 있는 것이니, 비록 인심과 도심은 한 근원이

---

269) 『朱熹集』 卷73, 「胡子知言疑義」, “蓋天理莫知其所始, 其在人則生而有之矣. 人欲者梏於形, 雜於氣, 狃於習, 亂於情而後有者也. …… 今以天理人欲混爲一區, 恐未允當. …… 胡子之言蓋欲人於天理中揀別得人欲, 又於人欲中便見得天理, 其意甚切. …… 未嘗敎人求識天理於人欲汨沒之中也.”

270) 『葛庵集』 卷8, 「答丁君翊·別紙」, “羅整庵本以道心爲體, 人心爲用, 實爲非常醜差.”

271) 『葛庵集』 卷8, 「與丁君翊(辛巳)·別紙」, “竊恐下語之際, 意圓而語滯, 惹起爭端, 故今改之曰自其根本而已然, 各有苗脈, 不當以人心道心同一知覺之, 故不可分作兩邊說.”

아니고 리와 기는 두 물건이라고 하여 두 쪽으로 나누어 말하더라도 지나치지 않다"272)라고 하여 근본으로부터 이미 근저(根柢)와 묘맥(苗脈)의 차이가 있기 때문에 양변으로 나누는 것이 불가할 것이 없다는 입장이다.

이처럼 이현일은 인심과 도심을 그 근원으로부터 구별하고 인심을 인욕으로 보고 도심을 천리로 보아 인욕을 막고 천리를 보존할 것을 강조하였다. 그는 이황과 마찬가지로, 인심과 도심을 서로 대립구조 속에서 이해함으로써 둘을 본질적으로 구분하였다. 둘을 구분해서 보려는 분별설(分別說)의 논리에 따라 이이의 인심도심일원설(人心道心一源說)을 비판하고 인심도심이원설(人心道心二源說)의 정당성을 강조하였다. 즉 인심과 도심의 한계를 분명히 구분함으로써 천리에 근원하는 선(善)을 인욕에 근원하는 악(惡)으로부터 명확히 구분하고자 하였던 것이다.

3. 四端七情論

조선 성리학은 16세기 후반에 이르면서 사단칠정논변(四端七情論辨)과 같은 성리학의 이론적 분석과정을 거치면서 본체로서의 성(性) 개념뿐만 아니라 현상적인 정(情)의 차원에까지도 심오한 형이상학화(形而上學化)의 작업을 전개시킴으로써 추상적 형이상학적

---

272) 『葛庵集』 卷8, 「答丁君翊・別紙」, "心雖一也, 而其所從來, 各有根源苗脈, 則雖曰人心道心, 本非一源, 理氣二物, 分作兩邊說, 不爲過矣."

이론을 구체적 현실세계로까지 폭넓게 적용시켜 나갔다. 이것이 17세기 후반 조선 후기로 들어오면 이황의 이기호발설(理氣互發說)과 이이의 기발이승일도설(氣發理乘一途說)이 주요한 대립입장으로 확인되면서 영남과 기호의 학풍을 주도하였는데, 바로 이 점에서 이현일은 이이의 기발이승일도설(氣發理乘一途說)이 혼륜설(渾淪說)의 한쪽에 치우친 것임을 지적하고 오히려 맹자 이래로 주희를 거치면서 사단과 칠정을 상대시켜 파악하는 분별설(分別說)이 정통적 입장을 이루어 왔던 것으로 확인함으로써 분별설의 정당성을 강조하였다.

1) 四端과 七情의 분별성 강화

사단칠정논변(四端七情論辨)의 원인은 사단과 칠정을 리와 기로 해석함에 따라, 이기론에서와 마찬가지로 '사단과 칠정을 대립 개념으로 파악해야 할 것인지[四端對七情]' 아니면 '인간의 정을 칠정 하나로 보고 그 가운데 선일변(善一邊)만을 사단으로 보아야 할 것인지[七情包四端]'에 관한 논쟁이 발생하였다. 전자가 이황의 학설을 대표하였다면 후자는 이이의 학설을 대표하였다. 이현일은 이황의 학설을 계승하여 사단과 칠정을 상대적인 대립구조로 이해하였다. 동시에 그는 이황이 판연하게 분별하는 느낌이 강하므로 혹시라도 논쟁을 불러일으킬 수 있을 것을 염려하여 꺼리던 '사단발어리 칠정발어기(四端發於理 七情發於氣)'의 논리를 자신의 이론으로 삼고 분별설(分別說)의 논리를 한층 강화하였다. 다시 말하면,

이현일은 '사단발어리 칠정발어기(四端發於理 七情發於氣)'와 '사단이지발 칠정기지발(四端理之發 七情氣之發)'이 가지는 의미 차이에 대한 논리적 분석을 전개하지 않고 같은 의미로 받아들인다.

이현일은 분별설의 논리에 입각하여 사단과 칠정을 주리(主理)·주기(主氣)로 분별함으로써 이발(理發)·기발(氣發)의 주장이 타당하다는 것을 입증한다. 이발·기발이 혼륜설(渾淪說)의 관점에서는 혹 불가능할지 모르지만 분별설의 관점에서는 타당함을 제시하고, 동시에 혼륜설의 한쪽에만 치우치지 않은 분별설의 인식방법을 아울러 강조하였다. 그리고 분별해서 보아야 하는 이유 중의 하나를 사단과 칠정의 내력이 서로 같지 않음에서 찾았다. 그는 사단과 칠정의 내력이 이미 그 근본으로부터 구별된다고 설명하였다.

> 맹자가 사단을 말하면서 오직 리만을 가지고 말하고 기와 섞지 않았기 때문에 주자는 "사단은 리가 발한 것이고 칠정은 기가 발한 것이다[四端理之發 七情氣之發]"라고 말하였고, 이황의 경우는 기도 그 안에 포함되었다는 것을 겸하여 말하였기 때문에 "사단은 리가 발하여 기가 따르는 것이고 칠정은 기가 발하여 리가 타는 것이다[四端理發而氣隨之 七情氣發而理乘之]"라고 하였으니 사단과 칠정의 내력이 같지 않은 것은 그 근본으로부터 이미 그러한 것임을 밝힌 것이다.[273]

주희는 맹자가 말한 사단은 기와 섞지 않은 리만을 말하였기 때문에 사단은 리가 발한 것이고 칠정은 리와 섞지 않은 기만을 말하였기 때문에 기가 발한 것이라고 설명하였다. 그렇지만 사단에도

---

273) 『葛庵集』 卷12, 「答申明仲·己卯」, "孟子說出四端, 專言理, 不雜乎氣, 故朱子以爲四端理之發, 七情氣之發, 至於老先生, 兼言氣亦包在其中, 故乃曰四端理發而氣隨之, 七情氣發而理乘之, 以明其來歷不同, 自其根本而已然."

기가 없는 것이 아니고 칠정에도 리가 없는 것이 아니기 때문에 이황은 리와 기의 불상리(不相離)한 관계를 염두에 두고서 "사단은 리가 발함에 기가 따르는 것이고 칠정은 기가 발함에 리가 타는 것이다"고 하여 사단과 칠정을 구분하여 해석하였다. 이처럼 사단은 리를 주로 하여 말한 것이고 칠정은 기를 주로 하여 말하였기 때문에 그 근본으로부터 구분되는 것이니 혼륜(渾淪)하여 사단을 칠정의 선일변(善一邊)한 것으로 보아서는 안 되고 둘을 분명히 분별해 보아야 한다.

> 칠정은 본래 성의 욕구이지만 형기에 감촉되어 대상에 따라 생겨나기 때문에 '절도가 있는지 없는지' 및 '절도에 맞는지 맞지 않는지'의 차이가 있다. 사단은 진실로 기를 타고 발하는 것이지만 인(仁)·의(義)·예(禮)·지(智)의 성에서 곧바로 나온 것이기 때문에 맹자가 말한 "그 정과 같은 것은 선하다고 할 수 있으니 이른바 선하다"는 것이다. 대개 칠정(七情)과 사단(四端)의 그 소종래(所從來)가 각자 '주로 하는 바'가 있는 것은 그 근본부터 이미 그러한 것이지, 애당초 발하기 전에는 일도(一途)이다가 이미 발한 뒤에 그 선한 측면을 가려내어 사단이라고 하는 것은 아니다. 그러므로 나는 사단과 칠정은 그 입언(立言)한 뜻이 자연히 서로 가려지지 않으니 굳이 이 둘을 끌어다가 배합시켜서 억지로 하나의 설로 삼아서는 안 된다고 생각한다.[274]

사단에도 기가 없는 것은 아니지만 주로 리만을 말한 것이고 칠정에도 리가 없는 것은 아니지만 주로 기만을 말한 것이기 때문에

---

274) 『葛庵集』 卷18, 「栗谷李氏論四端七情書辨」, "七情固是性之欲, 然却觸形氣, 緣境而生, 故有有節與無節, 中節與不中節. 四端固是乘氣而發, 然以其直出於仁義禮智之性, 故曰乃若其情則可以爲善, 乃所謂善也. 蓋其所從來, 各有所主, 自其根本而已然, 初非發則一途, 而旣發之後, 擇善一邊而爲四端也. 愚故曰四端七情, 立言命意, 自不相蒙, 不必牽引配合而强爲一說也."

주리(主理)·주기(主氣)의 구분에 따라 형기에서 생겨나는 칠정과 인·의·예·지의 성에서 곧바로 나오는 사단은 구별되지 않을 수 없다. 인·의·예·지에서 곧바로 나온 사단은 순선(純善)하고 형기에서 나온 칠정은 선할 수도 있고 악할 수도 있다. 그러므로 사단과 칠정은 그 근본으로부터 이미 구별되는 것이지, 발하기 전에는 일도(一途)이다가 발한 뒤에 선한 측면만을 사단이라고 말하는 것이 아니다. 따라서 이현일은 사단과 칠정의 경우, 입언(立言)한 뜻이 분명히 다르기 때문에 분별해 보아야 한다는 분별설(分別說)의 타당성을 강조하였다. 이에 이현일은 "사단이 전적으로 기와 섞지 않고 리에서 발한 것이다"는 사실을 주희의 말을 인용하여 좀 더 구체적으로 증명한다.

> 성의 리는 비록 형체가 없을지라도 단서가 발한 것은 가장 잘 징험할 수 있다. 그러므로 측은(惻隱)으로부터 인(仁)이 있다는 것을 반드시 아는 것이고, 수오(羞惡)로부터 의(義)가 있다는 것을 반드시 아는 것이며, 공경(恭敬)으로부터 예(禮)가 있다는 것을 반드시 아는 것이고, 시비(是非)로부터 지(智)가 있다는 것을 반드시 아는 것이다. 이 리가 원래 안에 없다면 어떻게 이 단서가 밖에 있을 수 있겠는가. 그러므로 리가 안에 있어서 속일 수 없다는 것을 반드시 아는 것이다.[275]

이것은 전적으로 사단이 리에서 발하는 것으로 기와 섞지 않고 말하였음을 지적한 것이다. 측은(惻隱)으로부터 인(仁)이 있다는 것

---

[275] 『葛庵集』卷13,「答申明仲·癸未」, "又按朱子嘗有言曰, 性之理雖無形, 而端緖之發最可驗. 故由其惻隱, 所以必知其有仁, 由其羞惡, 所以必知其有義, 由其恭敬, 所以必知其有禮, 由其是非, 所以必知其有智. 使其本無是理於內, 則何以有是端於外. 所以必知有是理於內而不可誣也."

을 알고 수오(羞惡)로부터 의(義)가 있다는 것을 아는 것은 비록 성에 형체가 없을지라도 내면에 이러한 리(성)가 있기 때문에 외면에 이런 단서가 있을 수밖에 없다. 원래 안에 이러한 리가 없다면 단서도 밖으로 드러날 수 없는데, 이 때문에 리가 안에 있다는 것은 속일 수 없는 사실이다. 그리고 사단의 설이 세워진 내력을 맹자가 인간의 본성이 선하다[性善]는 것을 밝히고자 하였는 데 있었음을 설명하고, 이것은 이전의 성인들이 밝히지 못한 것을 밝힌 것이라고 칭송하였다. "공자 때에는 성선(性善)의 도리가 본래 분명하였기 때문에 더 이상 그 조목을 상세하게 드러내지 않았지만, 맹자 때에는 이단(異端)의 설이 횡행하여 왕왕 '본성이 선하지 않다'고 여기기도 하였다. 그러므로 맹자가 이것을 염려하여 '성이 선하다'는 것을 밝힐 것을 생각하였으니, 이에 사단의 설이 여기에서 세워진 것이다. 실제로 맹자의 성선설(性善說)은 이전의 성인들이 밝히지 못한 것을 밝힌 것이다."[276] 그러므로 주희는 맹자가 심에 나아가 밝힌 공로가 이와 같이 크다고 하였다.[277] 따라서 맹자가 성을 말하고 사단을 말할 때에는 기질을 섞지 않고 도출(挑出)하여 말하였다는 사실을 여기에서 징험할 수 있다.

진일보하여 이현일은 '칠정이 리와 겸하지 않고 전적으로 기에서 발한 것'이라는 사실을 주희의 말을 인용하여 증명한다.

지금 사람들의 기쁨은 사사로운 기쁨이고 노여움은 사사로운

---

276) 『葛庵集』 卷12, 「答申明仲・己卯」, "孔子之時, 性善之理素明, 故不復詳著其目, 至孟子時, 異端之說肆行, 往往以性爲不善. 故孟子爲是懼, 思有以明之, 四端之說, 於是而立, 實爲發前聖之所未發."

277) 『朱子語類』 卷53, 「人皆有不忍人之心章」, p.1290, "殊不知他就人心上發明大功如此"

노여움이며 슬픔은 사사로운 슬픔이고 두려움은 사사로운 두려움
이며 사랑은 사사로운 사랑이고 미움은 사사로운 미움이며 욕망
은 사사로운 욕망이다. 진실로 능히 자기의 사욕(私欲)을 극복하
여 확연히 크게 공정하면, 기쁨은 공공의 기쁨이고 노여움은 공
공의 노여움이며 슬픔·두려움·사랑·미움·욕망과 같은 것들
이 모두 공공의 것이 아님이 없다.[278]

칠정이라고 하여 리가 없는 것은 아니지만 사단과 상대해서 말
하면 그대로 기(氣)가 발한 것이다. 그러므로 "칠정 중에도 자연히
리가 있기 때문에 절도에 맞는 것은 사단과 다름이 없다"는 주장
은 혼륜설(渾淪說)의 관점에 입각한 것이고, 사단과 상대해서 말할
경우 칠정은 전적으로 형기에 감촉하여 대상과 관계를 맺어 생기
는 성의 욕구에 불과하다. 때문에 칠정은 사사로운 정으로 간주되
어 공공의 정으로 극복되어야 할 대상이다. "사단은 리에서 발하기
때문에 천만인이 함께 그러한 것이고, 칠정은 형기(形氣)에서 생기
기 때문에 한 몸이 홀로 사유하는 것이다. 따라서 나란히 놓고 동
일시해서는 안 된다."[279] 그런데도 지금 리와 기가 혼륜(渾淪)하여
분개할 수 없다는 이유만으로 사단과 칠정을 일도(一途)에서 함께
나온 것이라고 설명한다면 병폐에 빠진다. 성현의 말은 각각 의도
하는 뜻이 따로 있고 그들이 말한 차원이 각각 다르니 억지로 끌
어다 합치려고만 하면 천착된다.

---

278) 『朱子語類』 卷117, 「訓門人五」, pp.2833 – 2834, "今人喜也是私喜, 怒也是私怒,
哀也是私哀, 懼也是私懼, 愛也是私愛, 惡也是私惡, 欲也是私欲. 苟能克去己私,
擴然大公, 則喜是公喜, 怒是公怒, 哀懼愛惡欲, 莫非公矣."
279) 『葛庵集』 卷11, 「答李國材 · 癸未 · 別紙」, "四端是發於理, 故千萬人之所同然,
七情是生於形氣, 故一己之所獨私. 其不可比而同之也決矣."

　　『중용』은 혼륜(渾淪)하여 말한 것이고 맹자는 분별(分別)하여
　　말한 것이다. 문자는 모름지기 융통성 있게 보아야 한다. 이것은
　　우선 이것에 나아가 말한 것이고 저것은 저것에 나아가 말한 것
　　인데, 만약 이것을 끌어다 저것에 합친다면 도처에서 막히게 될
　　것이다. 지금 자사(子思)의 설을 끌어다가 맹자(孟子)의 설에 합
　　쳐서 '사단과 칠정에 분별이 없다'고 한다면 아마도 막혀서 통하
　　지 않을 것이다.[280]

　자사가 말한 차원에 나아가 『중용』의 '천명지위성(天命之謂性)'
을 이해하고 맹자가 말한 차원에 나아가 성선론(性善論)을 이해하
면, 혼륜설(渾淪說)과 분별설(分別說)의 의미가 각각 자연히 분명해
져서 의심할 여지가 없을 것이다. "일반적으로 도리를 볼 때에 하
나의 설만을 고수해서는 안 되니 혼륜설을 내세운 곳도 있고 분별
설을 내세운 곳도 있다."[281] 사물을 인식하는 방법에는 혼륜(渾淪)
과 분별(分別 혹은 分開)의 두 방법이 있는데도 불구하고, 혼륜만
을 강조하여 늘 합치기만을 좋아하고 분리하기를 싫어하는 것은
인식의 공평성에 어긋나는 처사이다. 따라서 이현일은 맹자 이래로
주희를 거치면서 사단과 칠정을 상대시켜 파악하는 분별설(分別說)
이 정통적 입장을 이루어 왔던 것으로 인식함으로써 분별설의 정
당성을 강조하였다.

　　나의 생각으로는 맹자가 측은(惻隱) · 수오(羞惡) · 사양(辭遜) ·

---

280) 『葛庵集』 卷11, 「李粹彦 · 壬午 · 別紙」, "且中庸是渾淪說, 孟子是分別說, 朱子
　　嘗言文字須活看. 此且就此說, 彼則就彼說, 若牽此合彼, 便處處有礙, 今以子思
　　說牽合孟子說, 乃謂四端七情無所分別云爾, 則竊恐其窒礙而不通也."

281) 『葛庵集』 卷8, 「答丁君翊 · 別紙」, "然凡看道理, 不可膠守一說, 有渾淪說處, 有
　　分別說處."

시비(是非)의 마음을 인·의·예·지의 단서라고 한 것은 사단이 리에서 발한 것을 말한 것이다. 정자가 「호학론(好學論)」에서 "형체가 이미 생겨나면 외물(外物)이 그 형체에 감촉하여 안에서 동(動)하여 칠정이 나온다"라고 하였는데, 이것은 칠정이 형기에서 나온 것을 말한 것이다. 주희가 『중용』의 서문에서 인심과 도심을 논하여 "혹 형기의 사사로움에서 생겨나고 혹 성명의 올바름에 근원한다[或生於形氣之私 或原於性命之正]"라고 하였고, 또 "사단은 리가 발한 것이고 칠정은 기가 발한 것이다[四端理之發 七情氣之發]"라고 하였으니 이것은 인심과 도심, 사단과 칠정을 분명히 둘로 나누어 말한 것이다. 이렇게 볼 때 인심과 도심, 사단과 칠정을 반드시 분별해서 말해야만 비로소 맹자·정자·주자 세 부자의 본지(本旨)에 부합되는 것이다.[282]

인심과 도심에서와 마찬가지로, 사단과 칠정도 그 근본으로부터 이미 둘로 분명히 나뉘어 있기 때문에 분별해서 보아야 개념정의가 보다 명확해진다. 사단은 인(仁)·의(義)·예(禮)·지(智)의 성에서 나왔기 때문에 리가 발한 것이고 칠정은 형기에서 나왔기 때문에 기가 발한 것이다. "사단은 리(理)에서 발하기 때문에 순수하여 선하지 않음이 없고, 칠정은 기(氣)에서 발하기 때문에 절도에 맞거나 절도에 맞지 않는 차이가 있다."[283] 사단은 리가 발한 결과로서 순선(純善)하고, 칠정은 기가 발한 결과로서 선할 수도 있고 악할 수도 있다[有善惡]. 이것은 이황이 말한 '사단은 전적으로 선한

---

282) 『葛庵集』 卷11, 「答李國材·癸未·別紙」, "以愚所見, 則孟子以惻隱羞惡辭遜是非之心, 爲仁義禮智之端, 則是言四端之發於理也. 程子於好學論云, 形旣生矣, 外物觸其形而動於中, 七情出焉, 則是言七情之生於形氣也. 朱子於中庸序, 論人心道心, 或生於形氣之私, 或原於性命之正. 又曰 四端理之發, 七情氣之發, 是以人心道心四端七情, 分明劈做兩片說也. 然則人心道心四端七情, 必須分別說, 方合於孟程朱三夫子之本旨也."

283) 『葛庵集』 卷18, 「讀金天休論李大柔理氣性情圖說辨」, "四端發於理, 故粹然無不善, 七情發於氣, 故有中節不中節云爾."

것'284)이고 '칠정은 선악이 미정(未定)인 것'285)과 같은 의미이다. 사단과 칠정을 본질적인 차원에서 구분하여 사단을 완전히 도덕적 영역 속에 위치시키고자 하는 것이 이현일의 생각이다. 그래서 사단과 칠정의 유래 자체를 리와 기에 분속시켜서 구분하고자 하였다. 사단과 칠정을 반드시 둘로 나누어 분별해서 말해야만 사단과 칠정에 대한 개념정의가 보다 명백해진다는 것이 그의 일관된 주장이다.

2) 七情에 대한 규정

　칠정만으로 정의 전체를 말하는 경우는 혼륜설(渾淪說)이 가능하지만, 사단과 상대해서 말할 때는 사단이라는 개념 자체가 칠정과 구별되는 개념인 만큼 분별설(分別說)이 타당하다. 칠정이라고 하여 리가 없는 것은 아니지만, 사단과 상대해서 말하면 그대로 기가 발한 것이다. 즉 희(喜)·노(怒)·애(哀)·락(樂)을 혼륜의 관점에서 말한다면 리와 기를 겸하여 말할 수 있겠지만, 분별설의 관점에서 말한다면 희·노·애·락과 같은 칠정은 바로 기가 발한 기발(氣發)이라고 말해야지 리와 기를 합하여 말해서는 옳지 않다.286) 이러한 입장에서 이현일은 칠정에 대한 개념정의를 '칠정은 스스로 사단에서 횡관(橫貫)하여 지나가는 것'으로 규정하고 '칠정

---

284) 『退溪全書』 卷1, 「答奇明彦(論四端七情第一書)」, p.406, "四端皆善也."

285) 『退溪全書』 卷1, 「答奇明彦(四端七情第一書)」, p.406, "七情善惡未定也."

286) 『葛庵集』 卷13, 「答申明仲·癸未」, "喜怒哀樂若從渾淪說, 則可以兼理氣而爲言, 若分別說, 則似當專言氣發, 不宜合理氣而爲說也."

은 사단에 분배할 수 없다'는 입장을 견지하였다.

> 사단은 리가 발한 것이기 때문에 곧바로 나아가서 휘거나 굽는
> 것이 없지만, 칠정은 기가 발한 것이기 때문에 옆으로 나가 부딪
> 쳐 굽는 것이 있다.[287]

측은(惻隱)・수오(羞惡)・사양(辭讓)・시비(是非)와 같은 사단의 정도 물론 외물에 감촉하여 동하지만, 인(仁)・의(義)・예(禮)・지(智)의 성에서 곧바로 발하여 나오기 때문에 심속에 본래 가지고 있던 리가 감촉에 따라서 발하여 심이 그것을 감싸 둘 수 없고 기가 여기에 간여할 수 없다. 그렇지만 희(喜)・노(怒)・애(哀)・구(懼)・애(愛)・오(惡)・욕(欲)과 같은 칠정은 옆으로 횡관하여 지나감으로써 치우치거나 요동치게 된다. 그러므로 공부 방면에서도 측은・수오와 같은 사단의 경우는 단지 확충(擴充)이라는 공부가 있을 뿐이고 바로잡거나 이겨내는 공부는 하지 않는다. 리로부터 발하기 때문에 넓혀 채워 가고 기로부터 발하기 때문에 단속하여 중에 맞게 한다. 때문에 이현일은 확충(擴充)과 단속(團束)이라는 별개의 공부방법을 제시하여 사단과 칠정의 소종래(所從來)가 각기 근저(根柢)와 묘맥(苗脈)이 있어 혼합해서 일도(一途)로 만들어서는 안 된다는 것을 강조하였다.[288]

이현일은 왜 칠정을 '사단에서 횡관(橫貫)하여 지나간다'는 표현

---

287) 『葛庵集』 卷12, 「答申明仲・己卯」, "蓋曰四端是理之發, 故直出而無回曲, 七情
是氣之發, 故橫出而有所衝拗."

288) 『葛庵集』 卷12, 「答申明仲・別紙」, "愚意以爲擴充與節約工夫自別. 蓋自理而
發, 故擴而充之, 自氣而發, 故約之使合於中. 賢者旣以爲然, 則非不知四端七情
所從來, 各有根柢苗脈, 不可混爲一途."

을 사용하였는지에 대한 구체적인 설명을 주희나 북계(北溪) 진순
(陳淳, 1157~1223)의 설을 인용한다.

　　일찍이 들으니, 주자의 말에 "천지만물은 홀로 있는 것이 없고
반드시 상대(對)가 있으니 태극이 음양과 상대하는 것은 도리어
횡대(橫對)이다"라고 하였다. 이 말은 도(道)와 기(器)가 상대할
때 정대(正對)하는 것이 아니라 횡대(橫對)한다는 말이다. 또 살
피건대, 북계(北溪) 진순(陳淳)의 설에 "어떤 사람이 매우 맑은
기를 품부받았는데 한 가닥 나쁜 기에 의해 부딪쳐 비뚤어지면
그 사람은 성질이 집요하게 된다. 비유하면 샘물이 나올 때는 매
우 맑았는데 일종의 다른 물에 의해 횡으로 부딪침을 당한 것과
같다"라고 하였다. 이런 말뜻으로 미루어 보면, 무릇 '횡(橫)' 자
의 뜻은 정당하지 않다는 뜻이다. 그러므로 도(道)와 기(器)가 상
대하는 것이 횡대(橫對)가 되고, 맑은 물이 다른 물에 충격을 받
은 것은 횡충(橫衝)이 되는 것이다. 예를 들어, 측은(惻隱)이 발할
때 혹 분노에 의해 횡관(橫貫)되고 수오(羞惡)가 발할 때 혹 정애
(情愛)에 의해 횡탈(橫奪)되기 때문에 말한 것이 그러하였던 것이
다. 주자는 "사람이 측은(惻隱)해야 할 때를 당해서 측은해하지
않고 수오(羞惡)할 때를 당해서 수오하지 않는 것은 반드시 그렇
게 되는 까닭이 있는데, 이것은 사의(私意) 때문이다. 이른바 사
의(私意)란 바로 형기의 사사로움[私]에서 나온 것이다"라고 말하
였다. 만약 이 뜻으로 미루어 보면, '횡관한다'는 것은 아마도 이
런 뜻을 벗어나지 못할 것이다.[289]

---

289) 『葛庵集』卷11,「李粹彦・壬午・別紙」, "嘗聞朱夫子之言曰, 天地萬物, 無獨必
有對, 太極便與陰陽相對, 此却是橫對了. 蓋言道與器對, 不是正對, 乃是橫對云
也. 又按北溪陳氏之說曰, 若有一般人, 稟氣甚淸, 爲一條戾氣所衝拗, 其爲人却
執拗. 譬如泉水出來甚淸, 却被一種別水橫衝破了. 以此等語意推之, 凡橫字之義,
不是正當底道理. 故道與器對, 乃爲橫對, 淸泉爲別水衝破, 乃爲橫衝. 如惻隱之
發, 或被憤怒所橫貫, 羞惡之發, 或爲情愛所橫奪, 故云然邪. 朱子曰, 人有當惻隱
而不惻隱 當羞惡而不羞惡者, 必有所以然, 是私意也. 夫所謂私意, 乃是發於形氣
之私者也. 若以此意推之, 則橫貫了之云, 恐或不出這意思也."

이현일은 횡관(橫貫)이라는 말로 칠정을 인(仁)·의(義)·예(禮)·지(智)의 성에서 곧바로 나오는 사단과 상반되는 개념으로, 정당하지 않게 가로질러 지나가는 사사로운 정, 즉 기가 발한 것이라고 논증하였다. 태극[도]과 음양[기]이 상대적인 개념으로 쓰이는 경우와 비록 맑은 기를 품수받은 사람일지라도 나쁜 기에 부딪쳐서 비뚤어지면 그 성질이 고약해지는 것과 같은 것들을 '횡(橫)' 자로 설명한다. 이처럼 사람이 측은(惻隱)해야 할 때에 측은해하지 않고 수오(羞惡)해야 할 때에 수오해하지 않는 것은 사의(私意), 즉 사사로운 기쁨(私喜)·사사로운 분노(私怒)·사사로운 사랑(私愛)·사사로운 미움(私惡)과 같은 사사로운 정이 횡으로 절단하여 가로막기 때문이라는 것이다. 이때 사사로운 정이란 바로 형기에서 나온 칠정이 된다. 따라서 "측은(惻隱)·수오(羞惡)·사양(辭讓)·시비(是非)와 같은 사단의 정은 외물에 감촉하여 동하더라도 곧바로 발하여 나오지만 희(喜)·노(怒)·애(哀)·구(懼)·애(愛)·오(惡)·욕(欲)과 같은 칠정은 옆에서 횡관하여 지나가기 때문에 혹 치우치거나 요동치는 근심이 있게 된다."[290] 칠정을 사단과 상대해서 말하면, 칠정은 혈기의 분란(紛亂)이고 인욕의 교란(攪亂)이기 때문에 사단과는 구분되지 않을 수 없다.

사람이 측은(惻隱)해야 할 때에 측은해하지 않고 수오(羞惡)해야 할 때에 수오해하지 않는 것은 반드시 사사로운 기쁨·사사로운 분노·사사로운 사랑·사사로운 미움이 횡으로 절단하여 가로막기 때문이다. 또한 '횡(橫)' 자의 뜻은 정당하지 않다는 뜻이니 도(道)

---

290) 『葛庵集』 卷12, 「答申明仲·己卯」, "凡惻隱羞惡辭讓是非四端之情, 感物而動, 直發出來, 喜怒哀懼愛惡欲七者之情, 從傍橫貫, 或有偏勝搖奪之患."

와 기(器)를 상대해서 말할 경우, 횡대라고 하는 것과 같은 것이니 이것은 '횡관하여 지나간다'는 뜻과 부합한다. 그러므로 주희는 "요즘 사람들의 기쁨은 사사로운 기쁨이고 노여움은 사사로운 노여움이니 슬픔·두려움·사람·미움·욕망이 모두 그렇지 않음이 없다. 진실로 자기의 사사로움을 이겨낸다면 공정하지 않음이 없을 것이다"라고 말하였던 것이다. 만약 칠정이 기가 발한 것이 아니라면, 기쁨·분노·슬픔·두려움이 발하는 것이 어찌 굳이 자신의 사사로움을 이겨낸 뒤에 공정하다고 하겠는가.

 이현일은 칠정에도 리가 없는 것이 아니지만 전적으로 기를 말한 것이기 때문에 사사로운 것을 이겨내야 할 대상으로 간주하였다. 즉 칠정＝불선[惡]＝사사롭다[私], 사단＝선＝공정하다[公]는 대립구조 속에서 칠정과 사단을 상대적 개념으로 이해하였다. 이러한 분별설(分別說)의 논리 속에서 칠정이란 혈기의 분란이고 인욕의 교란일 뿐이다. 이렇게 보면 칠정은 기가 발한 것이 분명하다. 게다가 이현일은 '칠정이 사단을 횡관하여 지나간다'는 뜻을 자신의 성정(性情)에 직접 징험해 본 결과를 다음과 같이 언급하였다.

> 마땅히 측은(惻隱)해야 할 때에 측은해하고 마땅히 수오(羞惡)해야 할 때에 수오해하여 감촉하는 대로 발하여 기가 여기에 관여할 수 없지만, 조금 지나면 분노하거나 혐오하는 마음과 불쌍히 여기거나 사랑하는 생각이 옆에서 휘감아 선한 단서가 발하는 것으로 하여 마침내 소멸하게 한다.[291]

---

291) 『葛庵集』 卷12, 「與申明仲·別紙」, "然竊嘗驗之吾心性情之間, 有時當惻隱而惻隱, 當羞惡而羞惡 隨觸而發, 氣著脚手不得, 少間或有憤怒厭惡之心, 哀矜愛戀之念, 從傍纏繞, 使善端之發, 竟至銷歇."

사단의 경우, 심속에 본래 가지고 있던 리가 감촉에 따라서 발하여 심이 그것을 감싸 둘 수 없고 기가 여기에 관여할 수 없지만, 사사로운 기쁨·사사로운 분노·사사로운 사랑·사사로운 미움과 같은 사사로운 칠정이 횡으로 절단하여 가로막기 때문에 결국에는 사단도 소멸하게 된다. 그러므로 사람이 측은(惻隱)해야 할 때에 측은해하지 않고 수오(羞惡)해야 할 때에 수오해하지 않는 까닭을 칠정과 같은 사사로운 정이 횡으로 절단하여 가로막기 때문이라고 설명한다.

한편 "칠정 중에도 저절로 리가 있기 때문에 절도에 맞는 것은 사단과 다름이 없다", "칠정이 절도에 맞는 경우와 맞지 않는 경우를 구분해야 한다", "정에 사단과 칠정의 구분이 있는 것은 성에 본연(本然)과 기질(氣質)의 구분이 있는 것과 같기 때문에 둘로 나누어 말하면 근본이 둘인지를 의심하게 된다"라는 주장에 대해 그렇지 않다고 설명한다. 이 모두는 혼륜(渾淪)만을 주장하여 합치기만을 좋아하고 분별(分別)을 싫어하는 폐단이라고 지적하였다. "칠정을 만약 혼륜설(渾淪說)의 관점에서 말한다면 리와 기를 겸하여 말할 수 있겠지만, 사단과 상대해서 말한다면 형기의 사사로움에서 나온 것으로 사단과 나란히 놓고 말할 수 없다."292) 그러므로 칠정을 사단과 상대해서 말하면, 자기의 사사로움을 극복하기 어려운 폐단이 있기 때문에 사단과 칠정은 저절로 구분된다. 칠정만을 놓고 말하면 그렇게도 말할 수 있지만, 사단과 상대해서 말하면 칠정은 혈기의 분란이고 인욕의 교란이기 때문에 사단과는 구분되어

---

292) 『葛庵集』 卷13, 「答申明仲」, "七情若渾淪說, 則可以兼理氣說, 若對四端說, 則便是出於形氣之私, 不可與四端比竝爲說也."

야 한다. 그런데도 칠정이 리와 기를 겸한 것이라는 이유 때문에 분별설[對擧]을 버리고 혼륜설만을 주장하면 종합적인 인식방법에 어긋난 처사이다. 또한 사단이 칠정의 선일변(善一邊)이라는 주장에 대해서도 "사단은 리에서 발하기 때문에 천만인이 함께 그러한 것이고, 칠정은 형기(形氣)에서 생기기 때문에 한 몸이 홀로 사유하는 것이다. 따라서 나란히 놓고 동일시해서는 안 된다"293)고 분명히 지적하였다.

이처럼 칠정을 불선(不善)한 것으로 해석하는 것에 대해, 이현일은 "내가 말한 것은 대체로 칠정 중에서 지나치게 불선(不善)한 쪽만을 취하여 말함으로써 선한 쪽을 빠뜨림을 면치 못하였다"294)는 자신의 잘못을 인정한다. 그렇지만 사단과 상대해서 말하면 칠정은 어디까지나 자기의 사사로움을 극복하기 어려운 폐단이 있게 된다고 설명한다. 아울러 주희가 칠정을 논한 것을 보더라도 불선(不善)한 쪽만을 언급한 것이 있다는 사실을 거론하면서 자신의 주장이 타당하다는 것을 논증하였다. "요즘 사람들의 기쁨은 사사로운 기쁨이고 분노는 사사로운 슬픔·두려움·사랑·미움·욕망이 모두 그렇지 않음이 없다. 진실로 자기의 사사로움을 이겨낸다면 공정하지 않음이 없을 것이다."295) 이러한 주장은 분별하여 말할 경우에만 해당되기 때문에 융통성 있게 보아야 하고, 저것을 끌어다 이것에 합쳐서 한데 뒤섞어 말해서는 안 된다. 인심과 마찬가지로,

---

293) 『葛庵集』 卷11, 「答李國材·癸未·別紙」, "四端是發於理, 故千萬人之所同然, 七情是生於形氣, 故一己之所獨私. 其不可比而同之也決矣."

294) 『葛庵集』 卷13, 「答申明仲·別紙」, "而第念所以云云者, 獨取七情中不善底一邊爲說, 不免遺却善一邊也."

295) 『朱子語類』 卷117, 「訓門人五」, pp.2833－2834, "今人喜也是私喜, 怒也是私怒, 哀懼愛惡欲, 莫不皆然. 苟能克去己私, 則莫非公矣."

칠정을 만약 혼륜설(渾淪說)의 관점에서 말한다면 리와 기를 겸하여 말할 수 있겠지만, 사단과 상대해서 말한다면 형기의 사사로움에서 나온 것으로 사단과 나란히 놓고 말해서는 안 된다.[296] 이처럼 이현일은 분별설(分別說)의 관점에서는 칠정이 리와 겸하지 않고 전적으로 기에서 발한다는 기발(氣發)의 타당성을 강조하였다.

3) 이이의 '七情包四端'의 논리에 대한 비판

이현일은 이이의 사단칠정론을 비판하기 위하여 「율곡이씨논사단칠정서변(栗谷李氏論四端七情書辨)」을 저술한다. 그의 「율곡이씨논사단칠정서변(栗谷李氏論四端七情書辨)」은 이황의 이기호발설(理氣互發說)에 입각하여 사단과 칠정을 구분시켜 볼 것을 강조하고, 이이의 '칠정포사단(七情包四端)' 내지 '기발이승일도설(氣發理乘一途說)'을 비판하는 내용이다. 19조로 나누어 논평의 형식으로 전개되는 「율곡이씨논사단칠정서변(栗谷李氏論四端七情書辨)」은 이황의 학설을 옹호하면서 그 철학적 의미를 분별설(分別說)의 논리로 밝히고 있다.

이이는 칠정을 정의 총체로 보고 사단을 칠정 가운데 선일변(善一邊)으로 규정함으로써 사단과 칠정을 모두 기발이승일도(氣發理乘一途)로 이해하였다. 사단과 칠정의 구분은 그 발원(發源)이 근원적으로 다른 것이 아니라 기의 작용이 절도에 맞거나 맞지 않는

---

296) 『葛庵集』 卷13, 「答申明仲」, "愚亦謂七情若渾淪說, 則可以兼理氣說, 若對四端說, 則便是出於形氣之私, 不可與四端比竝爲說也."

정도의 차이에 기인한다는 입장이다. 이러한 사단과 칠정의 관계를 이이는 '칠정포사단(七情包四端)'의 논리로 설명하였다. 이현일은 칠정포사단(七情包四端)의 논리가 혼륜설(渾淪說)의 관점에 입각한 것으로 보고, 분별설(分別說)을 주장할 때에는 이발(理發)・기발(氣發)의 차이가 있다고 설명한다. 칠정을 사단과 상대해서 말하면, 자기의 사사로움을 극복하기 어려운 폐단이 있기 때문에 사단과 칠정은 구분되지 않으면 안 된다는 분별설(分別說)의 관점에 입각하여 이황의 이기호발설(理氣互發說)에 찬성하고 이이의 칠정포사단(七情包四端)의 논리를 비판한다.

> 『중용장구(中庸章句)』에서 "미발(未發)은 성이고 이발(已發)은 정이다"라고 한 것은 혼륜(渾淪)하여 말한 것인데, 맹자에 이르러 비로소 사단을 말하여 마침내 칠정과 둘로 나뉘었다. 그 유래를 말하면 각기 다르니 굳이 끌어당겨 합치려고 하면 천착된다. 그러므로 주자는 이미 "사단은 리가 발한 것이고 칠정은 기가 발한 것이다"라고 하였고 또한 "칠정을 사단에 분배해서는 안 된다"라고 하였으니 리와 기를 분별하여 사람들에게 보여 준 것이 손바닥을 가리키는 것처럼 분명하여 조금도 의심스러운 점이 없다.[297]

『중용』에서 성과 정, 미발과 이발로 설명한 것은 혼륜(渾淪)의 관점에서 말한 것이고 맹자가 말한 성선(性善)은 분별(分別)의 관점에서 말한 것이기 때문에 그 유래가 각각 다르다. 그러므로 『중용』의 설은 따로 『중용』의 설이고 맹자의 설은 따로 맹자의 설이

---

297) 『葛庵集』 卷12, 「答申明仲・別紙」, "夫中庸章句所云未發爲性, 已發爲情者, 乃是渾淪說, 至孟子, 始說出四端, 乃與七情劈做兩片. 言其所從來歷, 各自不同, 必要去牽合便成穿鑿. 故朱子旣曰, 四端理之發, 七情氣之發. 又曰, 七情不可分配四端. 其示人辨別理氣之分, 如指諸掌, 不少疑晦."

니, 몰래 붙여서 나란히 놓고 하나의 뜻으로 보아서는 안 된다.[298] 칠정만을 놓고 말하면 그렇게 말할 수 있겠지만, 사단과 상대해서 말하면 그대로 기에서 발한 것이기 때문에 사단과 칠정은 구분되지 않으면 안 된다. 그리고 "사단은 리가 발한 것이고 칠정은 기가 발한 것이다[四端理之發 七情氣之發]"는 설은 주희가 맹자의 뜻을 조술(祖述)한 것으로 리와 기를 분별하여 양쪽으로 나누어 사단은 전적으로 리를 말한 것이고 칠정은 전적으로 기를 말한 것에 불과하다. 때문에 주희는 "칠정을 사단에 분배해서는 안 된다"고 말하였던 것이다.

> 이씨가 "사단과 칠정은 본연지성·기질지성과 같아서 기질을 겸하여 말한 경우와 기질을 겸하지 않고서 말한 경우가 있다"라고 한 것은 진실로 옳다. 그러나 이미 그런 줄 알았으면 마땅히 각각 본문에 나아가서 가리키는 뜻이 어디에 있는지를 연구하는 것이 옳거늘, 하필 이 둘을 억지로 끌어다 붙여서 혈기를 낭비하고 인욕의 혼란스러운 속에서 인(仁)·의(義)·예(禮)·지(智)의 단서를 찾는단 말인가.[299]

비록 리가 사물에 있어서 기와 혼륜(渾淪)하여 나눌 수 없더라도 그 합쳐진 데 나아가 분석하여 말하면 리는 스스로 리이고 기는 스스로 기이다. 외물에 감응하여 움직이지만 각기 주관하는 바가 있어 혹 리가 먼저 움직이기도 하고 기가 먼저 움직이기도 하여

---

298) 『葛庵集』 卷13, 「答申明仲」, "故中庸樂記說, 自是中庸樂記說, 孟子說, 自是孟子說, 恐不可賺連比竝, 作一意看也."

299) 『葛庵集』 卷18, 「栗谷李氏論四端七情書辨」, "李氏謂四端七情, 如本然之性氣質之性, 有兼氣質不兼氣質而爲言者固是. 旣知其然, 則當各就本文, 以究其指意之所在可也, 何必强爲牽合尋覓仁義禮智之端於血氣勞攘人欲膠擾之中乎."

감촉하는 데 따라 발하는 것을 저절로 그만둘 수 없다.[300] 현실적
으로 리와 기는 각각 혼륜(渾淪)의 관계에 있지만, 각각 본문에 나
아가 가리키는 뜻이 어디에 있는지를 분명히 보아야 한다. 그러므
로 맹자가 사단을 언급한 것에도 나름대로의 의도가 있었던 것이
다. "대체로 맹자 이전에는 성선(性善)을 말한 자가 있지 않았는데,
맹자는 이 리가 분명하지 않은 것을 두려워하여 그것을 분명히 할
생각이었다. 그런데 성의 본체는 소리·냄새·형상을 말로 표현할
수 없고 오직 그 발하는 단서만이 우리가 징험할 수 있는 최상의
것이었기 때문에 사단이 있는 것으로부터 사람에게 인·의·예·
지의 성이 있음을 알게 하였다. 맹자의 본뜻은 다만 사단을 인·
의·예·지가 발한 것으로 여겼을 뿐이고 기의 측면까지 말하지
않았기 때문에 주희는 『맹자』를 주해하면서 기품의 설을 언급하지
않고 인신(人身)상에서 천이 명한 것을 끄집어내어[挑出] 사람들에
게 말해 주었으니, 이는 사람들로 하여금 본원이 모두 선하다는
것을 알게 하려는 것이었다."[301] 사단과 칠정은 내력에서부터 서로
다른 의미를 지니는 인간의 정감이기 때문에 칠정이 사단을 포괄
하는 것으로 해석할 수 없다.

---

300) 『葛庵集』 卷12, 「答申明仲·別紙」, "蓋雖理在物上渾淪不可分開, 然卽其合而析
言之, 則理自是理, 氣自是氣. 其感物而動, 各有所主, 或理先動, 或氣先動, 隨觸
而發, 不能自已."

301) 『葛庵集』 卷18, 「栗谷李氏論四端七情書辨」, "蓋孟子之前, 未有言性善者, 孟子
懼是理之不明, 思有以明之. 而但性之本體, 無聲臭形象之可言, 惟其端緖之發,
最可驗. 由其有四端, 必知其有仁義禮智之性, 猶百尺之木, 自根本至枝葉, 同一
條貫也. 孟子本意, 但以四端爲仁義禮智之發, 而不曾說到氣上. 故朱子之註解孟
子, 未嘗及氣稟之說, 乃曰孟子分明是於人身上挑出天之所命者說與人, 要見得本
源皆善也."

칠정은 본래 성의 욕구이지만 형기에 감촉되어 대상에 따라 생겨나기 때문에 '절도가 있는지 없는지' 및 '절도에 맞는지 맞지 않는지'의 차이가 있다. 사단은 진실로 기를 타고 발하는 것이지만, 인·의·예·지의 성에서 곧바로 나오는 것이기 때문에 맹자가 말한 "그 정과 같은 것은 선하다고 할 수 있으니 이른바 선하다"는 것이라고 하였다. 대개 칠정과 사단의 그 소종래(所從來)가 각자 '주로 하는 바'가 있는 것은 그 근본으로부터 이미 그러한 것이지 애당초 발하기 전에는 일도(一途)이다가 이미 발한 뒤에 그 선한 측면을 가려내어 사단이라고 하는 것은 아니다. 그러므로 나는 사단과 칠정은 그 입언(立言)한 뜻이 자연히 서로 가려지지 않으니 굳이 이 둘을 끌어다가 배합시켜서 억지로 하나의 설로 삼아서는 안 된다고 생각한다.[302]

사단은 품수받은 인·의·예·지의 심이고 칠정은 형기(形氣)가 화합해서 이루어진 것으로 그 근본으로부터 이미 그러하여 각각 근저(根柢)와 묘맥(苗脈)이 있으니, 이이가 말한 "칠정 밖에 더 이상 다른 정이 없으며 사단은 칠정의 선일변(善一邊)이다"는 것은 더욱 옳지 않다. 사단과 칠정의 소종래(所從來)가 각자 '주로 하는 바'가 있는 것은 그 근본으로부터 이미 그러한 것이기 때문에 사단과 칠정은 그 입언(立言)한 뜻이 자연히 서로 구분되니 억지로 끌어다가 하나의 설로 삼아서는 천착된다. '주로 해서 말한다'는 것은 기와의 공존상태를 전제로 하는 말이다. 현실적으로 리와 기는 어떠한 경우에도 분리될 수 없다. 그렇지만 분리될 수 없는 가운데 분별해 보아야 그 의미가 보다 분명해질 수 있다는 것이 이

---

302) 『葛庵集』 卷18, 「栗谷李氏論四端七情書辨」, "七情固是性之欲, 然却觸形氣, 緣境而生, 故有有節與無節, 中節與不中節. 四端固是乘氣而發, 然以其直出於仁義禮智之性, 故曰乃若其情則可以爲善, 乃所謂善也. 蓋其所從來, 各有所主, 自其根本而已然, 初非發則一途, 而旣發之後, 擇善一邊而爲四端也. 愚故曰四端七情, 立言命意, 自不相蒙, 不必牽引配合而强爲一說也."

현일의 일관된 주장이다.

사단과 칠정은 각자 하나의 설이 되니 그것을 억지로 끌어다 합쳐서 하나의 설을 만들어서는 안 된다는 것이 오랜 상식이다. 주희가 이미 "사단은 리가 발한 것이고 칠정은 기가 발한 것이다 [四端理之發 七情氣之發]"라고 말하여 칠정을 사단에 분배하는 설에 수긍한 적이 없었다. …… 대체로 그 소종래(所從來)에 각각 근거가 있기 때문에 그 설이 각각 차원[地頭]이 있어서 혼합하여 동일시하거나 나란히 놓아 합할 수 없는 것이다. 이씨는 여기에서 일찍이 마음과 생각을 차분히 낮추고 그 실마리를 찾아내어 그 동이(同異)를 궁구하지 않고 대뜸 사단과 칠정을 일도(一途)로서 개괄하고자 하였으니, 그의 설에는 언제나 억지로 끌어다 붙이고 지리하게 이리저리 둘러대는 병통이 있는 것이다"303)

이현일은 이이가 '기발이승일도설(氣發理乘一途說)'에 입각하여 사단과 칠정을 총체적으로만 파악하려는 입장을 혼륜설(渾淪說)의 관점에 치우쳐 있음을 지적하고, 사단과 칠정을 구분해서 인식해야 할 것을 강조하였다. 그 소종래(所從來)에 근거와 차원이 다르기 때문에 혼합하여 동일시할 수 없다. 그런데도 이이는 사단과 칠정의 차이를 궁구하지 않고 일도(一途)로서 개괄하고자 하였으니 혼륜(渾淪)과 분별(分別)이라는 종합적 인식방법에 어긋난 처사이다.

또한 이이가 이황의 학설 중에서 사단을 외물의 감촉 없이 마음 속으로부터 저절로 발하는 것으로 간주하였던 주장304)에 대해, 이

---

303) 『葛庵集』 卷18, 「栗谷李氏論四端七情書辨」, "四端七情各自爲一說, 其不可牽合爲說也久矣. 朱子旣曰四端是理之發七情是氣之發云, 而於七情分配四端之說, 未嘗領可. …… 蓋其所從來各有根柢所以爲說, 各有地頭不可混而同之比而合之. 李氏於此未嘗低心下意, 參互紬繹以究其同異, 遽欲以一途槪之. 故其所爲說每有巴攬牽合支離遷就之病, 殊可惜也."

304) 『栗谷全書』, 「第2書」, "今若以不待外感由中自發者爲四端, 則是無父而孝發, 無

현일은 외물의 감촉을 기다리지 않고 마음속으로부터 저절로 발한
다는 말을 한 적이 없는데도 남의 말뜻을 제대로 이해하지 못하고
제멋대로 비방한 처사임을 지적하였다.

> 퇴계가 사단을 인(仁)·의(義)·예(禮)·지(智)의 성에서 발한
> 것이라고 한 것은 바로 마음속에 원래 가지고 있던 리가 감촉에
> 따라 발하여 측은(惻隱)·수오(羞惡)·사양(辭讓)·시비(是非)의
> 정이 되어 그 발함이 형기(形氣)에 섞이지 않은 것을 가지고 말
> 한 것이니, 애당초 감촉이 없이 저절로 발한 것을 말한 것이 아
> 니다. 칠정은 외물(外物)이 그 형체에 감촉하여 마음 속[中]에서
> 움직인 것이라고 한 것은 바로 외부에서 이른 물(物)이 그 이목
> (耳目)을 감촉하여 마음속에서 움직인 것이 희(喜)·노(怒)·애
> (哀)·락(樂)·애(愛)·오(惡)·욕(欲)의 정이 되어 그 발함이 형
> 기(形氣)에 간섭된 것을 가지고 말한 것이니, 또한 그 마음속에
> 원래 이 리가 없다는 것을 말한 것이 아니다.305)

사단이라고 하여 기가 없는 것이 아니고 칠정이라고 하여 리가
없는 것은 아니지만, 사단은 형기(形氣)와 섞이지 않은 것을 가지
고 말한 것이고 칠정은 형기에 간섭된 것을 가지고 말한 것이기
때문에 사단은 이발(理發)이요 칠정은 기발(氣發)이라는 차이가 있
게 된다. 천하에는 외물(外物)의 감촉 없이 속에서부터 저절로 발
하는 리가 있는 것이 아니다. 사단도 외물(外物)의 감촉에 따라 발
하는 것이지만 발하는 것이 리를 주로 하기 때문에 인·의·예·

君而忠發, 無兄而敬發矣, 豈人之眞情乎."

305) 『葛庵集』 卷8, 「答丁君翊·別紙」, "退溪之以四端爲發於仁義禮智之性者, 乃謂
心中本有之理 隨觸而發, 爲惻隱羞惡辭讓是非之情, 其發不雜形氣者而言, 初不
言無感而自發也. 以七情爲外物觸其形而動於中者, 乃謂物之自外至者, 觸其耳目
而動乎中, 爲喜怒哀樂愛惡欲之情, 其出涉於形氣者而言, 亦非謂其中元無是理也."

지의 성에서 직접 발동한 것을 말하고, 칠정은 기를 주로 하기 때문에 희(喜)·노(怒)·애(哀)·락(樂)·애(愛)·오(惡)·욕(欲)의 정이 형기에 간섭된 것을 가지고 말한 것으로 구별되지 않을 수 없다.

또한 이이의 "사단이란 칠정 가운데 선일변(善一邊)을 택하여 말한 것으로서 인심과 도심을 상대적으로 말한 것과는 같지 않다"[306]는 말에 대해, 이현일은 주희의 "희(喜)·노(怒)는 인심이고 측은(惻隱)·수오(羞惡)·사양(辭讓)·시비(是非)는 도심이다"[307]라는 말을 인용하면서, 주희 또한 진실로 사단과 칠정을 인심과 도심에 각각 분속(分屬)시켜서 상대해서 말하였다는 사실을 지적하고, 사단과 칠정도 분별해서 보아야 한다는 분별설(分別說)의 타당성을 강조하였다. 이에 이현일은 사단과 칠정이 구별되는 이유를 이구(李榘)와 김학배(金學培) 사이의 성리논변을 논평한 「독김천휴논이대유이기성정도설변(讀金天休論李大柔理氣性情圖說辨)」에서 보다 분명하게 설명하였다.

> 리와 기가 서로 어우러져 있는 가운데 나아가서 기에 섞이지 않은 것을 가리켜서 말하면 본연지성(本然之性)이라 하고, 리와 기를 부여받은 가운데 나아가서 기질과 섞인 것을 가리켜서 말하면 기질지성(氣質之性)이라고 한다. 성에 이미 본연(本然)과 기질(氣質)의 차이가 있는데 정에 이르러서만 유독 사단(四端)과 칠정(七情)의 구별이 없겠는가. 칠정이 쉽게 타오르고 방탕하기 쉬운 것은 기가 주가 되기 때문이고, 사단이 순수하면서 올바른 것은 리가 주가 되기 때문이다. 기가 주가 되어 리가 기를 타고 행하거나 리가 주가 되어 기가 리를 따라서 발한다면, 리와 기가 과

---

306) 『栗谷全書』, 「第1書」, "四端則就七情中擇其善一邊而言也, 固不如人心道心之相對說下矣."

307) 『朱子語類』 卷62, 「章句序」, "喜怒, 此人心也, 惻隱羞惡是非辭遜, 此道心也."

연 일물(一物)이며 사단과 칠정에는 과연 분별이 없겠는가.[308]

이현일의 분별설(分別說)의 관점은 인간본성과 관련된 해석에서도 그대로 적용된다. 성에 이미 본연과 기질의 차이가 있기 때문에 정에도 사단과 칠정의 구별이 있는 것은 당연하다. 칠정이 악으로 흐르기 쉬운 것은 기가 주가 되기 때문이고 사단이 순선(純善)한 것은 리가 주가 되기 때문이다. 그러므로 이황의 '이발이기수지(理發而氣隨之)'가 리를 주로 하여 말한 것일 뿐이지 기 밖의 리를 말한 것이 아니며, '기발이이승지(氣發而理乘之)'는 기를 주로 하여 말한 것일 뿐이지 리 밖의 기를 말한 것이 아니기 때문에 사단과 칠정을 분별해서 보아야 한다.

게다가 이현일은 이황의 이기호발설(理氣互發說)을 계승하여 칠정을 기발(氣發)이라고 할 수 없다는, 즉 사단·칠정이 궁극적으로 모두 이발(理發)이라고 하는 여헌(旅軒) 장현광(張顯光)의 이기체용설(理氣體用說)이나 성정경위설(性情經緯說)에 대해서도 다음과 같이 비판하였다.

사단이 발하는 것은 공정하여 선하지 않음이 없어서 천하에 통달하는데, 이것이 '이발(理發)'이라고 하는 까닭이다. 칠정으로 말하면, 대저 사람이 기뻐하는 것도 사사로운 기쁨이고 분노도 사사로운 분노이며 슬픔도 사사로운 슬픔이고 두려움도 사사로운 두려움이며 사랑도 사사로운 사랑이고 미워하는 것도 사사로운

---

308) 『葛庵集』 卷18, 「讀金天休論李大柔理氣性情圖說辨」, "就理氣相成之中而指其不雜於氣者而言之, 則曰本然之性也, 就理氣賦與之中而指其渾於氣質者而言之, 則曰氣質之性也. 性旣有本然氣質之異, 至於情, 獨無四端七情之別乎. 七者易熾而蕩, 氣爲之主也, 四者粹然而正, 理爲之主也. 氣爲之主而理乘而行, 理爲之主而氣隨而發然, 則理與氣果是一物, 而四與七果無分別乎."

미움이며 욕심도 사사로운 욕심이니, 반드시 자기의 사사로움을 극복을 뒤에야 비로소 공정하고 선할 수 있다. 이와 같다면, 칠정이 발하는 것은 사사롭고 혹은 불선(不善)하여 사람마다 각각 다르니, 이것이 '기발(氣發)'이라고 하는 까닭이다. 이 모두는 의리의 당연한 것이니 다시 무슨 의심을 갖겠는가.[309]

칠정이 혼륜(渾淪)의 관점에서 말하면 리와 기를 겸하여 말할 수 있겠지만, 분별설(分別說)의 관점에서 말한다면 사단은 이발(理發)이고 칠정은 기발(氣發)이라고 말해야 한다. 즉 사단＝공정함[公]＝선(善)＝이발(理發), 칠정＝사사로움[私]＝불선(不善)＝기발(氣發)의 논리로 이발(理發)과 기발(氣發)의 타당성을 강조하였다. 따라서 장현광이 리와 기를 체용(體用)으로 삼고 성명과 형기를 경위(經緯)로 삼아 사단을 칠정의 선일변(善一邊)이라고 여긴 것은 모두 혼륜(渾淪)의 관점에서 리와 기를 겸하여 말한 것이라는 인식상의 차이에 따른 것이니, 기명언(奇明彦) 이래로 이러한 의견을 낸 자들은 모두 천하에 리 없는 기가 없고 기 없는 리가 없다고 하여 반드시 리와 기를 한데 아울러 말하려고 하였기 때문에 의논이 분분하게 되었다고 설명하였다.[310] 그렇지만 사단이라고 하여 리만으로 발하여 조금도 기를 섞지 않았다거나, 칠정이라고 하여 순전히 기만으로 발하고 조금도 리를 섞지 않았다고 하는 것이 아니다. 그러므로 경전을 해석할 때는 각각 본문이 가리키는 것에 따라 해석하여

---

309) 『葛庵集』 卷19, 「愁州管窺錄」, "四端之發, 公而無不善, 達之天下, 此其所以謂之理發也. 至於七情, 凡人之喜也是私喜, 怒也是私怒, 哀也是私哀, 懼也是私懼, 愛也是私愛, 惡也是私惡, 欲也是私欲, 必克去己私然後方得公而善. 是則七情之發, 私而或不善, 人人各異, 此其所以謂之氣發也. 是皆義理之當然 更何致疑之有."

310) 『葛庵集』 卷13, 「答申明仲」, "蓋自奇氏以來, 作此意見者, 皆以爲天下未有無理之氣, 亦未有無氣之理, 必欲配並理氣爲說, 故有此多少議論, 誠可悶歎."

야지 억지로 끌어다 합치기만을 좋아해서는 안 된다.[311] 이현일은 현실적으로 혼륜(渾淪)한 일물(一物)일지라도 리와 기에 분별(分別)이 없어서는 안 된다는 사실을 거듭 강조하였다.

결과적으로, 이황과 마찬가지로 이현일은 사단을 순선(純善)한 이발(理發)의 결과로 이해하고 칠정을 선할 수도 있고 악할 수도 있는 기발(氣發)의 결과로 받아들였다. 따라서 사단은 주리(主理)의 정으로 칠정은 주기(主氣)의 정으로 대비시킬 수 있다는 분별설(分別說)의 논리를 적용한다. 이처럼 이현일은 사단의 순수한 선과 칠정의 상대적인 선을 구별하였고, 이에 따라 사단과 칠정의 존재구조를 다르게 보았다. 이는 기대승이나 이이가 인간의 정을 칠정하나로 보고 그 가운데 선일변(善一邊)을 사단이라고 본 것과는 다르다. 순선(純善)한 절대의 선과 상대적인 선은 혼동될 수 없다는 입장에서 사단과 칠정을 각기 구별해 보려는 것이 이현일의 성리학적인 특징이라 볼 수 있다.

---

311) 『葛庵集』 卷13, 「答申明仲・癸未」, "故其解釋經義, 各從本文所指而釋之, 未嘗拘連牽合."

제4장
經世論

　　조선 성리학의 특징은 도덕성(道德性)의 중시와 함께 이를 구현시킬 수 있는 강한 실천성(實踐性)에 있다. 성리학적인 이념이 현실에 구체적으로 적용되는 양상, 즉 내적인 도덕성이 외적인 경세론(經世論)으로 도출되는 실천과정을 고찰함으로써 성리설과 경세론과의 연계성을 살펴보고자 한다. 성리설 자체가 경세(經世)를 통한 실천으로 나아가는 데 그 핵심이 있는 것인 만큼 성리설에 관한 연구는 경세론과 연계하여 이해되어야 할 것이다.

제4장 經世論

1. 君臣調和論

이현일이 활동하던 숙종(肅宗) 때는 두 번의 예송을 계기로 남인이 처음으로 집권적 위치에 섰으나 다시 서인의 반격을 받아 무너지고[庚申換局], 그 후 9년 만에 재집권의 기회를 누렸지만[己巳換局] 5년 만에 다시 밀려났다[甲戌換局]. 숙종 대의 정국의 잦은 변동은 남인과 서인의 두 세력을 견제하면서 왕권의 입지를 강화하고자 하였기 때문이다.312) 이러한 군권(君權)과 신권(臣權)이 분열과 대립을 거듭하는 정치적 현상에서 이현일은 군권과 신권의 조화를 강조하지 않을 수 없었다.

이현일의 군신론(君臣論)의 특징은 한마디로 군주의 절대성을 바탕으로 한 군신 간의 조화론(調和論)으로 요약될 수 있다. 기본적으로 그는 군존신비(君尊臣卑)의 관계에서 군주의 절대성을 인정하였다.

무릇 군주는 높은 위치에 있고 신하가 낮은 위치에 있으며 군주가 선창하면 신하가 화답하는 것은 실제로 정해진 분수이고 불

312) 한국사특강편집위원회 편, 「사화와 붕당정치」, 『한국사특강』, 서울대학교출판부, 1994년, p.169 참조.

변의 이치입니다. 만약 불변의 이치를 뒤집고 분수를 넘는다면 그 흉해(凶害)가 됨을 진실로 다 말할 수 없습니다.313)

이현일은 군존신비(君尊臣卑)의 관계를 하늘과 땅의 관계와 같다314)는 상하(上下) 수직적인 질서관에 토대를 두고 있다. 이것도 원칙적으로는 일종의 정명론(正名論)에 입각한 위계관(位階觀)이겠지만, 군주를 만사(萬事)의 근본으로 파악한 것은 이러한 인식의 확대이다. 이러한 군주의 절대적 위상은 그의 공정(公正)한 정치가 초래하는 영향의 막대함에 기인한다. 그에 따르면, 모든 일의 근본은 군주의 일신(一身)에 있으니, 군주가 극기복례(克己復禮)의 학문에 힘써 날로 새롭고 또 새로워져서 마음속에 사의(私意)의 가려진 것을 끊어 버리고 대공지정(大公至正)한 도리로써 정사(政事)를 시행하면, 아랫사람들이 자연히 보고 느끼어 공도(公道)를 저버리고 사심(私心)을 행하지 않는다는 것이다.315)

이처럼 이현일은 군주의 절대적인 지위를 강조하면서, 동시에 군주의 책무(責務)에 대해서도 소홀히 하지 않았다. 군주의 마음을 바로잡는 것은 한갓 개인의 도덕적 인격을 도야하기 위한 것이 아니라 국가를 올바르게 통치하고자 하는 데에 그 목적이 있기 때문이다. 성리학을 이른바 성학(聖學)이라고 부르는 이유도 바로 여기

---

313) 『葛庵集』 卷6, 「經筵講義」, "癸卯(10월 22일) ……夫君尊臣卑, 君唱臣和, 實定分常理也. 若反常越分, 則其爲凶害, 固不可勝言."

314) 『葛庵集』 卷6, 「經筵講義」, "乙卯(11월 5일) ……大槩君尊臣卑, 有若天地定位, 上下之分."

315) 『葛庵集』 卷6, 「經筵講義」, "癸巳(9월 6일) ……竊惟萬事之本, 在殿下之一身, 伏願殿下留心克己復禮之學, 日新又新, 使方寸之間, 永絶私意之蔽, 施之政事, 皆用大公至正之道, 則羣下自當觀感悅服, 而不敢倍公行私矣."

에 있다. 유학자들은 지고무상(至高無上)의 권력자인 군왕을 요순 (堯舜)과 같은 도덕적 인격자[聖人]가 되도록 교화시킴으로써 최고 권력자의 도덕성이 나아가서는 온 나라를 정의롭게 만드는 견인차 가 될 수 있다는 점을 깨우치려고 노력하였다. 당시의 시대상에 비추어 이해하면, 이는 군주의 수기(修己)야말로 극렬했던 붕당정 치의 폐단을 극복할 수 있는 요체로 이해하였던 데서 나온 대응책 의 하나가 아닌가 한다. '수기(修己)'에 입각하여, 특히 군주의 '정 심(正心)'을 역설한 것도 모두 같은 맥락에서 나온 것이라 판단된 다. 아래의 글에서 그 점을 확인할 수 있다.

> 원래 인주의 마음이 바르게 된 뒤에야, 조정을 바르게 하고 백 관(百官)을 바르게 할 수 있으며, 결국 사방의 만백성들이 모두 한결같이 바르게 될 것이니, 제왕이 다스리는 데 있어서 할 수 있는 일을 다 하게 되는 것입니다. 이것은 자연의 이치입니다.[316]

이현일은 군주의 일심(一心)이 치도(治道)의 근본임을 강조하지 만, 군주의 일심(一心)이 저절로 바르게 되는 것은 아니다. 그러므 로 "마음은 저절로 바르게 될 수 없으니, 반드시 마음속에서 인심 (人心)과 도심(道心)을 구별하여 정밀히 살피고 자세히 가려서 은 미한 가운데에서 선악(善惡)의 기미를 분간하여 악(惡)을 결단하여 버리고 선(善)을 구하여 얻은 뒤에야, 이 마음의 올바름을 얻어서 온갖 변화에 대응하는 몸의 주체가 될 수 있다는 것이다."[317] 『대

---

316) 『葛庵集』 卷4, 「三辭吏曹參判及兼帶仍陳大本急務疏」, "蓋人主之心正而後, 可 以正朝廷, 正百官而萬民四方, 莫不一於正, 帝王爲治之能萬畢矣. 此自然之理也."

317) 『葛庵集』 卷4, 「三辭吏曹參判及兼帶仍陳大本急務疏」, "雖然, 心不能自正, 必須 辨人心道心於方寸之間, 精察而審擇之, 分善幾惡幾於隱微之中, 決去而求得之,

학』의 가르침에도 '수기(修己)'의 다음으로 '제가(齊家)'가 필수적
이듯이, 이현일에 따르면 제가(齊家)에 의한 왕실의 평안(平安)이
곧 치도(治道)의 근본임을 강조하였다.

> 신이 듣기로는 복이 일어나는 것은 집안에 근본하며, 도가 쇠
> 퇴하는 것도 모두 집안에서 시작된다고 합니다. 이 때문에 인주
> (人主)의 집안이 잘 다스려지면 천하에 다스려지지 않는 것이 없
> 고, 인주(人主)의 집안이 다스려지지 않으면 그 나라가 잘 다스려
> 지는 법이 없는 것입니다. 그러므로 삼대(三代) 때의 성군(聖君)
> 과 현군(賢君)들이 그 정사(政事)를 잘 닦을 수 있었던 것은 모두
> 집안의 잘 다스림에서 비롯된 것입니다.318)

그러나 제가(齊家)에 앞서 수신으로서의 정심(正心)이 매우 중요
한 뜻이 여기서 더 반추되어야겠다. 그 정심(正心)은 대인관계를
원활히 하는 데 주요목적이 있고 그 목적에는 군주의 독단이 없어
야 하기 때문이다. 이현일은 비록 군주의 권위를 인정하였지만, 군
주의 독단만은 철저히 경계하였다. 바로 여기에 군신조화론(君臣調
和論)의 핵심이 있다. 절대군주가 위로는 천명을 두려워해야 하며
아래로는 군신의 조화를 염두에 두어야 한다는 것이 이현일의 생
각이었다.

> 임금이란 그 한 몸이 사직(社稷)과 신인(神人)의 주인이 되어
> 위로는 하늘의 명을 두려워하여 이에 나라를 보전해야지 잠시라

然後可以得此心之正而爲酬酌萬變之主.”

318) 『葛庵集』 卷5, 「論修身正家箚」, “臣聞福之興, 莫不本乎室家, 道之衰, 莫不始乎
閩入. 是以人主之家齊則天下無不治, 人主之家不齊則未有能治其國者也. 是故三
代之上, 聖賢之君, 能修其政者, 莫不本於齊家.”

도 태만하고 소홀히 여기는 마음을 두어서는 안 되며, 아래로는
군신관계가 배와 물의 관계와 같다는 뜻을 염두에 두어 썩은 새
끼줄로 여섯 마리의 말을 어거하듯이 두려워하고 삼가야 합니
다.319)

따라서 올바른 정치는 군주가 지닌 주정(主靜)의 덕에 신하의 보
필이 가미될 때 가능한 것으로 그는 인식하였다. 군신은 상하존비
(上下尊卑)의 뚜렷한 관계이지만 서로 충심과 공경의 예모(禮貌)로
대우하지 않으면 결국에는 망국의 지경에 이를 수 있음을 역설하
였다.320) 나아가 관직을 주는 권한은 군주에게 있지만, 공론(公論)
을 결코 무시할 수 없음을 주장한 것도 이러한 맥락에서이다.

대저 지위를 천위(天位)라 하고 직책을 천직(天職)이라 하니, 반
드시 덕이 있는 자를 임명하고 유능한 자를 제수하여 그와 더불어
정치를 함께 하고 그와 더불어 일을 함께 해야 하며 털끝만큼의
사사로운 마음도 그 사이에 끼어들게 해서는 안 됩니다. 그러므로
인재를 쓰고 버리는 권한은 비록 임금에게 있더라도 주의(注擬)하
는 법은 외정(外廷)의 공론에 맡긴 뒤라야 전선(銓選)의 방도에 합
당하여 체통의 올바름을 잃지 않습니다.321)

이현일이 군신의 조화에서 특히 역점을 둔 부분은 대신(大臣)의

---

319) 『葛庵集』 卷6, 「經筵講義」, “壬寅(10월 21일) ……蓋人君以一身爲社稷神人之
主, 上則當畏天之命, 于時保之, 不可有頃刻怠忽之心, 下則念君臣舟水之義, 危
慄矜惕, 有若朽索之馭六馬.”

320) 『葛庵集』 卷6, 「經筵講義」, “辛丑(10월 20일) ……君臣之間, 不以忠敬禮貌相
接, 而惟務嬉豫容悅, 則必敗國傷化.”

321) 『葛庵集』 卷2, 「貼黃」, “夫位曰天位, 職曰天職, 必須命德而授能, 與之共治也,
與之同事也, 不可以一毫私意參錯於其間. 故用舍之柄, 雖在於人主, 而注擬之法,
付之外廷公論, 然後有以合乎銓選之方, 而不失體統之正.”

지위와 역할이다. 대신은 곧 인주의 팔과 다리이며 국가의 대들보이니, 그 능력의 여하에 따라 조정의 정치는 물론 국가의 기강과 만사가 좌우될 수 있음을 강조하였다.[322] 대체로 대신은 성덕(聖德)을 보필하고 조정의 정사를 닦으며 상벌(賞罰)을 공정히 하여 기강을 진작시키며 시비를 밝혀 풍속을 바로잡는 것을 직무로 삼기 때문에 일반관료들이 정해진 법규에 얽매여 장부나 회계에 정신을 쏟는 것과는 비교할 수 없다.[323] 따라서 대신이 된 자는 임금의 뜻을 받들고 임금의 잘못을 바로잡는 책무를 담당해야 하는데 자기 일신(一身)에 급급한 나머지 임금을 제대로 보필하지 못한다면, 이는 대신으로서의 자격미달에 해당된다.[324] 이 때문에 임금이 재상을 뽑을 때는 자기의 뜻을 맞추어 줄 수 있는 자를 구하지 않고 자기를 바로잡아 줄 수 있는 자를 구하며 총애할 만할 자를 취하지 않고 경외할 만한 자를 취해야 한다.[325] 이는 대신(大臣)의 중요성에 대한 이현일의 인식이 분명히 드러난 부분이다.

이처럼 이현일에게 있어 군신 간의 조화는 기본적으로 군신 각자가 명분을 지키며 직분에 충실할 때 확립될 수 있다. 이와 별도로 척리(戚里)·환관(宦官)·궁첩(宮妾)은 조화를 해치는 가장 위험

---

322) 『葛庵集』 卷4, 「三辭吏曹參判及兼帶仍陳大本急務疏」, "夫大臣者人主之股肱, 國歌之棟梁, 任弼違補袞之責, 負贊元經體之重. 是故大臣擧其職, 則體統正而朝廷尊, 大臣失其職, 則紀綱壞而庶事隳, 其責任顧不重且大歟."

323) 『葛庵集』 卷4, 「三辭吏曹參判及兼帶仍陳大本急務疏」, "蓋大臣以輔聖德而修朝政, 公賞罰而振綱維, 明是非而正風俗爲職, 不比百司庶僚守成法而督稽滯, 察奸欺而決訟牒, 屑屑留意於簿書期會之間也."

324) 『葛庵集』 卷6, 「經筵講義」, "庚戌(5월 15일) ……爲大臣者, 當將順匡救之責, 僅守其身而不能正君, 則無足取焉."

325) 『葛庵集』 卷4, 「三辭吏曹參判及兼帶仍陳大本急務疏」, "是故人君論相, 不求其適已而求其正已, 不取其可愛而取其可畏."

한 요소로 파악하였다. 이현일이 입조(入朝)한 이래 척리(戚里)에 대한 경계를 늦추지 않았던 것도 바로 이러한 위험요소 때문이다. 당시 대표적인 척신(戚臣)인 민정중(閔鼎重)의 죄를 처벌하는 일에 누구보다 강경한 입장을 보인 것도 그러한 이유에서이다.326) 그리고 그는 환관(宦官)·궁첩(宮妾)에 대한 경계를 궁중과 부중의 모든 차원에서도 반드시 달성해야 할 사항으로 간주하였다.

> 무릇 임금이 넓고 화려한 집에 살면서 현명한 스승이 앞에 있고 권강(勸講)하는 신하가 뒤에 있어 격언(格言)과 지론(至論)이 날마다 앞에서 베풀어지면, 자연히 지기(志氣)가 청명해지고 귀와 눈이 밝아집니다. 그렇지만 깊은 궁궐에서 한가롭게 계실 때에 화려한 채색이 눈을 기쁘게 하고 음란한 음악소리가 귀를 기쁘게 하며 환관(宦官)과 궁첩(宮妾)들의 아첨하고 비위를 맞추는 말들이 마음을 기쁘게 하면, 자연히 심지(心志)가 미혹되고 귀와 눈이 어두워져 반듯한 선비들의 곧은 말은 좋아하지 않고 오직 아첨하는 달콤한 말만을 좋아하게 됩니다. 그리하여 군자는 소원하게 하려 하지 않아도 소원해지게 되고, 소인은 가까이하려 하지 않아도 가까워지게 됩니다.327)

신하와 조화를 위하여 군주는 신하의 격언(格言)과 지론(至論)에 귀를 기울여야 한다. 특히 신하의 곧은 말을 좋아하는 열린 마음을 가져야 한다. 그래야 아첨하는 소인이 끼어들지 못한 상태에서

---

326) 『肅宗實錄』 卷21, 15年 10月 丁卯, "夫兩司論閔鼎重久矣, 此與壽恒輩, 負犯實無異同, 而獨保首領, 寧有此理. …… 上曰事體重大, 姑不允從."

327) 『葛庵集』 卷7, 「經筵講義」, "乙丑(9월 24일) …… 夫人君於廣廈細旃之上, 明師居前, 勤講居後, 以格言至論, 日陳於前, 則自然志氣淸明, 耳目聰明, 及燕處深宮之中, 丹靑采色, 悅其目, 淫樂哇聲, 悅其耳, 宦官宮妾便佞順適之言, 悅其心, 則自然心志蠱惑, 耳目昏蔽, 不悅蔣士之讜論, 惟喜便佞之甘言, 君子不期疏而疏, 小人不期親而親."

군신 간의 관계가 바르게 세워진다. 이현일의 군신론(君臣論)은 군신 상호간에 수양하여 협력관계의 정상화(正常化)를 통한 군신조화론(君臣調和論)에 핵심이 있다. 군주권의 절대성을 인정하는 전제하에서 신하와의 조화를 추구하였으며 군주만의 독단은 철저히 경계한 것이 그의 군신론(君臣論)이었다.

2. 禮論

이현일은 유생시절인 40세에 자의대비(慈懿大妃)의 복제와 관련하여 '대왕대비복제소(大王大妃服制疏)'를 지으면서 예학적 소양을 공식적으로 인정받게 된다.[328]

본래 유교에서는 예를 중시하였다. 유교에서 예를 중시하는 것은 예의 본질이 인간의 본질에 기초하였다고 생각하였기 때문이다. 천리(天理)가 인간에게 인성(人性)으로 내재함으로써 인간이 예에 따라 행동하는 것은 인성이 밖으로 드러나는 것이요, 결과적으로 천리를 행하는 것이 된다. 즉 예는 단순한 행동규범으로서의 의례(儀禮)만을 말하는 것이 아니고 대자연의 법칙과 질서인 천리를 인간사회에 의칙(儀則)으로 구현하려는 것이다. 때문에 이현일은 예의 중요성을 다음과 같이 지적하였다.

---

[328] 이현일은 예에 관한 독자적인 저술, 즉 예서(禮書)를 남기지는 않았다. 그러나 사우(師友)나 문인(門人) 간에 주고받은 서한(書翰)에서 그의 예학적 소양을 충분히 짐작할 수 있다. 『갈암집』에는 사가의 상(喪)·제례와 서원의 종(從)·배향(配享)에 관련한 각처의 문목(問目)에 답한 것이 상당수 수록되어 있어 이현일의 예학적 깊이를 고찰하는 데 많은 도움을 준다.

　　예라는 것은 인정을 따라 천리를 품절(品節)하는 것이기 때문에
　당연하여 바뀔 수 없는 법칙이 있어서 임의로 조절하거나 근거 없
　이 지어내며 자기의 사사로운 지식으로 마음대로 만들 수 없는 것
　입니다.329)

　이현일은 예를 단순한 행동규범으로서 의례(儀禮)만을 지칭하는
것이 아니라 예의 원리로서 인간의 본성과 천도의 법칙을 상호 불
가분의 관계로 파악하였다. 즉 '천지의 절문(節文)'이요 '인사의 의
칙(儀則)'이라고 하여 인간의 규범을 천리의 원리에 근거한다고 보
았던 것이다. 따라서 예에 어긋난다고 하는 것은 바로 천리에 어
긋나는 것이기 때문에 사사로운 지식으로 마음대로 예를 만들 수
없다고 지적하였다. 예에 관한 이러한 기본적인 인식은 단순한 복
제(服制) 문제에 그치는 것이 아니라 성리학적 이념논쟁으로 발전
하였던 것이다.

　이현일의 예학을 고찰하는 데 간과할 수 없는 것은 현종(顯宗) 7
년에 지은 '의논대왕대비복제소(擬論大王大妃服制疏)'이다. 이 복제
소는 효종(孝宗)의 상에 계모인 자의대비(慈懿大妃)의 복제가 기년
설(朞年說)로 정해진 것에 대한 영남유림들의 반박하는 상소가 추
진될 때 지어진 것이다.

　효종이 승하하자 효종의 계모이며 인조의 계비인 자의대비(慈懿
大妃) 조씨를 위하여 무슨 복을 입어야 하는지를 두고 의논이 일
어났다. 이것은 효종을 장자(長子)로 대우할 것인가, 차자(次子)로
대우할 것인지의 문제였다. 효종을 차자(次子)로 대우한다는 것은

---

329) 『葛庵集』 卷2, 「擬論大王大妃服制疏」, "蓋禮者緣人情節天理, 自有當然不可易
　　之則, 而不容安排杜撰, 騁其私智而爲之."

원칙적으로 소현세자의 아들이 왕위를 이어야 하는데 변칙적으로 소현세자의 동생인 효종의 왕위계승을 인정하는 것이다. 이에 남인 측에서는 원칙적으로 왕위계승이 종법(宗法)에 따라야 하지만, 부득이한 경우에는 왕의 적통(嫡統)이 즉위한 왕에게 옮겨 가기 때문에 장자(長子)로 대우해야 한다는 입장이었다. 반면, 서인 측에서는 종법(宗法)을 왕을 비롯한 어느 경우에도 똑같이 적용되어야 하는 불변의 법칙으로 보았기 때문에 장자(長子)로 대우할 수 없다는 입장이었다. 이런 입장의 차이로 인하여 서인 측인 우암(尤庵) 송시열(宋時烈)과 동춘당(同春堂) 송준길(宋浚吉)은 장자로 대우할 수 없다는 입장에서 기년복(朞年服, 朞年說)을 주장하였고, 남인 측인 백호(白湖) 윤휴(尹鑴)와 미수(眉叟) 허목(許穆)은 장자로 대우해야 한다는 입장에서 삼년복(三年服, 三年說)을 주장하였다. 조정은 기년설(朞年說)을 채용하여 실시하였으나 이것에 대한 반박과 변명이 여러 차례에 걸쳐 되풀이되었으며, 현종 15년(1660)에서 숙종 5년(1679)까지 전후 20년에 걸쳐 계속되었다. 이것을 세간에서 예송(禮訟)이라 불렀는데 처음에는 일반적인 예설(禮說)을 가지고 말하였으나, 당쟁이 격심한 숙종 대에 이르면서 당쟁의 감정이 고조됨에 따라 정치적인 논쟁으로 치닫게 되었다.330)

---

330) 16세기 이황과 이이의 성리학설이 정립되자 이를 토대로 하여 성리학 이념의 행동양식으로서 『주자가례(朱子家禮)』를 기준으로 하는 관(冠)·혼(婚)·상(喪)·제(祭)의 의례에 관한 토론이 활발하였다. 의례(儀禮)의 문제는 가정과 지역사회 또는 국가체제의 공동체의식을 강화하고 통치질서를 정립하는 데 중요한 역할을 하는 것이었다. 17세기부터 18세기 초에 이르는 시기를 '예학시대(禮學時代)'로 부를 만큼 예에 관한 연구가 활발해짐에 따라 예학에 관한 논쟁이 활성화되었다. 이러한 예학논쟁은 의례(儀禮)의 정신을 밝히는 과정에서 국가중심의 의례체제와 친족질서의 의례체제가 맞서서 토론하다가 정치적 쟁점으로까지 발전하였다(琴章泰, 『儒教思想과 宗教文化』, 서울대학교출판부, p.58 참조.).

기해예송(己亥禮訟, 1659)331) 당시 자의대비(慈懿大妃)의 복제를

331) 1차 예송(己亥禮訟, 1659)은 인조의 둘째 아들 봉림대군(효종)이 왕위에 오른 지
10년 만인 1659년에 승하하자, 효종의 계모인 자의대비(慈懿大妃) 양주 조씨(楊州
趙氏)의 효종에 대한 복상(服喪) 문제로 일어난 논쟁이다. 조선 사회의 지배이념
인 성리학에 근거한 예론(禮論)에서는 자식이 부모에 앞서 죽었을 때 그 부모는
그 자식이 적장자(嫡長子)인 경우는 3년상을, 그 이하 차자일 경우에는 1년상을
입도록 규정하였다. 인조는 첫째 아들인 소현세자(昭顯世子)가 죽은 뒤 그의 아들
이 있었음에도, 차자인 봉림대군(鳳林大君)을 세자로 책봉하여 왕통을 계승하게
하였다. 따라서 효종이 왕위에 오름으로써 왕통은 인조 - 효종으로 이어졌지만 적
장자(적장자가 유고시 적장손)가 잇는 관념에서는 벗어난 일이었다. 여기에 1차
예송의 예론적 배경이 있다. 즉, 왕가라는 특수층의 의례가 종법(宗法)에 우선할
수 있는가 그렇지 않은가 하는 관점의 차이가 반영되어 있었다. 효종의 즉위와 같
은 왕위계승에 나타나는 종통의 불일치를 성서탈적(聖庶奪嫡)이라고 표현하였는
데, 기왕의 적통이 끊어지고 새로운 적통에 의해 왕위가 이어지게 되었음을 의미
하는 말이다. 이는 왕위계승이 종법의 원리에 맞지 않는다 하더라도 이를 종법체
계 내에서 이해하고자 하는 것으로, 왕가의 의례라 할지라도 원칙인 종법으로부
터 벗어나서는 안 된다는 관념의 표현이었다. 따라서 이러한 규정에 의거할 경우,
효종은 왕통(王統)상으로는 인조의 적통을 이었지만 종법(宗法)상으로는 인조의
둘째 아들이므로 효종의 계모인 자의대비는 당연히 종법에 따라 1년상을 입어야
할 일이었다. 송시열(宋時烈) 및 유계(兪棨) 등을 중심으로 한 서인 계열에서는 1
년상을 주장한 데 반하여, 남인 계열에서는 윤휴(尹鑴)・허목(許穆)・윤선도(尹善
道) 등이 그러한 주장을 반박하고 나옴으로써 1차 예송이 본격화되었다. 남인 측
의 주장은 차자로 출생하였더라도 왕위에 오르면 장자가 될 수 있다는 허목의 '차
장자설(次長子說)'에서 잘 드러난다. 이러한 논리는 천리(天理)인 종법이 왕가의
의례에서는 변칙적으로 적용될 수 있다는 것이었다. 이러한 남인 측의 주장은 '왕
자예부동사서(王者禮不同士庶)'라는 말로 표현된다. 이러한 논리에 따르면 효종
은 당연히 장자가 되는 것이며, 자의대비는 효종을 위하여 3년의 복을 입어야 할
것이었다. 서인과 남인의 왕실전례에 대한 이러한 입장의 차이는 단순한 예론상
의 논란이 아니라, 그들이 우주만물의 원리로 인정한 종법의 적용에 대한 해석의
차이였으며, 이는 현실적으로는 권력구조와 연계된 견해 차이였으므로 민감한 반
응으로 대립한 것이다. 1차 예송은 예론상으로는 종통문제를 변별하는 것이 핵심
을 이루었으나, 결국『경국대전(經國大典)』에 장자와 차자의 구분 없이 1년 복을
입게 한 규정(국제기년복)에 의거하는 것으로 결말지어졌다. 결과적으로는 서인의
예론이 승리를 거두었으므로 서인정권은 현종 연간에 계속 유지될 수 있었다. 그
러나 종법질서에 있어서 효종의 위상에 대한 논란은 결론을 보지 못하였으며, 이
문제는 결국 2차 예송의 빌미가 되었다.
또한 2차 예송(甲寅禮訟, 1674)은 효종의 비인 인선왕후(仁宣王后)가 죽자 조대비
(趙大妃, 자의대비)가 어떤 상복을 입을 것인가 하는 문제를 놓고 벌어졌다. 1차
예송에서는 국제기년복(國制朞年服)이 채택됨으로써 효종의 장자・차자 문제가
애매하게 처리되었으나, 인선대비가 죽으면서 이 문제가 다시 표면으로 떠올랐다.
즉 효종을 장자로 인정한다면 인선대비는 장자부이므로 대왕대비는 기년복(1년)

논의하는 과정에서 제시된 제설(諸說)은 세 가지로 요약된다. 첫째, 송시열·송준길 등 서인 측의 기년상(朞年喪)으로 체이부정(體而不正, 자기 몸에서 낳기는 하였어도 장자가 아니다.)에 근거하여 종법(宗法)을 천하에 똑같이 적용해야 한다는 '천하동체(天下同禮)'를 주장하였다. 둘째, 허목·윤선도 등 남인 측의 제최3년상(齊衰三年喪)으로, 이는 차자(次子)라도 왕위에 오르면 장자(長子)가 된다는 '차장자설(次長子說)'을 주장하였다. 셋째, 윤휴의 참최3년상(斬衰三年喪)으로 누구든지 왕위를 계승하면 왕 앞에서는 어머니도 신하가 되어야 한다는 '신모설(臣母說)'을 주장하였다.

이는 표면적으로 성리학자의 기본 경전인 『의례(儀禮)』의 '참최장(斬衰章)'에 대한 해석을 놓고 시비를 가리려는 단순한 전례(典

을 입어야 하지만, 효종을 차자로 볼 경우 복제는 대공복(大功服, 9개월)이 되어야 하기 때문이었다. 예조에서는 처음에 기년복으로 정하였다가, 다시 꼬리표를 붙여서 대공복(大功服)으로 복제를 바꾸어 올렸다. 현종은 예조에서 대공복제를 채택한 것은 결국 효종을 차자로 보고 있음을 의미하는 것이라 하여 잘못 적용된 예제로 판정하였다. 이후 송시열계의 서인세력이 대대적으로 정계에서 축출되면서 결국에는 남인정권이 들어서는 계기를 이루었다. 1차 논쟁은 서인들의 승리로 돌아갔지만 2차 논쟁은 남인들이 승리했다. 뿐만 아니라 15년 전의 상복도 3년 복으로 고치는 것으로 결정 났다. 이는 현종의 단안에 의한 것으로, 현종은 "신하가 되어 임금에게 박하게 하면서 누구에게 후하게 할 것이냐"면서 서인들을 내쫓고 남인들에게 정권을 넘겼던 것이다. 예송은 사상적으로 서인과 남인 사이의 예학적 전통의 차이가 내재되었으며, 정치적으로는 정국의 변동을 가져오는 등 예 자체의 문제를 넘어서는 중요한 사건이었다. 2차 예송의 경우 현실적으로는 서인 송시열 계열과 비송시열 계열, 남인세력, 왕실의 입장 등 다양한 변수가 게재되는 등 보다 복잡한 양상을 띠었지만, 여전히 1차 예송에서의 예학상의 문제가 논쟁의 본질을 이루었다. 이것은 곧 17세기의 경우 서인과 남인 내에서 있어 온 예학적·학문적 특성이 현실적인 권력상의 복잡한 여러 변수에도 불구하고 예송의 전개과정에서 저류를 형성하고 있었음을 의미한다. 서인은 김장생(金長生)으로부터 이어지는 예학적 전통 속에서 주자학을 절대 신봉하는 반면, 근기남인은 원시유학인 육경(六經)을 중시하면서 고학(古學)으로 회귀하고자 하는 경향성을 가졌으며, 이러한 경향성은 권력구조(權力構造)의 측면에서도 각각 신권중심과 왕권중심의 두 경향을 띠고 있었던 것으로 이해된다.

禮) 문제였으나, 이러한 기본적인 사상적 입장 차이가 예송(禮
訟)332)을 통하여 성리학 이념논쟁을 불러일으켰다. 종법 자체가 성
리학 이념의 핵심이고 사회구성에 직접 영향을 미치는 실천적인
문제이기 때문에 이는 단순한 복제문제에 그치는 것이 아니라 성
리학 이념논쟁으로 발전하고 정치세력의 갈등으로 표출될 수밖에
없었다.

이렇게 볼 때 자의대비(慈懿大妃)의 효종에 대한 복제는 표면적
으로는 단순한 전례(典禮) 문제이지만 실은 변칙으로 왕위에 오르
게 된 효종에게 종법을 어떻게 적용시키는가 하는 문제였다. 종법
은 성리학 이념을 구현하는 핵심이었기 때문에 이를 어떻게 적용
하는가 하는 문제는 성리학 이념에 따라 화이론(華夷論)·대동법
(大同法)·호포법(戶布法)·서얼(庶孼) 문제·노비(奴婢) 문제 등
여러 사회개혁을 추진하려는 사람들에게는 대단히 중대한 논의였
다. 즉 효종에 대한 복제논의는 성리학 이념을 어떻게 구현하는가
하는 이념논쟁이었기 때문에 이는 학파를 기반으로 하는 붕당 간
의 당론(黨論)으로 비화될 수밖에 없었다.333)

이현일이 복제소(服制疏)에서 주장한 핵심은 송시열의 기년설(朞
年說)을 반박하고 참최3년설의 정당성을 주장하는 데 있었다. 한편
으로, 그는 송시열의 기년설(朞年說)을 전혀 근거 없는 망령된 말

---

332) 예송(禮訟)은 예치(禮治)의 근본논의로서 조선 후기 사회구성 및 정치·사상·
대외관계에 직접 관련되는 표상이요 기준이었다. 성리학의 근본이념이 사회적
으로 표출된 것이 종법이었고 이를 기본으로 하여 조선 후기를 이끌어 가는 모
든 제도가 형성되었던 만큼 종법을 둘러싸고 일어난 성리학 이념논쟁인 예송
은 사단칠정(四端七情)·인심도심(人心道心)과 같은 단순한 철학적인 논쟁이
아니라 실천을 필연적으로 수반하는 논쟁이었다(지두환, 『조선시대 사상사의
재조명』, 역사문화, p.345.).

333) 지두환, 『조선시대 사상사의 재조명』, 역사문화, 1998, pp.314-415.

로 후세의 공론(公論)을 피할 수 없는 망령된 행위로 간주하고,[334] 그는 이 문제를 모두 5개 조항에 걸쳐 비판하였는데 그 핵심내용은 다음과 같다. 즉 "천자나 제후가 이미 왕위를 계승하였으면 다시 장자(長子)나 차자(次子)를 논하여 분분한 의심을 야기해서는 안 된다"[335]는 것이다. 다시 말하면, 천리인 종법(宗法)을 모든 경우에 적용되어야 하는 불변의 법칙으로 보는 송시열의 입장에서 벗어나 왕에게는 변칙적으로 적용될 수 있다는 논리이다. 이 주장으로 볼 때, 자의대비 복제에 대한 이현일의 예학에 대한 원칙은 왕자의 예는 사서(士庶)와 달리 적용되어야 한다는 '왕자예부동사서(王者禮不同士庶)'의 특수성에 기반을 두고 있다. 인조를 계승한 것은 효종이지 소현세자가 아니라는 것이다. 따라서 이현일은 "송시열이 정실(正室)과 측출(側出)과는 그 분수가 전혀 다르다는 것을 알지 못하고 '체이부정(體而不正)'을 고집하였으며, 임금이 된 자와 세자의 예가 다르다는 것을 분간하지 못하고 후자를 전자에 시행하는 과오를 범했다"[336]라고 비난하였다.

결국, 이현일에게 있어서 군주의 위치는 지존(至尊)한 것이고 왕위를 장차 이어받을 사람과 왕위를 이미 이어받은 사람과는 사체(事體)가 전혀 다르기 때문에 이미 효종이 왕위를 계승한 이상 장

---

334) 『葛庵集』卷2,「擬論大王大妃服制疏」, "宋時烈之謬妄無稽, 直廢大典, 固無所逃於天下後世之公論矣."

335) 『葛庵集』,「附錄」卷3, '墓誌銘', "孝廟之喪, 宋時烈議定, 大王大妃服制, 妄引體而不正之庶, 斷爲朞制, 禮訟起, 動遭竄廢, 嶺儒將追論, 屬先生搆疏, 乃條駁時烈謬議, 斷之曰, 天子諸侯旣承序傳重, 不當復論宗支嫡庶, 致紛紜之疑, 木齋洪公汝河見之歎曰, 足以訂旣往之失, 開後來之惑."

336) 『葛庵集』卷2,「擬論大王大妃服制疏」, "蓋時烈旣不知正室之與側出, 其分截然, 每以四種服制中體而不正者, 擬之於次嫡, 又不知君臨之與儲副其禮不同, 每以父在爲子當斬不斬之文, 施之於繼體, 紛紜舛錯, 東迷西眩."

자(長子)와 차자(次子)의 여하를 두고 논할 수 없다는 것이다.337) 여기에 왕자(王者)의 예와 사서(士庶)의 예는 엄격히 구별되어야 한다는 왕조례의 특수성을 부각함으로써 군주의 절대성을 강조하였다. 이 점에서 종법(宗法)을 천하에 모두 똑같이 적용해야 한다는 송시열의 입장과는 배치되었던 것이다.

다른 한편으로, 이현일은 '의논대왕대비복제소(擬論大王大妃服制疏)'에서 송시열 등 서인의 예설은 물론이고 같은 남인들의 예설과도 입장을 달리하는 견해를 제시함으로써 자신의 예학관(禮學觀)을 분명히 드러냈다. 따라서 그는 남인의 공식 입장이던 허목·윤선도의 제최3년설(齊衰三年說)까지 아울러 비판하였다. 윤선도와 허목은 요령을 잡고 잘못된 점을 지적하였지만, 또한 신을 신고 가려운 발을 긁는 격이어서, 경중(輕重)을 잘못 견준 폐단이 있으며, 그 핵심을 제대로 파악하지 못하여 사람들로 하여금 여한이 없도록 하지 못하였다고 지적하였다.338) 즉 이들의 병통은 핵심파악에서 벗어나 장자(長子)와 차자(次子)의 구별이라는 부차적인 문제에만 급급하였다는 것이다.339) 더욱이 윤선도는 송시열의 범주를 벗어나지 못하고 송시열로 하여금 더욱 자기의 생각만을 옳다고 믿

---

337) 『葛庵集』 卷2, 「擬論大王大妃服制疏」, "人主首出庶物, 御天立極, 則其尊無對, 其位無敵, 禮記所謂旣爲王矣, 不可復用世子之禮者, 蓋指此等處耳. 夫將傳之與旣傳, 事體絶不同也, 以尊同則不降, 以繼體則加服, 豈可以宸極視監撫, 至尊同儲貳, 援以爲例, 比而同之, 而爭較嫡庶, 辨論宗支, 爲此艱難阻絶之論, 致有紛紛不決之疑哉."

338) 『葛庵集』 卷2, 「擬論大王大妃服制疏」, "至若尹善道許穆之議, 則雖其按斷大例, 固已挈其綱執其咎, 而亦不免有隔靴搔癢輕重失比之弊, 所謂攻之不得其要, 而使人不能無恨者也."

339) 『葛庵集』 卷2, 「擬論大王大妃服制疏」, "而善道等未嘗亟就頂門上下一鍼, 每落第二義中, 乃反汲汲於嫡庶長少之辨."

게 하여 천리의 소이연(所以然)과 절문의 소당연(所當然)을 깊이 따져 보지 않고 멋대로 괴벽한 의논을 내놓아 군신의 의리를 무너뜨리는 데 일조하였다고 비난하였다.[340]

결과적으로, 이현일은 허목·윤선도와도 입장을 달리함으로써 이들을 지지했던 영남사림과도 자연적 입장 차이를 보이게 되었다. 복제소에 나타난 이현일의 예학사상은 한마디로 왕조례의 특수성에 기반을 두어 군주의 절대성을 인정하는 데 있었다. 이를 어긴 송시열의 기년설(朞年說), 즉 인간평등이라는 성리학의 근본원칙을 강조하여 종법(宗法)을 천하에 모두 똑같이 적용해야 한다는 '천하동체(天下同禮)'는 사설(邪說)로 규정될 수밖에 없었으며, 여기에 충실하지 못했던 허목·윤선도의 제최3년설(齊衰三年說)조차도 비판을 면치 못하였다.

3. 制度의 改革

제도의 개혁을 통한 대민정책(對民政策)에 관한 이현일의 관심은 이미 40대에 구체화되고 있었다. 40대 초반인 1667년에 민은(民隱)을 목격하는 과정에서 치도(治道)에 관한 8사(事)를 저술한 것이 그 대표적인 예이다.[341] 그러나 8사(事) 중에 현존하는 것은 3조목

---

340) 『葛庵集』 卷2, 「擬論大王大妃服制疏」, "而善道之所以功之者, 有時出入於時烈規模之內, 是以時烈之心愈益自信, 以爲當世之見眞莫己若, 而不復深求天理之所以然節文之所當然, 肆爲乖僻之論, 無復人臣之義."

341) 『葛庵集』, 「別集」 卷3, <政說>, "先生嘗於戊申年間, 目擊民隱, 條治道八事,

뿐인데 『갈암집(葛庵集)』 「별집(別集)」 권3, 『정설(政說)』에 수록되어 있는 「광저축(廣儲蓄)」·「정경계(正經界)」·「정군제(定軍制)」가 그것이다. 따라서 『정설(政說)』의 내용을 중심으로 하여 이현일의 대민정책의 일단을 고찰하여 보았다.

이현일은 이미 청년기(27세)에 둘째 형인 존재(存齋) 이휘일(李徽逸)을 종학(從學)하는 과정에서 '경제지무(經濟之務)'에 착안하게 되었고, 그것의 구체적인 표출로서 『홍범연의(洪範衍義)』[342)]의 편찬을 진행해 오고 있었다. 이런 사실을 고려할 때 『정설(政說)』의 내용도 『홍범연의』와 맥락을 같이하는 것으로 볼 수 있다.[343)]

今皆斷爛不傳, 獨此三條在."

342) 『홍범연의(洪範衍義)』는 이휘일과 이현일의 경세관(經世觀)이 집약된 역작(力作)으로 청년기부터 중형인 이휘일을 종학(從學)하는 과정에서 경세지무(經世之務)에 착안하여 일부 편목(篇目)을 정하는 단계로까지 편찬을 진전시켰으나, 이휘일의 죽음으로 중단되었다가 1686년(숙종 12)에 비로소 완성되었다. 기사환국(己巳換局) 이후 이현일이 조정에서 제시한 정책 중에는 『홍범연의』에 근간을 둔 것이 많았다. 그것은 기자의 9범주, 즉 오행(五行)·오사(五事)·팔정(八政)·오기(五紀)·황극(皇極)·삼덕(三德)·계의(稽疑)·서징(庶徵)·복극(福極)을 기준으로 한 경세론[통치방법]의 체계를 제시한 것으로서 그의 평생에 걸쳐 추구한 학문규모를 보여 준 것이다. 또한 이 책은 남송의 서산(西山) 진덕수(眞德秀, 1178~1235)가 지은 『대학연의(大學衍義)』에 대비되는 것으로 회재(晦齋) 李彦迪(1491~1553)이 지은 『중용구경연의(中庸九經衍義)』와 더불어 한국적 경세론의 체계화로서 중요한 의미를 갖는다.

343) 『홍범연의』를 통한 이현일의 경세론에 대한 관심은 이 시기 사상계에서의 경세론적 변화요구에 대한 퇴계학파의 필연적 대응이었다. 양란(兩亂) 이후 전면적으로 붕괴된 사회를 재정비하기 위해서는 수기(修己)와 치인(治人)을 선후관계로 인식하였던 퇴계학파 내에서는 그 한계가 쉽사리 노정되었기 때문에 어떤 형식으로든 대응이 필요하였다. 또한 '수기'와 '치인'을 병렬적으로 파악했던 율곡학파에 비해 상대적으로 현실대응력에서 뒤질 수 있는 소지를 가졌던 퇴계학파의 한계점을 나름대로 보강한다는 의미에서 수기론(修己論)과 경세론(經世論)을 결합함으로써 퇴계학파의 학문의 지평을 확장한 것이라 할 수 있다(정호훈, 「17세기 후반 영남남인학자의 사상—이현일을 중심으로—」, p.147.).

첫째, 재정(財政)의 확충과 부세(賦稅)의 경감이다.

상기 『정설(政說)』에서 대민정책의 일환으로서 이현일이 특히 관심을 기울인 것은 바로 재정(財政)의 확충과 부세(賦稅)의 경감에 있다. 사람을 도덕적인 인간으로 만들기에 앞서 인간은 경제적으로 생활을 할 수 있어야 한다. 그러므로 추상적인 성리학적 이론만을 역설하기보다는 구체적인 경제문제에 대해서 관심을 갖지 않을 수 없다. 지금 고찰할 그의 재정과 부세의 문제가 바로 그러한 관점에서 제시된 것이다.

먼저, 재정의 확충과 관련해서, 이현일은 "나라에 3년을 지탱할 만한 비축(備蓄)이 없으면 나라가 아니다"는 판단 하에 재정확충의 시급함을 탄식하였다.

> 백성들의 힘이 곤궁하게 됨은 늘 부역(賦役)과 세금(稅金)이 무겁고 각박한 데에 달려 있으며, 부역과 세금이 무겁고 각박한 것은 반드시 재정을 절약하지 않은 데 연유합니다.[344]

> 선성(先聖)이 애민(愛民)에 대해 논의하면서 비용을 줄이는 것을 근본으로 삼은 것은 대개 국가의 재용(財用)이 모두 백성들에게서 나오기 때문에 만일 절약하지 않아서 재정이 부족하게 되면 멋대로 부과하고 함부로 거두는 일이 반드시 백성들에게 가해져서, 비록 백성들을 불쌍히 여기는 마음과 백성들을 사랑하는 생각이 있다고 하더라도, 백성들은 그 혜택을 입을 수 없게 될 것이기 때문입니다. 그러므로 백성들을 구휼(救恤)하고자 한다면 반드시 세금을 줄여야 하고, 세금을 줄이고자 하면 반드시 비용을 절약해야 하니 이것은 변할 수 없는 이치입니다.[345]

---

344) 『葛庵集』 卷4, 「三辭吏曹參判及兼帶仍陳大本急務疏」, "夫民力之困, 常在於賦斂之重且急, 而賦斂之重且急, 必由於用度之不節."
345) 『葛庵集』 卷4, 「三辭吏曹參判及兼帶仍陳大本急務疏」, "先聖論愛民, 以節用爲

이현일은 당시 국가가 백성들에게 세금을 거두는 것을 그 전결(田結)의 수에 의하여 계산하는 방법을 사용하였기 때문에 그 자체의 폐단은 물론이거니와 홍수나 가뭄으로 인하여 재해(災害)가 계속되어 농지의 소출이 가족을 부양하기에도 부족한 실정이었음에 주목하였다. 그러한 실정을 감안하여 그는 백성들을 구휼하는 대책으로는 비용을 줄이고 세금을 감면해 주는 일만 한 것이 없다고 생각하였다. 이에 대한 대비가 전무(全無)한 것은 아니었지만 운영상의 문제로 인하여 백성들이 실질적인 혜택을 누리지 못하고 있다고 지적하였다.346) 이런 시각에서 그는 주희의 사창제(社倉制)를 이러한 문제의 해결에 가장 이상적인 모델로 판단하였다.347) 그 시행방식으로 그는 백성들의 경우 빈부(貧富)를 감안하여 거둔 곡식을 사창(社倉)에 비축하고, 이 외에 국가기관의 보조와 관찰사가 별도로 모은 곡식, 각 주현(州縣)이 거둔 둔곡(屯穀), 부민(富民)에게 벼슬을 팔거나 호우(豪右)들로부터 보조받은 것을 보충함으로써 재원의 확충을 기하려고 하였다.348)

이렇게 한 다음에 해당 지역의 유식자(有識者)와 함께 운영한다

本, 蓋國家財用, 皆出於民, 如有不節而用度有闕, 則橫賦暴斂, 必及於民, 雖有恤民之意愛人之心, 而民不被其澤矣, 是以欲恤民必減稅, 欲減稅必節用, 此不易之理也."

346) 『葛庵集』, 「別集」 卷3, <政說・廣儲蓄>, "目今官穀雖有斂散給貸之規, 州縣所儲數旣不貲, 輸納之際, 或失照管, 則糠粃相半, 人不堪食, 況湥山窮谷, 去府絶遠, 或遇水潦之不時, 道路阻梗, 無以自達, 雖饑餓濱死, 何以霑升斗之惠而延須臾之命哉."

347) 『葛庵集』, 「別集」 卷3, <政說・廣儲蓄>, "若欲推行不忍人之政, 則莫若頒下社倉之制."

348) 『葛庵集』, 「別集」 卷3, <政說・廣儲蓄>, "今民貧富爲差, 各出租粟二石以下, 儲之各社里倉, 自官亦宜量撥米穀以佐其利, 如各道觀察使別會米租及逐州逐縣屯穀等, 悉今隨便支撥, 或賣爵富民, 或勸分豪右, 類聚添補, 以爲之本, 責與本鄉有識士人, 主執斂散, 凶年則弛其息, 歲稔則收什二, 及當賑貸, 計口分給, 以至接新而止."

면, 백성들의 혜택은 물론 재해를 틈타서 호우(豪右)들이 이자를 배로 받는 폐단을 억제하고, 부민(富民)들이 재해를 요행으로 삼는 간사함을 막을 수 있을 것으로 생각하였다.[349] 뿐만 아니라 그에 따르면, 이러한 조치는 전쟁이 일어나 군대를 징발하는 사태가 일어나더라도, 주현(州縣)의 곡식은 군수(軍需)에 공급하고 사창(社倉)의 곡식은 백성의 구제(救濟)에 쓰이게 됨으로써 국가의 안정을 기하고 백성의 수고를 더는 이중효과를 기대할 수 있다는 것이다.[350]

다음으로, 이현일이 민생(民生)의 개선에 있어 재정의 확충 못지않게 주목했던 부분이 바로 부세(賦稅)의 경감이었다. 이는 빈부의 격차를 줄이기 위해서도 시급히 해결해야 할 문제였다. 그는 흉년이 심했던 1671년(현종 12), 1672년(현종 13), 1676(숙종 2) 당시의 참상을 예로 들면서 실질적인 혜택을 베풀 것을 촉구하였다. 그 방안으로 제시된 것이 부세(賦稅)의 경감이었다. 불필요한 비용을 줄이고 예산의 조직적인 지출이 이루어질 때 부세(賦稅)도 경감할 수 있으며 이로써 민은(民隱)도 해결할 수 있다는 것이 그의 판단이었다.

> 백성들의 고통을 부지런히 구휼하려고 한다면 조세의 징수를 너그럽게 하고, 포흠(逋欠)을 면제해 주려 한다면 재용(財用)을 절제하는 것만 한 것이 없고, 재용(財用)을 절제하려고 한다면 불필요한 비용을 줄여 조절하고 들어오는 부세(賦稅)를 헤아려서 지출하는 것만 한 것이 없습니다.[351]

---

349) 『葛庵集』, 「別集」 卷3, <政說・廣儲蓄>, "使遐鄕下邑之人, 雖遇凶歉, 有所恃而不恐, 無顚沛流離之患, 抑豪右倍息之弊, 禁富民幸災之姦."

350) 『葛庵集』, 「別集」 卷3, <政說・廣儲蓄>, "而脫有師旅徵發之虞, 亦當以州縣之穀供軍需, 里閭之貯濟民饑, 國有盤石之安, 而民無損瘠之苦."

이현일은 부세를 경감하는 구체적인 방법으로 도성(都城)을 호위하는 방비가 부족함이 없는데도 또다시 금위영(禁衛營)을 설치하여 군대를 늘릴 경우, 거기에 충당해야 할 군량이나 경비가 또한 백성들에게서 나오는 것임도 간과하지 않았다. 그러한 것에서 그는 양적인 면에서가 아니라 질적인 면에서 군대를 첨예화하여 이러한 불필요하거나 명목 없는 헛된 비용을 줄여서 백성들의 생활을 넉넉히 하고자 하였다.352)

또한 이현일은 새로운 제도의 마련에는 회의적이었으며 설령 만든다고 하더라도 시대적 동요(動搖)를 고려하여 신중한 시행을 촉구하였다.353) 결국 그가 추구했던 것은 새로운 제도의 마련보다는 제도의 합리적인 운영에 있었다고 할 수 있다. 즉 엄격하고 합리적인 운영을 통해 불필요한 부세(賦稅)의 낭비를 방지한다면 국가 재정의 감축 없이도 부세의 경감이 가능하다고 믿었다.

둘째, 군제(軍制)의 개혁이다.

대민정책에 관한 이현일의 관심은 군제(軍制)에 있어서도 일관되게 드러나고 있다. 이현일이 제시한 군제개혁의 핵심은 변방수비(邊方守備)와 왕궁호위(王宮護衛)에 따른 지방군사의 징발을 금하는 데 있다. 원방(遠邦)의 군사를 징발하여 왕성호위와 변방수비를

---

351) 『葛庵集』 卷2, 「辭免持平兼陳五條疏」, "欲爲勤恤民隱, 莫若寬租免逋, 欲爲寬租免逋, 莫若撙節財用, 欲節財用, 莫若省節浮費, 量入爲出."

352) 『葛庵集』 卷4, 「三辭吏曹參判及兼帶仍陳大本急務疏」, "其於中權之重, 捍衛之備, 亦無不足, 比年以來, 又設禁衛營以益之, 旣非務精不務多之意, 且其餽餉, 雖不由經費, 亦豈不出於民乎."

353) 『葛庵集』 卷2, 「辭免持平兼陳五條疏」, "凡干新創條制, 雖實良法美意, 姑且權行倚閣, 勿遽宣布, 以致驚擾."

시킬 경우 재정적인 손해가 크다는 것이 일차적인 이유였다.354) 따라서 왕성호위는 서울을 중심으로 가까운 행정구역 내의 군사로 충당하며355) 어영청(御營廳)과 훈련도감(訓鍊都監)의 병사들 역시 서울 근교에서 충당한다면 상당한 군비를 절약할 수 있을 것으로 보았다.356) 그 개선책으로서 변방수비는 오로지 변방의 열읍(列邑)과 해읍(海邑)에 위임하고 육군편오(陸軍編伍)와 잡색군액(雜色軍額)을 제거하여 모두 수영(水營)에 예속시켜서 교대할 것을 제시하였다. 이렇게 할 경우, 그는 육지 안쪽 군사의 고충을 상당 부분 해소할 수 있다고 판단하였다.357)

이현일이 제시한 이러한 개혁안으로는 민생의 안정을 토대로 한 군역(軍役)의 부과문제도 들어 있었다. 그것은 한 가구의 군역부담자 3정(丁)에 이르기까지 부담시키는 군역의 부당함과 한 사람이 2인의 역을 부담하는 군역의 과중함을 해소한다는 내용이었다.358) 그렇게 하기 위해서는 우선 경계를 바로잡아 민생의 안정을 기한

---

354) 『葛庵集』, 「別集」 卷3, <政說·定軍制>, "夫簽發遠方之兵, 入衛王城, 外供征戌, 一則有耗財養兵之斃, 一則有行資居送之費, 曷若因其鄕土風俗, 而各隷本軍之爲便也."

355) 『葛庵集』, 「別集」 卷3, <政說·定軍制>, "今畿內列邑之兵, 不下二三萬人, 使之分番迭代, 疏數有節, 以待諸色調用, 何所不可, 而必待遐方下邑饑寒困悴之卒以供其役邪."

356) 『葛庵集』, 「別集」 卷3, <政說·定軍制>, "御營都監兩廳之卒, 亦不待徵發遠兵, 而足就畿內諸帥之軍, 拔其尤驍勇材藝出等者, 以充其選, 分番上下, 以給宿衛, 各出奉足二人, 使之自備糧食, 則庶幾漸省供軍不貲之費, 而隱然有居重馭輕之勢矣."

357) 『葛庵集』, 「別集」 卷3, <政說·定軍制>, "爲今之計, 莫若革罷內地軍士添防遠戌之斃, 專委沿邊列邑近海有般之處, 除去陸軍編伍雜色軍額, 悉隷水闉舟師, 常川敎練, 分番入防, 則此與遠方戌卒不習水土, 不識操舟節度者, 功相萬也."

358) 『葛庵集』, 「別集」 卷3, <政說·定軍制>, "所謂水陸軍者, 一荷其役, 則代代相及, 父子兄弟, 同時應役, 一家之內, 或至三丁, 又以分防之隙, 驅之編伍之列, 一人之身, 常兼二人之役, 悲痛愁苦, 冤呼徹天."

다음 옛 제도에 근거하여 민가(民家) 7호 안에 전사(戰士) 1인으로
하면, 민생이 피폐하지 않으면서 군역(軍役) 문제도 해결할 수 있
다고 생각하였다.359) 이처럼 이현일이 인식한 군제개혁안은 민생의
개선 차원에서 고려된 것으로 앞에서 언급한 '광저축(廣儲蓄)'·
'정경계(正經界)'와 동일한 맥락에서 파악될 수 있는 것이다.

또한 이현일의 성장기는 대외적으로 명청(明淸)의 교체시기에 해
당되며, 그 여파로 발발한 정묘호란(丁卯胡亂, 1627)과 병자호란(丙
子胡亂, 1636)의 양난이 조선의 국내여건을 강타하던 시기였다. 이
러한 시대적 상황은 이현일이 어려서부터 존주의리(尊周義理) 사상
을 배태하는 계기가 되었다.360) 정묘호란과 뒤이은 병자호란 당시
인조의 항복은 조선 최대의 국치였다. 이에 효종이 즉위하면서 복
수설치(復讐雪恥)를 기치로 한 북벌론(北伐論)이 국시화되었다. 따
라서 조야(朝野)를 막론하고 청에 대한 복수설치가 강조되던 것이
그 시대의 특징적인 분위기였다. 이러한 분위기 속에서 심지어 북
벌론(北伐論)이 권력 장악의 방편으로 오용되기도 하였다.361)

이현일의 화이관(華夷觀)은 기본으로 청을 야만으로 인식하는362)
전통적인 화이관에서 크게 벗어나지 않았다. 이는 당시 조선에 대
한 소중화(小中華) 의식과 맥락을 같이하는 것이었다. 시대상황에
서 배태된 이현일의 존주(尊周)사상은 현실적인 대응책으로 표출되

<hr>

359) 『葛庵集』, 「別集」 卷3, <政說·定軍制>, "今若推行經界, 使民多土著産業有經
　　之後, 略倣古制, 民戶七家之內, 責立戰士一人, 衣甲糧裝, 使之竝力措辦, 則器械
　　必致精利, 民力不至大困, 有戶則有兵, 而無歲抄充定之擾."

360) 『葛庵集』 卷1, 「詠牕前梅」, "牕前四梅樹, 開向黃昏月, 欲飮花下酒, 奴賊圍城闕."

361) 李迎春, 「尤庵 宋時烈의 尊周思想」, 『淸溪史學』 2, 淸溪史學會, 1983년.

362) 『葛庵集』 卷21, 「書北使明撥叙請頒示淸皇筆蹟後」, "北人之俗, 大抵鱸豪尙氣力,
　　沈鷙多權略, 少無浮靡散緩穠華纖巧之能, 故能勇力善鬪, 忘生輕死, 數爲中國患."

었다. 그 대표적인 것인 '무(武)'에 대한 관심이다. 그는 기본적으로 성리학을 학문의 종지(宗旨)로 삼으면서도 유년기 이후 줄곧 병법(兵法)에 상당한 관심을 기울였다. 독서하는 여가에 손자(孫子)·오자(吳子)의 병서(兵書)와 진법(陳法)을 익혔다[363]는 것은 이런 관심의 단적인 표현이다. 병자호란 이후 청의 침략에 대한 설욕으로서 북벌론(北伐論)이 일어나던 시기에 그는 병서들을 연구하고 그 요령을 정리하여 「신편팔진도(新編八陣圖, 1664)」를 저술하였다. 여기에서 그는 본래 '문(文)'과 '무(武)'가 일치하였음을 주장하고 문사들이 무사들을 수치스럽게 여기는 폐단을 지적하였다.

> 한(漢)나라 이전에는 문무(文武)의 도가 다르지 않았으니 『시경』·『서경』에서 칭한 바에서 모두 살펴볼 수 있다. …… 그러다 수당(隋唐)에 이르러 사장(詞章)과 같은 말기로써 사람을 뽑게 되니 이에 문무의 쓰임이 판연하게 두 갈래로 갈라졌다. …… 이때부터 인재와 학문은 점차 말엽적(末葉的)인 것으로 흘러 재상으로서 권력을 잡은 자도 경륜이나 체국(體國)의 도가 있다는 것을 알지 못하고 군대를 관장하여 국토를 방어하는 자도 병법(兵法)과 군율(軍律)의 요체에 어두워서 어쩌다 한 번 변고를 만나면 가지와 줄기가 모두 시들어 버려 끝내 치료할 수 없게 되었다.[364]

이러한 관심은 이후 병법(兵法)에 대한 상당한 소양으로 진전되어 30대 후반에는 진법(陳法)에 관한 저술을 남기기도 하였다. '문(文)'을 숭상하는 사회적 분위기에서 유학자가 '무(武)'에 관심을

---

363) 『葛庵集』, 「附錄」 卷1, <年譜>, "讀書之暇, 旁求孫吳兵法, 武經將鑑等書, 會通領略."
364) 『葛菴集』 卷21, 「書新編八陣圖說後」, "自漢以前, 文武無二道, 詩書所稱, 皆可考已. …… 至隋唐, 以詞章末技取人, 於是文武之用, 判爲二塗. …… 自是以來, 人材學術, 日漸膚末, 當軸秉勻者, 不聞有經綸體國之道, 幹戌治圉者, 亦昧夫兵謀師律之要, 一遇變故, 支幹俱瘁, 卒不可救藥."

표명하고 학습의 단계로까지 나아간다는 것은 결코 쉽지 않은 일
이다. 그러나 이현일은 유학자도 '무'에 관심을 가지고 소양을 쌓
아야 한다고 생각하였다. 즉 그는 문무일체(文武一體)를 주장하였
다. 한(漢)나라 이후에는 문무(文武)를 일체시하였으나 수당(隋唐)에
서 사장을 통해 인재를 수용한 결과 문무가 분리되었다고 비판하
였다. 문무의 분리는 문무 간의 상호 반목을 야기함은 물론 결국
에 가서는 인재의 질적인 저하를 초래하게 된다. 따라서 문무의
겸비 없이는 국방의 강화도 기할 수 없다. 이는 문무의 차별이 극
도로 노정된 당시 사회에 대한 근본적인 비판이었다. 따라서 국가
의 당면과제인 청(淸)에 대한 복수도 문무일체(文武一體)를 이룬
연후에 실현될 수 있는 것으로 판단하였다.

셋째, 화폐의 유통과 양전(量田)의 시행이다.

이현일은 숙종 15년(1689)에 재입조한 이후 경연(經筵)을 통해
국왕과의 면대가 잦아지면서 민생구제에 관한 제반 정책도 보다
구체적으로 전개되었다. 이 시기에 그가 주로 제시하였던 사안은
화폐(貨幣)의 유통과 양전(量田)의 시행이었다.

먼저, 화폐의 유통이다.

이것은 영남에서 목화(木花)가 귀한 조건을 고려한 조치이고 아
울러 대동목(大同木)의 수납과정에서 발생하는 백성들의 고충을 막
기 위해 고안된 조처였다. 당시 대동목은 마련하기도 어려웠을 뿐
아니라 수납과정에서 품질불량을 이유로 수납이 거부됨으로써 백
성들이 가장 부담을 느꼈던 조세항목이었다. 이를 해결할 수 있는
가장 효과적인 방안으로 모색된 것이 바로 화폐의 유통이었다.

곡식이나 면포(綿布)는 그의 작황이 풍작이나 흉작에 따라 더
하고 덜함이 있지만, 동전(銅錢)의 경우는 수재(水災)나 한재(旱
災)로 인해 줄어들지 않습니다. 따라서 옛날에 흉년을 만나면 반
드시 동전을 주조하여 백성들을 구휼했던 것은 형세가 실로 그러
한 것입니다. 이제 만약 돈으로 면포를 대치한다면 반드시 앞서
와 같은 근심과 피해가 없게 되어 실로 백성들을 여유 있게 하는
방도가 될 것입니다. 오늘의 폐해를 구제하는 데 돈을 통용하는
것만큼 이로운 일이 없다고 여겨집니다.365)

곡식이나 면포를 동전으로 대신하면 수납과정에서 번거로움을
줄일 수 있고 풍작이나 흉작에 크게 동요되지 않을 수 있다. 그러
나 이현일은 화폐의 제작, 즉 주전(鑄錢)을 전국으로 실시할 경우
화폐의 이익을 관장하는 권한이 단일화되지 않아 통제가 곤란하고
도난이나 위조의 우려가 있기 때문에 영남지방에 한하여 먼저 시
행할 것을 주장하기도 하였다.366) 이처럼 이현일의 주전을 비롯한
제반 정책은 영남만을 고려한 조치가 많았기 때문에 근기남인들과
합의하지 못한 채 건의에만 그친 면이 없지 않다.

다음으로, 양전(量田)의 시행이다.

이현일은 부세(賦稅)의 바르지 못함을 민폐(民弊)의 최대요인으
로 지적하면서, 그 개선책으로 양전(量田)의 시행을 촉구하였다. 그
는 1634년(인조 12) 이후 양전이 실시되지 않음으로써 땅은 좁은
데 비하여 세금이 과중하게 된 폐단을 지적하면서, 균전(均田)의

---

365) 『葛庵集』 卷6, 「經筵講義」, "辛丑(10월 20일) ……臣竊以爲粟米綿布, 以歲之豊
歉而有所加損, 至於銅鐵, 不以水旱而耗減, 故古者遇凶歲, 則必加鑄銅錢以救民,
其勢固然也. 今若以錢文代綿布, 則必無如上患害而實爲裕民之道."

366) 『葛庵集』 卷6, 「經筵講義」, "辛丑(10월 20일) ……臣意以爲救今日之弊, 莫如行
錢之利也, 雖然, 廣鑄諸道各營, 則貨利之柄不專, 而必多盜鑄殽雜之弊."

시행을 민생구제를 위한 최고의 급선무로 인식하였다. 양전은 부세의 합리성을 위해 무엇보다 시급한 조처로 진작부터 필요성이 강조되어 왔으나 당시 갑술년[甲戌年, 1634(인조 12년)]에 양전(量田)한 이후 거의 60년 동안 양전이 실시되지 못하고 있었다. 이에 이현일은 양전의 필요성을 다음과 같이 지적하였다.

> 선유들은 반드시 30년에 한 번 경계를 바로잡아야 된다고 하였는데, 삼남 지방은 갑술년(甲戌年)에 양전(量田)한 이후로 이미 60년이 되어 갑니다. 그 사이에 도로가 바뀌거나 홍수로 인해 논밭이 배로 바뀌거나 강물이나 냇물에 침식되어 논밭이 무너져 떨어진 곳이 한두 군데가 아니며 또한 간사한 백성과 교활한 아전(衙前)들이 서로 한통속이 되어 전지를 소유한 자는 세금을 안 내고 전지가 없는 자가 세금을 내게 되는 근심이 오늘날처럼 심각한 적이 없습니다. 세금이 누락되는 경우가 중첩되고 온갖 폐단이 일어나니, 한번 경계를 조사해 그 잘못을 바로 잡지 않으면 안 됩니다.367)

당시로서는 간사한 백성과 교활한 아전들의 작간에 따른 무전유세(無田有稅)의 폐단이 무엇보다도 시급히 해결되어야 할 과제였다. 또한 오래되어 땅이 묵어 황폐해진 수목의 숲을 백성들이 온갖 고충을 겪으면서 경작해 놓으면 부호(富豪)들이 공문서 한 장으로 공공연하게 빼앗는 이런 작태를 근절시켜서 땅을 개간하여 경작한 현재의 주인에게 귀속시킬 것을 강조하였다.368)

---

367) 『葛庵集』 卷6, 「經筵講義」, "丙申(12월 16일) ……先儒有言, 必須三十年, 一番經界方好, 三南自甲戌量田後, 已近六十年, 其間道路移易, 川反浦落, 不一其處, 且奸民猾吏相爲表裏, 有田無稅, 無田有稅之患, 未有如今日之甚, 滲漏重疊, 弊病百端, 不可不一番經界以正其謬也."

368) 『葛庵集』 卷6, 「經筵講義」, 참조.

　이처럼 이현일은 부세의 바르지 못함을 민생폐단의 최대요인으로 지적하고, 그 개선책으로 양전(量田)의 시행을 촉구하였다. 갑술년에 양전할 때에 묵은 토지의 상당 부분이 부호들 수중에 들어가고 부호들에 의한 빈민수탈이 빈발해짐에 따라 백성들의 고충이 심각하였다.369) 빈민들의 고충에 따른 유리(遊離)는 자연히 토지의 황폐와 호구(戶口)의 감소를 수반하게 되었으니 작은 문제가 아니었다. 이현일에게 있어서 양전의 실시는 바로 이러한 폐단을 해결하는 데에도 효과적인 방안으로 인식되었다.370)

　부민(富民)들의 옛 토지를 갑자기 회수할 수는 없더라도 진황지(陳荒地) 등 백성들에 의해 개간된 것은 경작한 자를 주인으로 삼게 하고 개간되지 않은 것은 관에서 몰수하여 백성들에게 개간을 허락하여 세금을 거두어들인다면, 유리(遊離)하는 폐단을 막음을 물론 호구가 증가하고 부세(賦稅)가 확충되는 효과를 아울러 기대할 수 있을 것으로 판단하였다.371) 이처럼 이현일에게 있어 양전은 부세제도의 불합리성을 개선함은 물론 빈부(貧富)의 격차를 해결할 수 있는 방안이며 나아가 국가제정을 확충할 수 있는 방안으로 모색되었던 것이다.

---

369) 『葛庵集』, 「別集」 卷3, <政說・正經界>, “甲戌打量時, 陳土未墾者尙多, 當時有司逐其去處, 各注某人所管, 大抵皆係豪家右族. 雖在溪山僻壤荒棄之地, 貧民下戶, 竭力起耕, 旋遭劫奪, 多者或專數洞, 而小民曾無立錐私業, 居無固志, 易於流徒.”

370) 『葛庵集』, 「別集」 卷3, <政說・正經界>, “烈山劚崖, 種豆播粟, 以苟目前之計, 不爲久遠之基, 利盡而徙, 難可蹤跡, 非但禿山赭堅, 傷害地理, 在所可惡, 民散田荒, 戶口耗縮, 職此之由.”

371) 『葛庵集』, 「別集」 卷3, <政說・正經界>, “富民舊業, 雖難亟奪, 樹木陳荒, 墾自民手者, 悉以起耕爲主, 荒土未墾者, 皆以官田登簿, 許人開墾, 逐年年分時, 卽係某人管業, 別其肥磽, 均其稅賦, 則細民各自顧戀已分, 不至輕去鄕邑, 將見戶口增衍, 賦稅自廣, 裒多益寡, 息爭禁暴之政, 庶幾可以馴致矣.”

결과적으로, 이현일이 제시했던 대민정책의 골자는 부세의 경감을 통한 부(富)의 균형이었다. 백성들을 부유하게 하는 방도는 그들에게 전리(田里)를 제정해 주고 세금을 가볍게 하며 윗사람의 것을 덜어서 아랫사람에게 보태어 주고 자신에게는 검소하게 하고 백성을 풍요롭게 하는 것에 불과하다.[372] 이러한 대민정책의 일환으로 숙종 4년(1678)에 사헌부지평(司憲府持平)을 사직하면서 올린 '5조소(五條疏)'는 양란 이후 피폐한 국정(國政)을 바로잡기 위한 것으로 현재에 있어서도 우리들에게 교훈이 되고 있다. 이를테면 ① 정학(正學)을 밝혀 대본(大本)을 세우고 ② 기강을 진작시켜 풍속을 면려(勉勵)하며 ③ 공도(公道)를 넓혀 왕법(王法)을 바로잡고 ④ 충간(忠諫)을 받아들여 옹폐(壅蔽)를 제거하며 ⑤ 민정(民情)을 살펴 실질적인 혜택을 행하는 등의 일이다.[373] 여기에서 특히 다섯 번째 조항은 민생에 대한 우려가 잘 드러나 있다. 이는 이현일의 도학정신이 사회적으로 구현되는 애국애민(愛國愛民)의 발로라고 하겠다.

4. 鄕約과 選士制의 施行

치도(治道)를 위해서는 풍속의 교화와 어진 인재의 확보가 선결

---

372) 『葛庵集』 卷7, 「經筵講義」, "甲戌(2월 12일) ……富民之道, 不過曰制其田里, 薄其稅歛, 損上而益下, 約己而裕民."

373) 『葛庵集』 卷2, 「辭免持平兼陳五條疏」, "明正學以立大本, 振紀綱以厲風俗, 恢公道以正王法, 納忠諫以去壅蔽, 察民情以行實惠."

되어야 한다.374) 이에 대해 이현일이 가장 중시하였던 정책 중의 하나가 향약(鄕約)과 선사제(選士制)의 시행이었다. '향약'은 풍속의 교화(敎化) 차원에서 시행되었으며 '선사제'는 인재의 양성(養性)과 선발(選拔)에 대한 개선책으로 과거제도의 한계를 보완하는 데 주안점이 있었다. 이는 그의 경연에 올려진 '논진덕정속육재차(論進德正俗育才箚)'에서 구체화되었는데, 정속(正俗)에 해당하는 것이 '향약'이고 육재(育才)에 해당하는 것이 '선사제'이다.

첫째, 향약(鄕約)이다.

이현일은 당시 백성들의 풍속이 점차 쇠퇴해 가는 이유를 다음과 같이 설명하였다.

> 백성들의 풍속이 점차 쇠하여져 인륜(人倫) 및 풍화(風化)와 관련된 옥사가 날로 늘어나고 선비의 기풍이 점차로 구차해져서 조급히 다투어 벼슬길에 나아가고자 하는 습속이 날로 심해지고 있습니다. 게다가 사치하는 풍조가 이루어져 절제할 줄 모르며, 혼인(婚姻)과 상제(喪祭) 때 상하의 법도가 없어서 의복의 호사스러움과 주택의 웅장함이 모두 덕을 해치고 법도를 어그러뜨리며 재물을 손상시키고 백성들을 해치고 있습니다. 지금 만약 그 같은 일이 멋대로 행해지는데도 규제하지 않는다면 장차 못 하는 짓이 없을 것입니다.375)

이를 바로잡을 수 있는 가장 효과적인 방안으로 모색되었던 것

---

374) 『葛庵集』 卷5, 「論進德正俗育才箚」, "若論治道, 則當以正風俗得賢才爲先."

375) 『葛庵集』 卷5, 「論進德正俗育才箚」, "民俗漸薄, 人倫風化之獄日滋, 士風漸偸, 貪躁競進之習日甚, 加以奢侈成風, 不知限節, 昏姻喪祭, 上下無章, 以至服用之豪奢第宅之宏侈, 皆足以茂德而敗度, 傷財而害民, 今若恣其所爲, 不加禁防, 則將無所不至."

이 바로 향약(鄕約)이었는데,[376] 이현일이 제시했던 향약의 모델은 주희가 개편한 「주자증손여씨향약(朱子增損呂氏鄕約)」[377]이었다. 향촌사회를 재정비하고 안정을 기하려는 지방 사림들의 노력이 보다 적극적으로 표출된 것이 중종(中宗) 이후 향약의 보급운동이었다. 이에 덕업상권(德業相勸)·과실상규(過失相規)·예속상교(禮俗相交)·환난상휼(患難相恤) 등의 유교윤리를 향촌사회의 주민자치조직 속에서 실천함으로써 훈척(勳戚)의 비리를 배제하고 당시의 하층민들의 유리(遊離)를 방지하여 향촌의 근본적인 안정을 달성하고자 하는 것이었다. 이것은 이른바 지방자치를 실현하여 사회의 안정에 이바지한 전통적인 향촌의 주민자치규약(住民自治規約)이었던 것이다. 이러한 향약을 통한 주민자치정신(住民自治精神)의 실현은 신분 간의 차등을 지방양반들의 농민에 대한 통제수단이라는 입장에서 구상된 것이었으니, 이를 통해서 지방사림들의 농민지배는 한층 강화되었다고 할 수 있다.[378]

16세기 이후 조선의 향촌사회에서는 지방사림을 중심으로 향약을 널리 보급·시행하였다. 당시 조선은 주자학적 성리학의 지배구조 하에서 있었기 때문에 각종 향리기구의 구성이나 운영에 있

---

376) 본래 향촌사회에서는 부락단위로 공동체를 이루어 신앙생활도 같이 하고 서로 좋은 일을 권장하며 어려운 일이 있을 때는 단결하여 도와주는 미풍약속이 있었다. 향약은 이러한 전통적 공동조직과 미풍양속을 계승하면서 여기에 삼강오륜(三綱五倫)을 중심으로 한 유교윤리를 가미하여 교화 및 질서유지에 더욱 알맞도록 구성한 것이었다(崔英成, 『韓國儒學思想史(Ⅱ)』, 아세아문화사, p.458.).

377) 우리나라 향약의 모태가 된 것은 중국 북송(北宋) 말기 여대림(呂大臨) 형제가 만든 『여씨향약(呂氏鄕約)』이었는데, 그 뒤 주희에 의해 여대림의 『여씨향약』은 크게 완비되었다. 이것을 『주자증손여씨향약(朱子增損呂氏鄕約)』이라고 하였다(『朱熹集』 卷74, 「增損呂氏鄕約」, pp.3903-3913 참조.).

378) 邊太燮, 『韓國史通論』, 三英社, 1986년, p.317.

어서도 주희의 구상을 실천에 옮기려 하였다. 이 점에서 주자학에 충실했던 이현일도 예외일 수 없었다.

> 주희가 개편한 「주자증손여씨향약(朱子增損呂氏鄕約)」에는 고금(古今)을 참조하여 조목이 자세히 갖추어져 있으니 들어서 시행한다면 현실과 동떨어져 시행하기 어려운 폐단이 없을 것이다.[379]

다만 시행방식에 있어 지역적인 특성을 고려하여 서울과 지방으로 구분하여 시행할 것을 주장하였다. 즉 서울은 5부(五部)로 하여금 각 동(洞)의 촌장에게 반포하여 조목에 따라 차례대로 시행하게 하였고, 지방은 각 도(道)의 수령들에게 천자의 뜻에 준거하여 향약의 임원과 직책을 가려 정하게 하였으며, 또한 군(郡)의 관리들로 하여금 함께 살펴서 착실하게 시행하게 할 것을 주장하였다.[380] 이러할 경우, 이현일은 향약 본연의 목적인 권선징악(勸善懲惡)과 상부상조(相扶相助)가 이루어져 백성을 교화시키고 풍속을 순화(醇化)하는 윤리도덕을 구현하여 사회의 안정에 이바지할 수 있을 것으로 보았다.[381]

> 만약 사람들의 마음을 맑게 하고 풍속을 바로잡고자 한다면, 반드시 행동거지가 적절하여야 사람들의 마음을 복종시킬 수 있

---

379) 『葛庵集』 卷5, 「論進德正俗育才箚」, "臣竊以爲朱子所增損呂氏鄕約之書, 稽古參今, 條目詳備, 擧而措之, 宜無迂遠難行之弊."

380) 『葛庵集』 卷5, 「論進德正俗育才箚」, "京中則令五部頒諸各洞尊位, 一依科條, 次第施行, 外方則令各道各官遵依聖旨, 擇定約正直月, 而亦令郡功曹同共照管, 着實擧行."

381) 『葛庵集』 卷5, 「論進德正俗育才箚」, "使爲善者有所勸, 爲惡者有所懲, 則其於化民成俗之道, 不爲少補."

으며 기장이 진작되어야 사람들의 비위를 단속할 수 있을 것입니
다. 천하 사람들로 하여금 모두 선(善)을 사모할 줄 알아서 반드
시 행하고 선하지 못한 것을 부끄러워할 줄을 알아서 반드시 버
리게 한다면, 각자 분발하고 격려하여 악을 제거하고 선을 쫓으
며 상·벌과 칭찬·비난이 일일이 그 몸에 가해지기도 전에 예의
와 염치의 풍속이 크게 변할 것입니다.[382]

결과적으로 이현일은 주희의 '증손여씨향약(增損呂氏鄕約)'을 주
장함으로써 풍속교화에 있어서도 주자학에 충실히 입각하고 있음
을 알 수 있다. 그리고 향약이 향촌교화의 수단으로 지방사림 간
의 유대를 강화하고 하층민들을 효과적으로 제어하기 위하여 실시
된 향촌자치규약임을 고려할 때, 이현일이 향약의 실시를 주장한
것도 지방사림들의 입장을 반영한 것이라 하겠다.

둘째, 선사제(選士制)이다.

이현일은 숙종 17년(1691) 「진군덕시무6조소(進君德時務六條疏)」
에서 선사제(選士制)를 거론한 바 있으나 본격적인 건의는 향약과
마찬가지로, 숙종 19년(1693) 「논진덕정속육재차(論進德正俗育才
箚)」를 통해 이루어졌다. 이현일은 당시의 사장(詞章) 위주의 과거
제도의 폐단을 다음과 같이 지적하였다.

대체로 학교의 교육이 해이해지고 선유들의 은택(恩澤)이 끊어
진 뒤로 세상의 선비들이 다만 문장을 교묘하게 만들고 말을 곱

---

382) 『葛庵集』 卷4, 「三辭吏曹參判及兼帶仍陳大本急務疏」, "然如欲人心之淑風俗之
正, 必須擧措得宜, 有以畏服人之心志, 紀綱修擧, 有以糾撿人之非違, 使天下之
人, 皆知善之可慕而必爲, 不善之可羞而必去, 則能各自矜奮, 更相策勵, 以去惡
而從善, 不待賞罰褒貶之一一可於其身, 而禮義之風, 廉恥之俗, 已丕變矣."

게 꾸미며 장구(章句)나 외워서 명성이나 녹봉을 구할 줄만 알고, 다시는 근원을 찾고 행실을 독실하게 하려는 뜻이 없습니다. 그리고 왕명을 받들어 교화를 펴는 신하들은 또한 조정에서 학교를 설치하고 사람을 가르치는 본의(本義)를 생각하지 않고 한갓 사장(詞章)이나 제술(製述)로 고하의 등급을 매겨 권장하고 육성하는 도구로 삼고 있습니다.[383]

당초 17년에 「진군덕시무6조소(進君德時務六條疏)」에서 건의한 내용에 대해 조정에서 별다른 반응을 보이지 않자, 한동안 조정의 반응을 주시해야 하는 형편이었다. 그런데 숙종 18년(1692) 경상도 관찰사로 부임한 이현기(李玄紀)[384]가 선사제(選士制)를 실시하자 이현일도 여기에 자극되어 선사제의 시행을 적극적으로 주장할 수 있었다.

내가 듣기로 학제(學制)를 유신하여 한 지방이 감화되었다고 하니, 존경스럽고 감탄스러운 마음 금할 수 없습니다. 이제 집사께서 개연히 세도(世道)를 만회하려는 뜻을 가지고 부임한 초기에 먼저 여러 고을에 공문을 보내 향리의 우수한 자제를 선발하여 그 녹봉을 넉넉하게 주고 그 학칙을 회복하며 학술과 품행으로 인도하고 덕업(德業)으로 권면하여 지난날의 겉만 하려 하던 버릇을 제거하고 본원(本源)과 실제로 나아가도록 하였습니다. 그리하여 국가에서 백성을 교화시키는 아름다운 뜻을 도와 이루어 삼대(三代) 때에 인륜을 밝히고 풍속을 선하게 하며 인재를 성취하려던 뜻을 오늘날 다시 보게 하였으니 매우 훌륭한 일입니다.[385]

---

383) 『葛庵集』 卷9, 「與李元方」, "蓋自庠序教弛, 儒先澤斬, 世之爲士者, 但知巧文麗辭, 誦說章句, 以要聲名利祿, 無復有探索根源, 敦勵行檢之志, 承流宣化之臣, 又不念朝廷設學教人之本意, 徒以辭章製述, 考定高下, 爲勸獎作成之具."

384) 이현기[李玄紀, 1647(인조 25)~1714(숙종 40)]: 자는 원방(元方), 호는 매헌(梅軒)·졸재(拙齋), 본관은 전주(全州)이다.

385) 『葛庵集』 卷9, 「與李元方」, "竊聞學制維新, 一路風動, 不勝區區欽歎之至. ……

이현일이 고안한 선사제는 한마디로 사장에 치우친 과거제도의 한계를 보완하여 학문과 행실을 겸비한 인재(人才)를 선발하는 데 그 목적이 있었다. 그는 학교를 세우고 선비를 모으는 목적은 인재의 육성을 통한 풍속의 교화(敎化)와 치세(治世)의 달성에 있는 것으로 인식하였다. 성균관사업(成均館司業)에 제수되었을 적에 관학생도들에게 과거를 위한 사장 위주의 학문을 지양하고 궁리(窮理)·수신(修身)과 같은 덕행의 함양(涵養)을 토대로 하는 학문 자세를 강조한 것도 이러한 맥락에서였다.

> 대저 사람이면 누구인들 군신·부자의 윤리 및 수족(手足)·동정(動靜)·이목(耳目)·시청(視聽)이나 앉고 서고 생활하는 절도가 없겠는가. 사물에 나아가 이치를 궁구하여 경건히 지키고 돈독히 행한다면, 이것이 사람을 멀리하지 않고 도를 실천하는 일이다. 이 어찌 본분상 당연히 해야 하는 것이 아니겠는가. 그런데 이 도를 구하는 공부를 하지 않고, 도리어 과거공부만을 오래도록 하고 있으니 또한 미혹되지 않겠는가.[386]

선사제는 과거제도의 개선책으로서 그 이론적 토대는 정이의 「학제(學制)」[387]와 주희의 「공거의(貢擧議)」[388]에 두고 있다. 이현일은

今執事獨慨然有挽回世道之志, 下車之初, 首先移文列邑, 招選鄕閭季子弟, 優其稟料, 恢其功令, 經行以迪之, 德業以勸之, 使之刮去浮華, 以趨本實, 於以助成國家風化之美, 使三代明倫善俗成就人材之意, 庶幾復見於今日, 甚盛甚盛."

386) 『葛庵集』 卷18, 「諭館學諸生文」, "夫人孰不有君臣父子之倫, 手足動靜耳目視聽坐立起居之節乎. 卽其物窮其理, 敬守而篤行之, 是不遠人以爲道之事. 此豈非本分所當爲者. 而此之不爲, 顧彼之久行, 不亦惑乎."

387) 학제(學制)는 송나라 원우(元祐) 원년에 철종(哲宗)에게 올린 삼학간상문(三學看詳文)·논개학제사목(論改學制事目)·회례부취문상(回禮部取問狀)·논예부간상상(論禮部看詳狀)·수립공자수제(修立孔子條制)에서 정이(程頤)는 현재 시행되고 있는 학제의 폐단을 논하고, 자기가 생각하는 학제에 대해 조목조목 기술하였다. 그 내용은 대체로 시험 위주의 제도를 가급적 배제할 것, 학생의 정원을

이러한 선사제의 시행절차를 다음과 같이 설명하였다. 먼저 각 도의 고을에 인재를 찾을 것을 명한 후에, 추천하여 널리 배우고 몸소 실천하는 데 남들의 사표(師表)가 될 만한 사람을 얻어 그 학교의 스승으로 삼게 한다. 그 자질이 빼어나고 식견이 밝은 자를 가리는데 큰 고을은 10명 이내로 하고 작은 고을은 1~2명이 되게 하며, 나이는 20세에서 45세까지로 하여 각각 그 향학에 입학시켜서 학비를 넉넉히 지급한다. 그 가르침은 효제충신(孝悌忠臣)을 우선으로 하고, 배움은 택선수신(擇善修身)을 요체로 하며 교과는 사서오경에서 『심경(心經)』·『근사록(近思錄)』·『주자서절요(朱子書節要)』 등에 이르기까지 모두 순서에 따라 정밀하게 공부하게 한다. 매년 4월 초에는 그 고을의 수령이 그 학교의 스승들과 함께 성실성을 살피고 실력을 테스트하여 경서(經書)에 밝고 행실(行實)이 수려하여 임용할 만한 재능을 갖추었으면 3년마다 조정에 천거하는데, 이것을 '선사(選士)'라고 한다. 그 다음에 경서의 뜻을 가

조절할 것, 학생들의 녹봉과 학교에서의 학생들의 생활 전반에 관한 것들이다(『二程全書』,「伊川文集」 卷3, <學制> 참조.).

388) 공거의(貢擧議)의 정식명칭은 '학교공거사의(學校貢擧私議)'이다. 주희는 당시의 학교행정과 관리 선발의 문제점을 지적하고 스스로 개선안을 만들었는데, 그 대략은 다음과 같다. 옛날 학교에서는 덕업(德業)과 도예(道藝)를 가르쳐서 현자(賢者)와 능자(能者)를 배출하였는데, 지금은 그렇지 않다. 비록 향거(鄕擧)가 있기는 하지만 정원 수가 고르지 않고, 태학(太學)을 설치하기는 하였지만 덕행의 실제에 근본을 두지 않고 쓸데없는 빈말만을 일삼기 때문에 풍속이 날로 투박해지고 인재가 날로 쇠퇴해진다. 이를 혁신하는 방법은 반드시 명도 선생이 희녕(熙寧) 연간에 제창하신 의론처럼 해야 한다. 그렇게 할 수 없다면 여러 주(州)의 정원수를 고르게 하고 덕행과(德行科)를 세우며 사부(詞賦)를 혁파해야 한다. 또한 경(經)·사(史)·자(子)·시무(時務)를 익히는 기간을 나누어서 학업을 고르게 하거나 도덕이 있는 사람을 뽑아 교도(敎導)를 전담하게 해야 한다. 이렇게 하면 교육이 위에서 밝아지고 풍속이 아래에서 아름다워져 선왕의 도가 다시 세상에 밝아지게 될 것이다. 이상이 그 대략인데 이 글은 공식으로 올린 것이 아니고 주희가 사적으로 자기 생각을 정리한 것 같다(『朱熹集』 卷69,「學校貢擧私議」, pp.3632-3642 참조.).

지고 문제를 내기도 하고, 혹은 논술이나 대책을 가지고 시무(時務)를 자문하기도 하여 그 인품의 고하(高下)를 매겨서 관직에 임용한다. 이렇게 몇 년만 지나면 풍속이 크게 변하고 선비를 얻는 길이 차츰 넓어질 것이다.[389)]

이렇게 되면 우수한 인재의 등용은 물론 인륜을 밝히고 풍속을 선하게 하는 이중의 효과를 얻을 수 있다. 선사제(選士制)는 당시 사장(詞章) 일변도의 과거제도의 폐단을 개선하면서 관리 선발에 덕행(德行)을 강조하는 특징이 있다. 그리고 시행과정에서 연대책임을 강조함으로써 엄격성과 지속성을 기하기도 하였다.

결과적으로, 이현일이 주장한 선사제의 핵심은 덕행을 구비한 인재를 관리로 임용하는 데 있었으며, 과거의 한계를 보완한다는 차원에서 상당히 합리적이었다. 따라서 이는 현행 과거제도하에서 침체를 면하지 못하고 있던 지방인재의 등용을 제도화하려는 목적이 있었음도 배제할 수 없다.

---

389) 『葛庵集』,「附錄」卷1, <年譜>, "先令諸路州縣極意延訪, 從實推薦, 得其傳聞躬行, 曉達體要, 堪爲人師表者, 以爲其學之師, 次擇其資秀識明者, 大邑無過十人, 小邑止一二人, 自年二十至四十五歲, 各入其鄕學, 優其廩給, 寬其程督, 其敎以孝弟忠信爲先, 其學以擇善修身爲要, 其業自四書五經, 以及心經近思錄朱子書節要, 皆要循序致精, 每歲四孟月朔, 本官與其學之師, 考勤慢試能否, 其有經明行修, 才能可任者, 每三歲, 以冬十月, 以次升之於朝, 謂之選士, 或以經義發爲問目, 或以論策訪問時務, 第其高下而任之官, 如是數年, 庶風俗丕變, 得士寢廣矣."

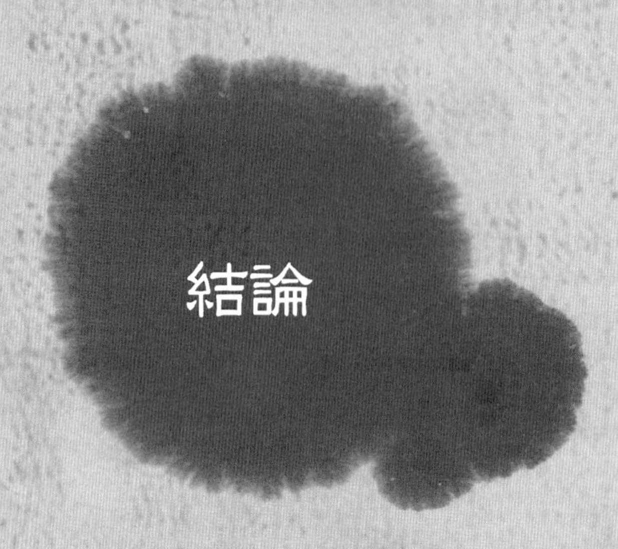

結論

結　論

1

　　앞에서 언급한 내용들을 바탕으로 이현일의 성리학적 입장이 지닌 몇 가지 특징 및 한계점을 지적해 보면 다음과 같다.

　　첫째, 그의 성리학적 근본입장은 이이의 기발이승일도설(氣發理乘一途說)을 비판하고 이황의 이기호발설(理氣互發說)을 계승하여 리의 능동성을 확립하는 데 있다. 리를 무위(無爲)나 소이연(所以然)의 내재적 원리로 제한시키지 않고 능동적으로 자발(自發)하는 것임을 강조함으로써 조화의 추뉴(樞紐)이고 만물의 근저(根柢)로서의 리의 지위를 확보하였던 것이다. 그리고 리(理)와 기(氣), 사단(四端)과 칠정(七情), 인심(人心)과 도심(道心), 본연지성(本然之性)과 기질지성(氣質之性)의 분별을 그 근원으로부터 대립되는 두 원천으로 이해함으로써 기에 대한 리의 절대적 우위성을 확보하려는 입장을 보여 주었다. 그가 사단을 칠정과 대립시키고 도심을 인심과 대립시켜서 천리에 근거를 둘 때, 이 천리는 인간의 도덕의식에서 정감적 욕구를 억제하고 천리를 지향함으로써 인간 내면의 천리의 회복을 추구하는 것이다.

이처럼 이현일은 분별설(分別說)의 관점에 입각하여 17세기 후반에 이황 성리설의 정당성을 재천명함으로써 퇴계학파의 성립에 결정적인 역할을 하였다. 주희 – 이황으로 이어지는 성리설의 이론적 일관성과 정당성을 강조하고 영남과 기호에서 퇴계학설에 어긋나는 다양한 이론들을 비판하여, 이황의 성리설을 변호함으로써 퇴계학파를 더욱 확고하게 뿌리내리게 하였다.

둘째, 이현일은 이이의 성리학을 비판하는 과정에서 분별설(分別說)의 논리를 집중적으로 부각시켰다는 사실이다. 리와 기가 서로 분리될 수 없다는 근원적 일치성을 강조한 이이의 인심도심일원설(人心道心一源說)이나 기발이승일도설(氣發理乘一途說)은 모두 혼륜설(渾淪說)의 한쪽에 치우친 것으로 보고, 맹자 이래로 주희를 거치면서 사단과 칠정을 상대시켜 파악하는 분별설(分別說)이 정통적 입장을 이루어 왔던 것으로 확인함으로써 분별설의 정당성을 강조하였다. 따라서 그는 분별설의 관점에 따라 리와 기, 인심과 도심, 사단과 칠정, 본연지성과 기질지성을 둘로 분별해서 보아야 본래 의미가 보다 명확해진다고 보았다. 예를 들어, 인심을 인욕이라 할 수 없지만 도심과 상대해서 말하면 인욕이라 아니할 수 없다는 입장이다. 칠정이라고 하여 리가 없는 것은 아니지만 사단과 상대해서 말하면 그대로 기가 발한 것이다.[390] 즉 인심과 도심, 사단과 칠정이라는 개념을 어디까지나 인심대도심(人心對道心)·사단대칠정(四端對七情)이라는 대립적인 관계 속에서만 가능하다고 파악하였다. 바로 이 점에서 그의 학맥을 계승한 그의 문인이요 아

---

390) 『葛庵集』 卷8, 「答丁君翊·別紙」, "七情若渾淪言之則亦且如此說, 若與四端相對說下, 則依舊是氣之發."

들인 이재(李栽)와 외손자인 이상정(李象靖)은 혼륜설(渾淪說)과 분별설(分別說)의 양면성을 균형 있게 제시하고 있다. 이현일이 이이의 성리설이 혼륜설의 한쪽에 치우친 것으로 비판하면서 분별설을 지나치게 집중하여 강조하였다면, 그 다음 세대의 밀암(密庵) 이재(李栽)나 대산(大山) 이상정(李象靖)은 혼륜(渾淪)과 분별(分別)의 양면성을 균형 있게 강조하였지만, 이들도 역시 여전히 분별설에 높은 비중을 두고 있음은 사실이다.

셋째, 그의 성리학적 논변을 통한 학문적 태도는 문제에 대한 논리적 분석을 가하기보다는 주어진 문제를 자신의 입장에서 확고하게 해명하는 것이라 할 수 있다. 이것은 이이에 대한 비판이 성리학의 철학적 논변단계에서 벗어나 성리학이 불교를 배척하는 벽이단론(闢異端論)의 단계에까지 이르고 있다는 사실에서도 알 수 있다. 그는 이황의 성리설과 이이의 성리설을 "신 것과 단 것, 흰 것과 검은 것과 같은 차이가 있어 둘 다 옳은 것으로 함께 병존할 수 없다"[391]는 대립관계로 파악하였다. 즉 이현일은 이이의 사단칠정론(四端七情論)을 비판하면서도 논리적 분석에 주력하기보다는 주희와 이황의 언설(言說)을 끌어오는 데 치중하고 있음을 알 수 있다. 성리설의 엄격한 정통성을 확립하기 위하여 모든 평가에서 주희와 이황을 기준으로 삼았던 것이다. 그가 이이를 비롯한 선유(先儒)나 친우 및 문인(門人)에 대한 논변도 그들의 입장과 논리를 충분히 검토하는 입장이 아니라 그들의 주장에 대립한 전거(典據)에 입각하여 자신의 입장을 제시하는 데 역점을 두고 있다. 그러므로 이현일의 성리설은 율곡학파에 대립된 퇴계학파의 정립과정

---

391) 『葛庵集』 卷12, 「答申明仲・己卯」, "有若辛甘白黑之不同, 不可兩可而俱存云."

에 있어서나 조선 후기 성리학사의 전개과정에서 그 위치와 성격이 이해되어야 할 필요가 있다. 따라서 그의 논변이 지나치게 흑백논리로 전개되었지만 그 자신의 분별설(分別說)의 입장에 확신을 갖고 일관성 있는 논리를 전개하였다는 측면은 중시하지 않을 수 없다.

결과적으로, 이현일은 이황의 학설에 대한 옹호를 통해 자신의 성리학적 기반을 확고히 정립해 갔으며 학문적 표준인 이황의 성리학을 주희를 계승한 정통으로 확신하고 분별설(分別說)의 관점에 따라 이황의 성리설을 옹호하는 것을 퇴계학파의 계승자로서 그 자신의 사명으로 받아들였다. 그는 친우 우담(愚潭) 정시한(丁時翰)을 비롯하여 문인 극재(克齋) 신익황(申益愰) 등과 사단칠정론(四端七情論)에 관한 서신을 왕복하면서 퇴계학파의 계승자로서 자신의 학문적 입장을 확고히 하였으며, 주희와 이황을 조술(祖述)하는 그의 학풍은 퇴계학파의 입장을 선명하게 드러내는 계기를 이루었다.

2

이현일이 영남학파의 학문적 구심적으로 대두될 수 있었던 것은 누구보다 퇴계학의 수호에 주도적 역할을 담당했기 때문이다. 이는 이황 이후 약 100여 년 만에 영남학파의 광범위한 재결집을 의미하는 것이었다. 즉 이황에 의해 영남학파가 형성된 이래 이현일에 의해 확충·발전되었음을 의미한다. 그리고 기호학파에 대칭되는 개념으로 영남학파로 불리게 되는 실질적인 기점도 이현일이 아닌가 한다.392) 이 과정에서 이현일은 이황(李滉)→김성일(金誠一)→장흥효(張興孝)→이현일(李玄逸)로 이어지는 학통을 선명하게 부각시킬 수 있었고, 이후 이재(李栽)→이상정(李象靖)→남한조(南漢朝)→유치명(柳致明)→김흥락(金興洛)으로 이어질 수 있는 계기를 마련하였다. 더욱이 아들 이재가 자신의 학문을 충실히 계승하여 명유(名儒)로 성장함으로써 이현일의 입지가 더욱 강화될 수 있었다. 이재의 이러한 활동은 이현일(李玄逸)→이재(李栽)로 이어지는 도통의 전수관계를 보다 선명하게 하였다.

이처럼 이현일은 이이가 이황의 성리설을 비판한 데 대해 조목별로 철저히 재비판하고 이황의 성리설을 확고하게 변호함으로써 이황의 연원을 '인맥(人脈)'의 차원에서 '학파(學派)'의 차원으로 끌어올리는 데 결정적인 역할을 하였다. 따라서 이 학통은 유성룡(柳成龍) 계열의 학통과 더불어 영남학파의 주요한 학통으로 이해되었고, 아울러 17세기 중반까지 유성룡 계열에 비해 상대적으로 활성화되지 못했던 김성일(金誠一) 계열이 보다 부각될 수 있는 계기이기도 하였다.

그가 키워 낸 제자는 모두 360여 명에 이르렀으며, 그 가운데 권두기(權斗紀)·권두경(權斗經)·윤하제(尹夏濟) 등이 많은 활동을 하였다. 이러한 문인들을 바탕으로 이현일의 문하에 갈암학파(葛庵學脈)를 형성함으로써 영남학파의 실체로 부상할 수 있었다.

---

392) 영남학파(퇴계학파)와 기호학파(율곡학파)의 성립 시기는 논란의 여지가 있으나 현상윤(玄相允)은 퇴계 이후 100년이 지나 이현일에 의해 영남학파가 확립되었음을 지적하고 있다.

　결국, 그는 퇴계학파를 정립하고 계승시키는 사상사의 계기를 이루었으며 그 자신의 후진 양성을 통해 그의 문인명단인『금양급 문록(錦陽及門錄)』에 360여 명이 수록될 만큼 학맥(學脈)을 크게 진작시켰고, 아들 이재를 통하여 그의 학맥이 더욱 뚜렷하게 드러 났다.

3

　현대사회는 과학기술과 경제발전을 통하여 정치·사회·경제의 여러 분야에서 눈부신 발전을 이루었다. 혁명적인 경제성장과 정치적·사회적 변역을 통하여 물질적 풍요를 성취하였다. 이러한 성과는 앞으로도 계속되어야 함을 물론이다. 그러나 그러한 성과의 바탕이 되었던 개인주의와 물질주의가 만연함으로써 많은 문제가 야기되고 있다. 사회에서는 각종 비인간적인 범죄행위가 자행되고 국제사회에서는 자국의 이익만을 위한 끊임없는 전쟁이 그치지 않는 등 인간사회 전반에 걸쳐 많은 문제가 드러나고 있다. 근대화 이후의 사회변역과 경제성장은 인간의 삶을 위한 것이었지만, 그 결과는 오히려 인간을 그러한 성과로부터 소외시킴으로써 인간소외의 현상을 야기하였다. 이러한 현상은 과학문명과 경제성장의 성과를 누려야 할 인간이 오리려 인간다운 삶으로부터 유리되고 미래의 방향성(方向性)도 불확실하다는 우려가 높아지고 있다.
　이러한 인간 상호간의 불신(不信)과 사회적 부조리(不條理)는 합리적 과학의 힘만으로는 치유될 길이 없다. 이것은 인간성의 회복이라는 도덕적 선의지의 계발과 도야로부터 이루어진다고 하겠다. 이는 현대의 고도로 발달한 과학기술의 발달로 빚어지는 인간존재의 위기로부터 인간 자아의 존엄성을 재인식함으로써 인간의 존재를 보다 안전(安全)하게 확보하려는 것이다.

이러한 상황 하에서 근래에는 인륜사회를 지향하고 조화와 평등의 인간사회를 이루는 인도주의(人道主義)로서 전통사회의 가치관을 재조명하고 재인식하려는 노력이 활기를 띠고 있다. 아무리 시대가 바뀌고 과학기술이 발달한다고 하더라도 그럴수록 인간의 고유한 가치와 인간다움의 본질에 대한 성찰은 더욱 요망되기 때문이다. 따라서 우리는 이제 지난날을 돌이켜 보고 이를 바탕으로 우리의 미래상을 전망해 볼 필요가 있다.

이현일의 성리학은 이러한 요구에 많은 시사를 던져 준다. 이현일의 성리학은 분별설(分別說)의 관점에 따라 리와 기, 사단과 칠정, 인심과 도심, 본연지성과 기질지성을 분별함으로써 천리(天理)와 인욕(人欲)의 한계를 분명히 하고, 그렇게 함으로써 천리에 근원하는 선(善)을 인욕에 근원하는 악(惡)으로부터 명확히 구분하고자하였다. 즉 인간에게 있어서 근본이 되는 가치가 무엇인지, 참된 삶을 성취할 수 있는 길은 무엇인지를 밝히고자 하였다. 이 목적을위하여 이현일은 리와 기를 분별하였을 뿐만 아니라 한 걸음 나아가 리의 본질 파악을 보다 철저히 함으로써 리의 능동성을 확립하였다. 사단(四端)을 칠정(七情)과 대립시키고 도심(道心)을 인심(人心)과 대립시켜서 논리적 관점에서가 아니라 절대선에 대한 믿음이라는 가치적인 차원에서 질적인 구분을 강조하였다. 절대선인 리의 통제하에서만이 인간본연의 실상이 회복될 수 있다는 것이다.

이현일이 활동하던 17세기는 정묘호란(丁卯胡亂)과 병자호란(丙子胡亂)을 겪으면서 사회·경제적 기반이 붕괴됨에 따라 사회기강이 해이해지고 민생의 피폐현상이 가속화되면서 성리학의 이념은 초기의 생명력을 상실하고 지배적 이데올로기로 변질되어 당파적 색채를 강하게 반영하였다. 따라서 그는 당파적 배타성으로 군자(君子)와 소인(小人)이 전도되는 시대적 모순을 극복하기 위하여 리의 실재성을 주장함으로써 현실세계에서의 리의 절대적 영역과 순수성을 확보하는 데 치력하였다. 즉 그는 리의 절대적 가치기준을 통하여 사회의 내재적 모순이나 그 시대의 전도된 사회질서를 주체적으로 해결하려 함으로써 금수(禽獸)와 구별되는 인간의 존엄성을 회복하려고 노력하였다.

주지하다시피, 이현일이 강조한 '리' 중시적 사고는 당시 전통적 가치체계가 붕괴되고 불안정한 위기적 사회현실에서 정명론적(定命論的) 질서를 확립하고자 하는 가치의식의 표현이라 하겠다. 그가 '리'라는 도덕원리의 절대성을 강조한 것은 바로 도덕의 근본성격을 참으로 인식하고 리를 현실사회에서 실현 내지 구현하도록 하는 것이라 할 수 있다. 그의 경세사상 역시 이 테두리를 벗어나는 것이 아니었다.

따라서 이현일의 성리학이 가지는 가치관의 본지(本旨)는 어디까지나 본성을 자각하여 타락하지 않음으로써 본연의 인간을 회복하게 하고 그리하여 인간의 정당한 가치와 권위를 전 우주의 입장에서 확립하려는 일종의 '휴머니즘'의 지향에 있다.[393] 그는 인간에

---

393) 예문동양사상연구원·윤사순, 『퇴계 이황』, 예문서원, 2002년, pp.336-337.

게는 선한 본성이 있다고 믿었고, 그 본성의 발현에 의하여 인간은 참다운 인간이 될 수 있다고 생각하였다. 인간의 성(性)이 선하다는 것을 맹자(孟子)가 사단으로 설명하였던 그 의도를 따라 본성의 단서라 믿어진 사단을 가리켜서 이발(理發)이라고 역설한 것은 곧 인간에게 선한 본성이 본래 내재해 있어 그것이 자연적으로 발현됨을 강조하는 이외의 것이 아니다. 그러므로 이발설(理發說)과 같은 것이 비록 사실적[실재적]인 견지에서 논리적 정합성이 문제가 된다고 하더라도 가치적·윤리적 견지에서는 충분히 이해될 수 있는 문제이다. 그것은 바로 본성이라는 이성의 능력이 인간에게 있음을 지적하고 그 능력의 자발적인 발현을 촉구하기 위해 사용한 표현으로 받아들일 수 있기 때문이다.

그것은 바로 본래 가지고 있는 본성의 발현을 지적함으로써 인간의 본연화(本然化), 즉 본래적인 자기 회복을 제시하려는 의도를 엿볼 수 있다. 그것은 금수와 인간을 구분하고 금수로부터 이성의 자각을 통한 '인간권위(人間權威)의 확립'에 근본의도가 있는 것이다. 그가 분별설(分別說)의 논리에 따라 기에 대한 리의 절대적 우위성을 강조한 사고가 가지는 근본적 의의가 모두 이것과 연결되는 것이 아닐 수 없다.

한편 과학기술이 발달함에 따라 인간존재의 위기로부터 인간 자아의 존엄성을 재인식하는 인간의 주체적 성찰은 더욱 확대될 전망이다. 인간사회는 보다 복잡해질 것이고 과학기술은 더욱 발달할 것이다. 인류세계가 그러할수록 인간성에 대한 주체적 성찰과 인간존재를 보다 안전하게 확보하려는 노력은 더욱 요망된다 하겠다. 따라서 이성의 능력에 의한 주체적 인간의 확립이라든가 그것에 의한 사회질서의 수립이 인간생활에서 요구되는 한 그의 '리' 중시적 사고는 오늘날에도 도외시될 수 없다. 따라서 이현일의 성리사상은 고도로 발달한 물질문명에서 자칫 감각적 요소로 나아가기 쉬운 인간의 사사로운 욕구를 올바르게 극복하여 참된 주체성 확립과 도덕사회의 완성이라는 목표를 추구한 것이었다 하겠다. 그러한 점에서 이현일의 사상은 오늘날에도 시사하는 바가 크다.

참고문헌

1. 原典類

『葛庵集』(韓國文集叢刊127～128), 民族文化推進會, 1994년.
『국역 갈암집』, 민족문화추진회, 1999년.
『退溪全書』, 成均館大學校, 大同文化研究院, 1997년.
『栗谷全書』, 成均館大學校, 大同文化研究院, 1992년.
『大山全書』, 驪江出版社, 1990년.
『旅軒全書』, 仁同張氏南山派宗親會, 1983년.
『寒洲全書』, 亞細亞文化社, 1980년.
『經書(大學·論語·孟子·中庸)』, 成均館大學校, 大同文化研究院, 1971년.
『四書或問』, 保景文化社, 1986년.
『性理大全』, 保景文化社, 1984년.
『十三經注疏』, 中華書局, 1980년.
『朱熹集』, 四川敎育出版社, 1996년.
『朱子語類』, 中華書局, 1970년.
『王陽明全集』, 上海古籍出版社, 1997년.
『二程全書』, 臺灣中華書局印行, 1986년.
『張子全書』(『文淵閣四庫全書』 697, 子部 3, 「儒家類」), 臺灣商務印書館, 1986년.

2. 單行本類

김영식, 『주희의 자연철학』, 예문서원, 2005년.

玄相允, 『朝鮮儒學史』, 玄音社, 1986년.

李丙燾, 『韓國儒學史』, 亞細亞文化史, 1989년.

裵宗鎬, 『韓國儒學史』, 延世大學校出版部, 1983년.

劉明鍾, 『韓國儒學史』, 이문출판사, 1992년.

琴章泰, 『朝鮮 後期의 儒學思想』, 서울대학교출판부, 1998년.

劉明鍾, 『退溪와 栗谷의 哲學』, 東亞大學校出版部, 1993년.

琴章泰, 『退溪學派와 理철학의 전개』, 서울대학교출판부, 2000년.

황의동, 『율곡학의 선구와 후예』, 예문서원, 1999년.

금장태, 『퇴계의 삶과 철학』, 서울대학교출판부, 2003년.

裵宗鎬, 『韓國儒學의 哲學的 展開(上·中·下)』, 延世大學校出版部,
        1985년.

琴章泰, 『儒敎思想과 宗敎文化』, 서울대학교출판부, 1997년.

琴章泰, 『朝鮮 前期의 儒學思想』, 서울대학교출판부, 2003년.

琴章泰, 『韓國儒學史의 理解』, 한국학술정보(주), 2003년.

民族과 思想 硏究會 篇, 『四端七情論』, 서광사, 1992년.

예문동양사상연구원·윤사순 편저, 『퇴계 이황』, 예문서원, 2002년.

琴章泰, 『退溪學派의 思想(Ⅰ·Ⅱ)』, 集文堂, 2001년.

금장태, 『「聖學十圖」과 퇴계철학의 구조』, 서울대학교출판부, 2003년.

崔英成, 『韓國儒學思想史(Ⅰ·Ⅱ·Ⅲ·Ⅳ·Ⅴ)』, 아세아문화사, 1997년.

尹絲淳, 『退溪哲學의 硏究』, 고려대학교출판부, 1995년.

李相益, 『畿湖性理學硏究』, 한울 아카데미, 1998년.

蔡茂松, 『退溪栗谷哲學의 比較硏究』, 成均館大學校出版部, 1995년.

최영진, 『조선조 유학사상사의 양상』, 성균관대학교출판부, 2005년.

이형성 옮김, 『범주로 보는 주자학』, 예문서원, 1997년.

황의동, 『한국의 유학사상』, 서광사, 1995년.

한국철학사상연구회 지음, 『논쟁으로 보는 한국철학』, 예문서원, 2001년.

權正顔 외, 『朝鮮朝 儒學思想의 探究』, 驪江出版社, 1988년.

금장태, 『유학사상과 유교문화』, 전통문화연구회, 1995년.

윤사순・고익진 편, 『한국의 사상』, 열음사, 1992년.

尹天根, 『退溪哲學을 어떻게 볼 것인가』, 온누리, 1995년.

이형성 교주, 『풀어 옮긴 조선유학사』, 현음사, 2003년.

안유경 옮김, 『리의 철학』, 예문서원, 2004년.

안유경 변역, 『유가의 형이상학』, 도서출판 기창, 2006년.

안유경 번역, 『맹자의 성선론연구』, 도서출판 기창, 2005년

안유경 송인창 옮김, 『오행, 그 신비를 벗긴다』, 국학자료원, 2008년

송항룡, 『지금 바로 여기』, 동인서원, 1996년.

지두환, 『조선시대 사상사의 재조명』, 역사문화, 1998년.

한국사상사연구회 편저, 『조선유학의 학파들』, 예문서원, 1997년.

박완식 옮김, 『송명이학사(1・2)』, 이론과 실천, 1995년.

장윤수, 『정주철학원론』, 이론과 실천, 1994년.

李光律, 『朱子哲學硏究』, 中文, 1995년.

이종란 외 옮김, 『주희의 철학』, 예문서원, 2002년.

尹絲淳, 『韓國儒學論究』, 玄岩社, 1992년.

안재호 옮김, 『송명 성리학』, 예문서원, 1997년.

鄭仁在 譯, 『中國哲學史』, 螢雪出版社, 1993년.

이광률 편저, 『유가철학의 본질』, 중문출판사, 1998년.

尹絲淳, 『한국유학사상론』, 예문서원, 1997년.

柳正東, 『東洋哲學의 基礎的 硏究』, 成均館大學校出版部, 1995년.

韓國東洋哲學會 編, 『東洋哲學의 本體論과 人性論』, 延世大學校出版
          部, 1996년.

尹絲淳, 『韓國儒學思想論』, 열음사, 1986년.

이승환, 『유가사상의 사회철학적 재조명』, 고려대학교출판부, 1998년.

이동준, 『유교의 인도주의와 한국사상』, 한울 아카데미, 1997년.

趙明基 外, 『韓國思想의 深層』, 宇石, 1994년.

한국사상사연구회, 『인성물성론』, 한길사, 1994년.

尹絲淳 譯註, 『退溪選集』, 현암사, 1997년.

韓國哲學會 編, 『韓國哲學史』(上卷・中卷・下卷), 東明社, 1994년.

柳承國, 『韓國思想과 現代』, 東洋學術硏究院, 1988년.

柳承國, 『東洋哲學研究』, 東洋學術研究院, 1988년.

葛庵 李玄逸의 年譜 外, 『17세기 한 嶺南 道學者의 生涯』, 嶠文會, 2001년.

최영진, 『유교사상의 본질과 현재성』, 유교문화연구소, 2003년.

이상은, 『退溪의 생애와 학문』, 서문당, 1984년.

邊太燮, 『韓國史通論』, 三英社, 1986년.

3. 論文類

1) 揭載論文

琴章泰, 「갈암 이현일」, 『한국인물유학사(3)』, 한길사, 1996년.

琴章泰, 「이현일의 성리설과 퇴계학파의 정립」, 『한국유학사의 이해』, 한국학술정보(주), 2003년.

이애희, 「이현일의 사단칠정론」, 『사단칠정론』, 서광사, 1992년.

유권종, 「갈암의 이기론에 대한 고찰」, 『철학논총(1)』, 1985년.

정호훈, 「17세기 후반 영남남인학자의 사상―이현일을 중심으로―」, 『역사와 현실(13)』, 1994년.

김학수, 「갈암 이현일 연구―정치활동을 중심으로―」, 『조선시대사학보』 제4권, 1998년.

박홍식, 「갈암 이현일과 寧海지역의 퇴계학맥」, 『한국의 철학』 제28호, 2000년.

박홍식, 「이현일의 인물과 학문사상」, 『영남학파의 연구』, 동방학회편, 1998년.

宋載邵, 「갈암 이현일의 詩에 대하여」, 『동방한문학』 제14집, 동방한문학회, 1998년.

金時晃, 「갈암 이(현일)선생의 辭免持平兼陳五條疏」, 『동방한문학』 제14집, 동방한문학회, 1998년.

金侖秀, 「『갈암집』의 庚午板變과 『南冥合集』의 葛銘添削本」, 『동방한문학』 제14집, 동방한문학회, 1998년.

張在釬, 「갈암선생의 經筵講義를 통해 본 周易觀」, 『동방한문학』 제14집, 동방한문학회, 1998년.

宋兢燮, 「李退溪의 理氣互發說 硏究」, 『퇴계학연구』 제2집, 경상북도.

尹絲淳, 「退溪哲學의 理想主義的 性格」, 『退溪學報』 제19집, 퇴계학연구원, 1978년.

金起賢, 「사단칠정논변 발생의 원인에 관한 연구」, 『동양철학』 제17집, 한국동양철학회, 1996년.

劉明鍾, 「嶺南退溪學派의 主理說形成」, 『石堂論叢』 제9집, 1984년.

尹絲淳, 「退溪의 太極生兩儀觀」, 『韓國儒學思想論文選集(退溪 李滉)』, 불함문화사.

吳錫源, 「退溪學派의 形成과 展開」, 『韓國儒學思想論文選集(退溪 李滉)』, 불함문화사.

黃俊淵, 「栗谷哲學에 있어서 太極의 問題와 四七論의 理氣論的 解釋」, 『韓國儒學思想論文選集(栗谷 李珥)』, 불함문화사.

劉明鍾, 「退溪學의 基本體系」, 『韓國儒學思想論文選集(退溪 李滉)』, 불함문화사.

黃義東, 「栗谷의 太極陰陽論과 理氣之妙」, 『韓國儒學思想論文選集(退溪 李滉)』, 불함문화사.

韓明洙, 「理氣動靜과 生成의 問題」, 『韓國儒學思想論文選集(退溪 李滉)』, 불함문화사.

裵宗鎬, 「退溪의 宇宙觀—理氣論을 中心으로—」, 『韓國儒學思想論文選集(退溪 李滉)』, 불함문화사.

안유경, 「이현일의 '격물치지'설」, 『東洋哲學』 제30집, 한국동양철학회 2009년.

안유경·최영진 공저, 「牛溪成渾 性理說의 構造的 理解」, 『우계학보』, 재단법인 우계문화 재단, 제27호, 2008년.

2) 學位論文

李炯性,「寒洲 李震相의 性理學 研究」, 成均館大學校 博士學位論文, 2001년.

金文俊,「尤庵 宋時烈의 哲學思想에 관한 研究—春秋義理를 中心으로—」, 成均館大學校 博士學位論文, 1995년.

李東俊,「十六世紀 韓國性理學派의 歷史意識에 관한 研究」, 成均館大學校 博士學位論文, 1975년.

李相益,「韓末 節義學派와 開化派의 思想的 特性에 관한 研究」, 成均館大學校 博士學位論文, 1995년.

崔英成,「崔致遠의 哲學思想 研究—三敎觀과 人間主體를 중심으로—」, 成均館大學校 博士學位論文, 2000년.

崔英辰,「易學思想의 哲學的 研究」, 成均館大學校 博士學位論文, 1989년.

崔一凡,「儒敎의 中庸思想과 佛敎의 中道思想에 관한 研究」, 成均館大學校 博士學位論文, 1991년.

崔眞德,「羅整庵의 理一分殊의 哲學」, 서강대학교 博士學位論文, 1993년.

朴應烈,「周濂溪의 太極論에 관한 研究」, 成均館大學校 博士學位論文, 1996년.

李熙平,「旅軒 張顯光의 哲學思想 研究—『性理說』을 중심으로—」, 成均館大學校 博士學位論文, 2000년.

李天承,「農巖 金昌協의 心性論에 관한 研究」, 成均館大學校 博士學位論文, 2003년.

李幸勳,「崔漢綺의 運化論的 世界觀과 近代性에 관한 研究」, 成均館大學校 博士學位論文, 2004년.

金時杓,「退溪 理氣論에 관한 研究」, 東亞大學校 博士學位論文, 1991년

李善慶,「一隻 李元龜의 易學思想研究—『心性錄』의 九道六事論을 중심으로—」, 成均館大學校 博士學位論文, 2001년.

黃俊淵,「栗谷의 哲學思想에 관한 研究—『聖學輯要』를 중심으로—」,

성균관대학교 박사학위논문, 1987년.

李東熙, 「朱子學의 哲學的 特性과 그 展開樣相에 관한 硏究―退・栗 思想 形成과 관련하여―」, 成均館大學校 博士學位論文, 1990년.

李相坤, 「南塘 韓元震의 氣質性理學 硏究」, 圓光大學校 博士學位論 文, 1990년.

洪正根, 「湖洛論爭에 관한 任聖周의 批判的 止揚 硏究」, 成均館大學 校 博士學位論文, 2001년.

金鶴洙, 「葛庵 李玄逸 硏究―經世論과 學統關係를 中心으로―」, 韓 國精神文化硏究院 碩士學位論文, 1995년.

李斗燦, 「栗谷의 太極論에 관한 硏究」, 成均館大學校 碩士學位論文, 1997년.

安琉鏡, 「三國時代의 道敎思想에 관한 硏究」, 成均館大學校 碩士學 位論文, 1994년.

李炯性, 「寒洲 李震相의 性理學說의 方法論에 관한 硏究」, 成均館大 學校 碩士學位論文, 1993년.

4. 기타

『한국민족대백과사전』, 한국정신문화연구원, 웅진출판사, 1996년.

『유교대사전』, 유교사전편찬위원회, 박영사, 1990년.

『철학대사전』, 한국철학사상연구회 편, 동녘, 1994년.

【부록】
이현일의
'격물치지설'

韓國東洋哲學會, 『東洋哲學』 제30집에 수록.

1. 서론

  본서는 이현일의 '격물치지'에 대한 내용을 전체적으로 서술한 것이다. 이현일의 격물치지(格物致知)의 특징은 한마디로 철저히 주희를 계승한다는 것이다. 때문에 주희의 '격물치지'에 대한 이해가 선행되어야 한다. 또한 이현일은 이이의 '격물치지'에 대한 이해를 육학(陸學)의 돈오(頓悟)의 뜻이라고 비판하였기 때문에 육학에 대한 이해도 아울러 필요하다. 때문에 서론 부분에서 주희의 격물치지를 설명하면서 육학과의 차이점을 간단하게 언급함으로써 이현일의 학문방향이 갖는 분명한 지향점을 지적하고자 한다.

  '격물(格物)'과 '치지(致知)'는 『대학』에서 유래한다. 주희는 『대학』에서의 '치지재격물(致知在格物)' 부분을 해석하면서 '격물'과 '치지' 및 그 둘 간의 관계를 설명하였다. 먼저 '격물'과 '치지'에 대해, 주희는 "격물(格物)은 사물의 리를 궁구하여 그 극처에까지 모두 이르고자 하는 것이요, 치지(致知)는 나의 지(知)를 미루어서 아는 바를 다하고자 하는 것이다"[394]라고 정의하였다. 이어서 그

---

394) 『大學集註』, "格物, 窮至事物之理, 欲其極處無不到也. 致知, 推極吾之知識, 欲其所知無不盡也."

둘의 관계를 설명하였으니, 즉 "이른바 치지(致知)가 격물(格物)에 있다는 것은 나의 지(知)를 다하고자 한다면 사물에 나아가 그 리(理)를 궁구하는 데 있음을 말한 것이다. 사람의 마음은 허령하여 지(知)가 있지 않음이 없고, 천하의 사물에는 리(理)가 있지 않음이 없지만, 다만 '리'에 대해 궁구하지 못함이 있기 때문에 그 '지'에 다하지 못함이 있는 것이다."395) 여기에서 주희는 격물(格物)이라는 사물에 나아가 리를 궁구하는 궁리단계를 거친 뒤라야 치지(致知)라는 내 마음속의 지(知),396) 즉 천리를 밝힐 수 있다고 정의함으로써 둘 사이의 선후관계를 분명히 제시하였다. 즉 리에 대해 궁구하지 못함이 있기 때문에 그 지(知)에도 미진함이 있다. 뒤집어 말하면, 내 마음의 '지[천리]'를 다하고자 하면 반드시 사물에 나아가 리를 궁구해야 한다. 사물에 나아가 리를 궁구하지 않으면 심이 비록 온갖 이치를 갖추고 있을지라도 그것을 밝힐 수 없다는 말이다. 바로 이 부분이 이현일의 격물치지(格物致知)에서 일관되게 강조하고 있는 점이다. 주희의 격물치지에 관한 내용을 먼저 언급하게 된 원인도 바로 여기에 있다. 즉 이현일은 '격물'과 '치지' 간의 선후과정을 분명히 밝히고 있다는 사실이다. 격물(格物)의 궁극적 목적이 치지(致知)하는 것, 즉 내 마음의 천리를 밝히는 데 있지만, 내 마음의 천리 또한 반드시 객관사물에 대한 격물과정을 거쳐야 그 마음의 전체를 모두 밝힐 수 있다는 것이다. 반면,

---

395) 『大學集註』, "所謂致知在格物者, 言欲致吾之知, 在卽物而窮其理也. 蓋人心之靈 莫不有知, 而天下之物莫不有理, 惟於理有未窮, 故其知有不盡也."

396) 여기에서 지(知)는 이어서 나오는 '인심지령 막불유지(人心之靈 莫不有知)'의 말과 연결시켜 볼 때 객관사물에 대한 일반지식으로 보기보다는 내 마음속에 갖추고 있는 바의 '리[천리]'라는 본체론적 의미로 이해할 수 있다.

이러한 객관사물에 대한 격물방법, 즉 일일(一日)일격(一格)하는 방법으로는 천하의 물리(物理)를 모두 알 수 없을 뿐만 아니라 또한 지나치게 번쇄하여 정신을 쉽게 피로하게 하기 때문에 내 마음속의 천리조차도 밝힐 수 없음을 비판하면서, '중리(衆理)가 모두 내 마음속에 갖추어져 있으니 내 마음속에서 리를 구하자'는 방법론을 제기하고 나온 것이 바로 육학(陸學)이다.

성리학이라는 하나의 학문체계를 이해하는 데 있어서 '격물치지'는 하나의 학습방법으로서, 그 중요성에 대해서는 새삼 강조할 필요가 없을 것이다. 즉 어떠한 방법으로 학문해야 성리학의 핵심인 리[물리]의 극처에 도달하여 그 본질을 정확히 파악할 수 있느냐에 관한 것이다. 이처럼 성리학을 정확히 이해하려면 '격물치지'에 대한 정확한 이해가 선행되어야 한다. '격물치지'에 대한 정확한 이해를 바탕으로 성리학에 대한 보다 본질적인 공부가 가능할 것이다. 그럼에도 불구하고 기존의 '격물치지'에 대한 연구는 충분하지 않으며 게다가 이현일의 '격물치지'에 대한 연구는 지금까지 전무한 실정이다.

본서는 이현일의 격물치지(格物致知)에 관한 내용을 서술하였지만, 이러한 이현일의 '격물치지'에 대한 연구를 계기로 성리학에 대한 보다 분명한 이해가 선행될 수 있기를 바라며, 아울러 조선의 성리학자들 간에 '격물치지'의 해석 여부를 둘러싸고 분분하게 전개되었던 '격물치지(格物致知)'와 '물격지지(物格知至)'에 대한 논쟁의 근본원인을 파악하는 데 조금이나마 도움이 되었으면 한다. 또한 학위논문인 「갈암 이현일의 성리학 연구」[397]에서 '격물치지'

---

397) 安琉鏡, 「葛庵 李玄逸의 性理學 硏究」, 成均館大學校 博士學位論文, 2006年.

부분이 빠진 것을 항상 아쉽게 생각하였는데 지금에서나마 보충할 수 있게 된 것을 다행스럽게 생각한다.

2. '格物致知'에 대한 이해

　　서론 부분에서도 언급하였듯이, 이현일의 격물치지(格物致知)에 대한 이해는 철저히 『대학』의 '치지재격물(致知在格物)'과 '물격이후지지(物格而後知室)의 내용에 충실하고 있다는 것이다. 이것을 곧 주희의 '격물치지'에 대한 철저한 계승이라고 말할 수 있다. 이러한 사실은 제자들과의 문답과정에서 철저하게 주희의 이론을 자신의 논거로 제시한다는 것에서도 알 수 있다. 주희는 『대학』의 '격물치지'에 대한 주석 속에서 '격물'과 '치지' 그리고 둘의 관계를 분명히 설명하였다. 주희의 견해에 의하면, 사물에 나아가 리를 궁구하지 않으면[격물단계], 심이 비록 온갖 리를 갖추고 있을지라도 그것을 밝힐 수 없다[치지단계]. 때문에 내 마음에 갖추어진 리를 모두 밝히고자 하면 반드시 사물에 나아가 리를 궁구해야 한다는 것이다. 그는 '격물'과 '치지' 간의 선후관계를 분명히 제시하였는데, 이것이 바로 이현일의 '격물치지'에서 일관되게 강조하고 있는 부분이다.

(1) ‘格物’과 ‘致知’의 선후관계 강조

　제자들이 ‘격물’의 뜻에 대한 자세한 설명을 부탁하자, 이현일은
주희의 말을 인용하여 다음과 같이 설명하였다.

　　격물의 ‘격(格)’은 ‘이르다’·‘다하다’의 뜻이니 사물의 리를 궁
　　구하여 10분의 경지에 이르러야 비로소 ‘격물’이라고 할 수 있
　　다.398)

　　격은 다한다(盡)는 뜻이니 모름지기 사물의 리를 끝까지 궁구
　　하여야 한다. 만약 2·3분만 궁구한다면 이것은 격물이 아니다.
　　반드시 10분까지 궁구해야 비로소 격물이다. 격물의 설은 정자(程
　　子)가 자세히 논하였으니 ‘격’이란 이른다(至)는 뜻이다. 물(物)에
　　나아가 물에 이르면 물의 리가 다한다는 것이다. 반드시 물에 나
　　아가 리를 구하지만 물의 극처(極處)에 이르지 못하면 물의 리를
　　다 궁구하지 못하게 되고, 나의 지(知)도 또한 다하지 못함이 있
　　기 때문에 반드시 그 극처에까지 이른 뒤에 그쳐야 한다. 이것이
　　‘물에 나아가 물에 이르면 물의 리가 다한다’는 것이다.399)

　이현일은 주희와 마찬가지로, 격물에서의 ‘격(格)’ 자를 ‘지(至)’
와 ‘진(盡)’의 뜻으로 이해하고, 격물의 뜻을 ‘사물의 리를 끝까지
궁구한다’거나 ‘10분까지 궁구하여 그 극처에 이른다’, ‘반드시 그

---

398)　『葛庵集』 卷16, 「答李明古問目」, “格物者, 格至也盡也. 言窮至事物之理, 到得
　　　十分地頭, 方可謂格物.”

399)　『葛庵集』 卷8, 「答丁君翊·辛巳·別紙」, “按朱子曰, 格盡也, 須是窮盡事物之
　　　理. 若是窮得三二分, 便未是格物. 須是窮得到十分, 方是格物. 又曰格物之說, 程
　　　子論之詳矣, 其所謂格至也. 格物而至於物, 則物理盡者語句俱到, 不可移易. 夫
　　　必卽是物以求其理, 而不至夫物之極, 則物之理有未窮, 而吾之知有未盡. 故必至
　　　其極而後已, 所謂格物而至於物, 則物之理盡者也.”(『朱熹集』 卷44, 「答江德功」)

극처에 이른 뒤에 그쳐야 한다'는 것으로 해석하였다. 비록 격물하
더라도 물의 극처에까지 이르지 못하면 물리(物理)를 다 궁구하지
못하게 되고 물리를 다 궁구하지 못하면 나의 지(知)도 미진하게
된다. 때문에 반드시 물의 극처에 이른 뒤라야 물의 리가 다하게
될 뿐만 아니라, 나의 지(知)도 또한 미진함이 사라지게 된다. 여기
에서 이현일은 비록 '격물'의 목적이 '치지'에 있지만 '치지'의 완
성은 또한 '격물'을 통해서만이 가능하다고 강조하였다.

> 주자가 말하기를, "사람이 학문을 하는 것은 심(心)과 리(理)일
> 뿐이다. 심체의 허령함이 천하의 리를 관장할 수 있다. 리가 비록
> 만물에 산재해 있으나 그 작용의 미묘함은 실제로 한 사람의 마
> 음에서 벗어나지 않으니, 처음부터 내외(內外)와 정조(精粗)로 논
> 할 수 없다. 그러나 혹 이 마음의 허령함을 알지 못해서 보존하
> 지 못하면 마음이 어둡고 혼란하여 중리(衆理)의 미묘함을 궁구
> 할 수 없고, 중리(衆理)의 미묘함을 알지 못하여 궁구하지 못하면
> 편협하고 막혀서 이 심의 전체를 다 밝힐 수 없다"라고 하였으니
> 극진한 말이다. 격물궁리(格物窮理)의 설을 남김없이 모두 말했
> 다고 할 수 있으니, 어찌 후학들이 지키고 따라야 할 것이 아니
> 겠는가.400)

이현일은 주희의 글을 인용하여 인식근거로서의 심을 강조하였
다. 심의 인식능력을 통하지 않고는 리를 인식할 수 없기 때문에
"리가 비록 만물에 산재해 있지만 그 작용은 한 사람의 마음을 벗

---

400) 『葛庵集』 卷8, 「答李達夫」, "日人之所以爲學, 心與理而已矣. 心體之虛靈, 足以
管乎天下之理. 理雖散在萬物, 而其用之微妙, 實不外乎一人之心, 初不可以內外
精粗而論之. 然或不知此心之靈而無以存之, 則昏昧雜擾而無以窮衆理之妙. 不知
衆理之妙而無以窮之, 則偏狹固滯而無以盡此心之全. 至哉言乎. 其於格物窮理之
說, 可謂竭盡無餘蘊矣, 豈不爲後學之所當持循者乎."(『大學或問』)

어나지 않는다"라고 하였다. "심체의 허령함이 천하의 리를 관장할 수 있다"는 말도 천하의 리가 심의 인식능력(認識能力)을 통해서 드러난다는 말이다. 때문에 인식근거로서의 심을 보존하지 못하면 중리(衆理)를 궁구할 수 없다는 사실을 분명히 지적하였다.

> 리는 비록 사물에 있지만 작용은 실제로 마음에 있으니 그 누가 격물궁리가 이 마음의 지(知)에서 비롯되지 않는다고 하겠는가. 무릇 나의 지(知)를 사용하여 물을 궁구하는 것은 나의 발을 사용하여 서울에 가는 것과 같으며, 사물의 리가 이르러서 나의 지(知)가 극진해지는 것은 길이 다해 나의 행보가 목적지에 이르는 것과 같으니, 그 지(知)가 극진해지고 행보가 목적지에 이르는 것이 어찌 마음의 지(知)와 발의 힘이 아니겠는가. 그렇지만 반드시 "사물의 리가 궁구되어야 지(知)가 극진해지고 길이 끝나야 행보가 목적지에 이른다"고 하는 것은 그 어세(語勢)가 자연히 이와 같아야 하기 때문이다.[401]

오심[吾心, 知]은 인식주체이고 물리(物理)는 인식대상이다. 주체인 내 마음의 지(知)가 없이 대상인 물리를 인식한다는 것은 불가능한 일이다. 그러므로 주체인 내 마음의 지(知)로 대상인 물리를 인식하는 것을 나의 발을 써서 서울에 가는 것에 비유하였다. 서울을 가는 데는 반드시 발이 필요한 것처럼, 물리를 궁구하는 데 내 마음의 지(知)가 없어서는 안 된다는 말이다. 또한 내 마음의 지(知)로써 물리를 궁구할 경우는 반드시 그 극처에까지 이를 것을 강조하였다. "리를 구할 줄 알아도 물의 극처에 이르지 못하면 물

---

401) 『葛庵集』 卷12, 「答申明仲·別紙」, "且理雖在物, 用實在心, 夫誰曰格物窮理不由此心之知也. 夫用吾之知以格物, 猶用吾之足以適國, 物格而吾之知盡, 路窮而吾之行至, 其盡其至, 豈非心之知足之力哉. 然而必曰物格而知盡, 路窮而行至者, 其語勢自當如是也."

의 리를 다 궁구하지 못하게 되고 나의 지(知)도 또한 다하지 못함이 있기 때문에 반드시 그 극처에 이른 후에 그쳐야 한다.”402) 때문에 물리를 궁구하는 데 반드시 극처에까지 이르러야 하는데, 그 이유를 나의 행보가 목적지에 이르러야 끝나는 것에 비유함으로써 무슨 행보이든 목적지에 도달해야 끝나는 것처럼 물리를 궁구할 때에도 반드시 그 극처[목적지]에까지 이른 뒤에 그쳐야 할 것을 강조하였다. 그리고 그 이유를 다음과 같이 설명하였다.

> 무릇 인심의 허령함에는 지(知)가 있지 않음이 없고 천하의 물에는 리(理)가 있지 않음이 없다. 학자가 처음에는 진실로 나의 지(知)를 미루어 사물의 리를 궁구해야 하지만, 끝에 가서는 또한 반드시 물리의 극처에 이르지 않음이 없게 된 뒤에야 내 마음의 본체(本體)와 작용(作用)이 밝아지지 않음이 없게 된다. 그러므로 주자가 “오직 리에 대해 다 궁구하지 못하기 때문에 그 지(知)에 지극하지 못함이 있다”라고 말하였다.403)

물론 모든 사람의 마음에는 ‘지[천리]’가 있지만 리를 궁구하지 못하기 때문에 그 마음에 갖추고 있던 지(知)도 다하지 못하게 된다. 때문에 천하사물을 궁구하고 그 궁극적인 데에 이르는 절실한 공부를 거쳐야만 내 마음의 지(知)가 비로소 다하지 못함이 없는 데 이른다. 즉 내 마음의 본체와 작용이 모두 밝아진다는 것이다. 내 마음의 본체와 작용이 모두 밝아지기 위해서는 반드시 물리를

---

402) 『朱熹集』 卷44, 「答江德功第2」, “知求其理矣, 而不至夫物之極, 則物之理有未窮, 而吾之知亦未盡, 故必至其極而後已.”

403) 『葛庵集』 卷12, 「答申明仲·別紙」, “夫人心之靈, 莫不有知, 天下之物, 莫不有理. 學者之始, 固當推吾之知, 窮物之理, 然及其終也, 亦必物理之極處無不到, 然後吾心之體用無不明. 故朱子曰, 惟於理有未窮, 故其知有不盡.”

궁구하여 극처에 이르는 격물단계가 선행되어야 한다. 이것이 바로 이현일의 격물치지(格物致知) 속에 일관하는 특징이다. 때문에 그는 격물하는 절차(節次)와 방법(方法)을 강조하였던 것이다.

> 천하의 사물에는 리가 있지 않음이 없고 하나의 사물 속에도 또한 각기 정조(精粗)와 표리(表裏)가 있으니, 참으로 물리(物理)가 극처에 있다고 말할 수도 없고, 또한 사람이 끝까지 궁구하기를 기다린 뒤에 그것이 이르는 것도 아니다. 마땅히 이미 알고 있는 리로부터 점차로 궁구하여 누적공부[積習]를 다해야 한다. 예컨대 하나의 물에 10분의 도리가 있는데, 만약 4∼5분 정도만 궁구했다면 격(格)한 것이 아니다. 모름지기 10분의 경지까지 미루어 이르러야 비로소 격(格)한 것이다. 이와 같은 연후라야 관통의 묘(妙)가 있다.[404]

격물이란 하나의 리를 궁구하면 만 가지 리에 통한다는 말도 아니고, 반드시 천하의 리를 모두 궁구해야 한다는 말도 아니다. 이미 알고 있는 리를 출발점으로 하여 점진적으로 궁구하여 알지 못하던 리로 추급해 가면, 알지 못하던 리도 알게 되어 알지 못하는 것이 없는 데까지 이르게 된다. 이러한 누적(累積)공부의 과정이 일정 정도의 수준에 이르면 활연관통(豁然貫通)의 경지에 이른다. 이러한 활연관통(豁然貫通)은 반드시 누적공부를 기초로 한다. 반드시 누적(累積)이라는 공부과정을 거쳐야만 '활연관통'할 수 있다. 그 사실을 정자의 말을 인용하여 설명하였다. "하나의 물(物)을 궁구하고서 만

---

404) 『葛庵集』 卷12, 「答申明仲·別紙」, "天下之物, 莫不有理, 而一物之中, 又各有精粗表裏, 固不可輒言物理在於極處. 又不是待人窮格而後有其格之也. 當因其已知之理而漸次窮格, 以致積累之工, 如一物有十分道理, 若只窮到四五分, 便不是格. 須是推得到十分地頭, 方是格. 如此然後爲有貫通之妙云爾."

가지 리에 통하는 것은 비록 안자(顔子)라 하더라도 이 경지에 이르지 못한다. 자기 한 몸에서부터 만물의 리에 이르기까지 이해한 것이 많을수록 저절로 활연히 깨닫는 곳이 있다."[405] 그러므로 반드시 물리(物理)가 극처에 있다고도 말할 수 없고 끝까지 궁구하기를 기다린 뒤에 이른다고도 말할 수 없지만, 한 사물의 리를 끝까지 궁구하여 그 극처인 10분의 경지에까지 이를 것을 강조하였다. 때문에 그는 이러한 견해에 따라 점진적으로 누적공부를 쌓아 간다면 사물의 리에 관통하는 것을 기대할 수 있다고 지적하였다.[406]

(2) '성정(性情)에서 구하는 것'보다 '천지의 물리(物理)를 살필 것'을 강조

한편, 이현일은 격물에서 '격(格)'을 '정(正)' 자로 풀이하는 것은 참으로 크게 어긋났다고 지적하였다.[407] 여기에 대한 상세한 설명은 보이지 않지만, 이 말은 양명(陽明) 왕수인(王守仁, 1472~1528)의 '격물치지' 이론에 대한 비판으로 이해할 수 있다. 왕수인은 『대학』의 '격물치지'를 두고 주희와 해석을 달리하였다. 주희가 격을 '지(至)' 혹은 '진(盡)'의 뜻으로 보고 "사물의 리를 궁구하여 그 극처에까지 모두 이르고자 하는 것"[408]이라고 해석하여 객관사물에

---

405) 『葛庵集』 卷8, 「答李達夫」, "曰一物格而萬理通, 雖顔子亦未至此. 自一身之中, 以至萬物之理, 理會得多, 自當豁然有箇覺處."(『二程粹言』 卷上, 「論學」)

406) 『葛庵集』 卷16, 「答李明古問目」, "若因且見解, 循序漸進, 致積累之功, 則庶幾有貫通之望矣."

407) 『葛庵集』 卷16, 「答李明古問目」, "或者訓格以正, 誠爲戇差."

408) 『大學集註』, "窮至事物之理, 欲其極處無不到也."

대한 인식과정을 강조하였다면, 왕수인은 격(格)을 '정(正)'의 뜻으로 보고 "마음의 바르지 못함을 제거하여 그 본체의 바름을 온전히 하는 것"[409]이라고 해석하여 내 마음의 본체를 온전하게 실현할 것을 강조하였다. 또한 '물(物)'에 대한 해석에서도, 물을 객관대상으로서의 물(物)의 존재를 인정하지 않고 나의 의식과 관계되는 의념(意念)의 대상으로 간주하였다.[410] 때문에 그의 격물치지(格物致知)는 객관사물의 규율을 탐구하기보다는 인심의 부정(不正)을 바로잡아 내 마음의 본체를 올바르게 회복하는 데 있었다. 이러한 학습방법은 자연히 내심의 자각적 인식을 중시하였으니, 『중용』의 개념으로 말하자면 도문학(道問學)에 대한 존덕성(尊德性)의 우선성으로 나타났다. 이로부터 격물치지에 대한 해석 여부를 두고 학문방법론상의 문제가 제기되었다.[411] 이러한 현상에 대해 몽배원(蒙培元)은 그의 『이학범주계통(理學範疇系統)』 속에서 다음과 같이 지적하였다. "주희 이후 격물치지(格物致知)는 두 방향으로 발전하였으니, 하나는 '치지(致知)'를 주로 하여 안으로의 반신이성(反身而省, 심성의 도덕함양)을 강조하였고, 다른 하나는 '격물(格物)'을 주로 하여 밖으로의 인지(認知), 독서와 궁리)를 강조하였다."[412] 다시 말하면, '심성의 도덕함양(道德涵養)을 강조할 것인지' 아니면 '독서를 통한 지식확충(知識擴充)을 강조할 것인지'에

---

409) 『傳習錄(上)』, "去其心之不正, 以全其本體之正."

410) 『王陽明全集』 卷26, 「大學問」, "意所在之事謂之物."

411) 주희 역시 당시의 폐단을 다음과 같이 지적하였다. "오늘날 사람들 중에 넓게 배우기를 힘쓰는 자는 천하의 리를 다 궁구하고자 하고 또 요약에 힘쓰는 자는 몸을 돌이켜 성실하게 하면 천하의 물이 다 나에게 있지 않음이 없다고 말하는데, 이는 둘 다 옳지 않다."(『朱子語類』 卷18, 참조)

412) 蒙培元, 『理學範疇系統』, 人民出版社, 1989, p.352.

대한 방법론상의 문제가 제기되었다. 이 문제는 중국에서뿐만 아니라 조선 성리학자들 사이에서도 예외는 아니었다.

이러한 학문방법론에 관한 논의는 이현일의 '격물치지' 속에서도 잘 나타나 있다. 『갈암집(葛庵集)』 속의 표현으로 설명하면, '성정(性情)에서 구하는 것'과 '천지조화의 변화를 살피는 것'에 대한 우선순위이다. 이현일은 '성정에서 구하는 것'도 중요하지만, '천지조화의 변화를 살피는 것' 또한 소홀히 할 수 없음을 일관되게 강조하였다.

> 성정(性情)에서 구하는 것이 참으로 자신에게 절실하지만, 한 포기의 풀과 한 그루의 나무에도 모두 리가 있으니 살피지 않아서는 안 된다.[413)

> 그러므로 학자가 오로지 인륜일용의 상도(常道)에만 힘쓰고 천하사물의 리를 궁구하는 것을 완물상지(玩物喪志)에 가깝다고 하여 일체를 팽개쳐 버리는 것은 옳지 않다.[414)

> 제 생각에는 '인륜의 성정 사이에서 구하는 것'과 '천지조화의 변화를 궁구하는 것'에는 참으로 선후(先後)와 완급(緩急)의 차이가 있다. 그러나 어찌 우두커니 앉아서 성정(性情)과 심의(心意)의 사이만을 지키고서 더 이상 조화의 변화와 만물의 마땅함을 궁구하지 않고서 격물궁리(格物窮理)라고 하겠는가.[415)

---

413) 『葛庵集』 卷8, 「答李達夫」, "固切於身, 然一草一木, 亦皆有理, 不可不察."

414) 『葛庵集』 卷8, 「答李達夫·癸酉」, "若曰凡爲格物窮理之學者, 當專務彝倫日用之常, 以窮天下事物之理, 爲近於玩物而一切屛去, 則異乎吾所聞矣."

415) 『葛庵集』 卷8, 「答李達夫·癸酉」, "不佞以爲求之人倫性情之間, 與夫察之天地造化之變, 固有先後緩急之序. 然豈宜塊然但守性情心意之間, 不復窮探造化之變萬物之宜, 而謂之格物窮理乎."

물론 인륜일용의 상도(常道)에는 힘쓰지 않고 널리 만물의 리만을 궁구하려 하는 것은 옳지 않지만, 천하의 물리를 궁구하는 것을 완물상지(玩物喪志)에 가깝다고 하고 일체를 팽개쳐 버리는 것 또한 잘못이다. 그러므로 '성정에서 구하는 것'과 '널리 물리의 변화를 살피는 것'에는 참으로 선후완급의 순서가 있으니 마땅히 자기에게 절실한 것을 먼저 하고 널리 물리를 살피는 것을 뒤로 해야 한다.416) 그렇지만 "한갓 근본에만 힘쓰고 말단을 소홀히 해서는 안 되는데, 왜냐하면 자기 몸에 절실한 것만을 구하고 외물(外物)을 빠뜨리면 단계를 거치지 않고 곧바로 요약하거나 고루한 폐단에 빠지기 때문이다."417) 그리하여 심신(心身)의 성정만을 귀하게 여기는 학문방법을 동굴 속에 앉아 하늘을 엿보는 격418)에 비유하고, 모름지기 마음을 활짝 열고 허다한 물사(物事)를 모두 강구한 뒤에야 심의 전체를 모두 밝힐 수 있다고 거듭 강조하였던 것이다.419)

때문에 그는 자신의 성정(性情)에 투철하지 못하면서 널리 만사(萬事)를 살피는 것도 옳지 않고, 이미 본령이 있어 지키는 것이 안정된 상태에서 물리를 궁구하려 하지 않는 것도 옳지 않다고 지적하고,420) 그 이유를 정주의 말을 인용하여 설명하였다. 즉 "천리

---

416) 『葛庵集』 卷8, 「答李達夫」, "格物致知, 當先切己而緩於汎觀物理, 非獨明者言之, 玄逸亦言之."

417) 『葛庵集』 卷8, 「答李達夫」, "然又不當徒務其本而略其末, 但求切己而遺乎物, 致有徑約固陋之斃."

418) 『葛庵集』 卷8, 「答李達夫」, "但只就一線上窺天."

419) 『葛庵集』 卷8, 「答李達夫」, "須撒開心胸, 將許多物事, 都要講過, 然後自然無所障礙矣."

420) 『葛庵集』 卷11, 「答李達夫」, "若於己分上, 不曾見得透守得定, 汎而觀萬事, 固不是, 若已有箇本領, 却只守定些子, 不要去窮格物理, 又不是."

가 크기 때문에 포괄하는 것도 크다. 비록 그 정미한 것을 다 궁구하지는 못하더라도 그 규모의 대강은 알아야 도리가 비로소 두루 미치게 되는데, 만약 조그마한 것만을 지키고서 허다한 것들을 모두 쓸데없는 일로 간주하면 아무것도 남는 것이 없기 때문이라는 것이다."[421] 또한 정자의 경우도, 자기 몸에 절실하면서도 사물을 빠뜨리지 않았고, 큰 것을 극진히 하면서도 작은 것을 소홀히 하지 않았으며, 정미한 것을 궁구하면서도 거친 것을 소홀히 하지 않았으니, 학자가 이것을 따라 힘쓴다면 박학(博學)에만 힘써서 지리한 데 빠지거나 단계를 거치지 않고 곧바로 요약하여 광망한 데로 흐리지 않을 것이다.[422] 이렇게 학문하여야 박문(博文)과 약례(約禮)가 모두 극진해지고 본(本)과 말(末)을 아울러 모두 갖추었다고 말할 수 있다.[423]

총괄하면, 이현일의 격물치지는 『대학』에 서술된 '치지재격물(致知在格物)' 혹은 '격물이후지지(物格而後知至)'의 내용에 충실하고 있음을 알 수 있다. 이러한 관점은 철저한 정주학의 계승으로 이어진다. 그는 반드시 만물의 리를 궁구한 연후라야 심속에 구비된 중리(衆理)를 밝힐 수 있다는 관점을 견지하였다. 때문에 '자기에게 절실한 것'을 먼저 하고 '널리 물리(物理)를 살피는 것'을 뒤로 해야 한다는 선후본말(先後本末)의 차이를 인정하면서도, 한갓 근

---

421) 『葛庵集』 卷8, 「答李達夫」, "故朱子有言曰, 天理大, 所包得亦大. 雖未能洞究其精微, 也要識箇規模大槩, 道理方浹洽. 若只守箇些子, 把許多都做閒事, 便都無事了."

422) 『葛庵集』 卷8, 「答李達夫」, "又曰程子之說, 切於己而不遺於物, 極其大而不略其小, 究其精而不忽其粗. 學者循是而用力焉, 則旣不務博而陷於支離, 亦不徑約而流於狂妄."(『大學或問』)

423) 『葛庵集』 卷11, 「答李達夫」, "其可謂博約兩至, 本末兼該矣."

본에만 힘쓰고 말단을 소홀히 해서는 안 된다는 사실을 일관되게 강조하였던 것이다. 다시 말하면 비록 '격물'의 목적이 '치지'에 있을지라도 밖으로의 '격물'을 통해서만 안으로의 '치지'가 완전해질 수 있다는 것이다. 따라서 그에게 있어서 '격물'이란 바로 '치지'의 전제조건임을 알 수 있다.

3. 이황의 '理到說'에 대한 이해

앞에서 서술한 것이 이현일의 '격물치지(格物致知)'에 대한 설명이라면, 이 장은 '물격지지(物格知至)'에 대한 설명에 해당된다. 이현일의 '물격지지(物格知至)'를 언급하기에 앞서, 주희의 『대학』의 '격물치지장' 주석에 대한 정확한 분석이 선행되어야 할 것 같다. 『대학』에서는 '치지재격물(致知在格物)'이라고 하여 격물치지(格物致知)를 말하고서, 뒤이어 바로 '물격이후지지(物格而後知至)'라고 하여 물격지지(物格知至)를 언급하였다. 주희는 이 둘에 대해 해석을 달리하였다.

① 격물: 窮至事物之理, (欲)其極處無不到也
② 물격: 物理之極處無不到也
     ⓐ (내가) 물리의 극처에 이른다.
     ⓑ 물리의 극처가 (나에게) 이른다.

이 둘, 즉 격물(格物)과 물격(物格)이 갖는 외형상 드러난 가장 큰 특징은 '욕(欲)' 자의 존재 여부이다. 격물(格物)의 주석에서는 '욕' 자가 있지만 물격(物格)의 주석에서는 '욕' 자가 없다. '욕' 자의 뜻에 비추어 볼 경우, '욕' 자가 있는 격물(格物)은 현재까지 어떠한 경지에 도달하지 못하였기 때문에 일정한 경지에 도달하기를 바란다는 뜻이고, '욕' 자가 없는 물격(物格)은 이미 일정한 경지에 도달하였음을 의미한다.424) 그렇다면 격물(格物)이 물리의 극처에 이를 수 있도록 더욱 궁구해 가는 과정이라고 한다면, 물격(物格)은 궁구한 결과 물리의 극처단계에 이르렀다는 말로 이해할 수 있을 것이다. 이로부터 '격물'과 '물격'의 차이를 나름대로 정의할 수 있을 것이다.425)

또 하나는 특징은 해석관점(解釋觀點)이 서로 일치하지 않는다는 것이다. 즉 주체(主體)의 관점에서 해석해야 할 것인가, 객체(客體)의 관점에서 해석해야 할 것인지의 문제이다. 외형상 특징에서도 알 수 있듯이 ①에 해당되는 '격물'은 확실히 주체로 관점에서 서술된 글임을 쉽게 알 수 있다. '욕' 자의 뜻으로도 쉽게 판별이 가능하다. 해석하면, (인식주체인 내가) 사물의 리를 궁구하여 그 극처에까지 모두 이르고자 한다는 것이다. 즉 '격물'은 확실히 대상에 대한 주체의 작용을 두고 한 말임이 분명하다.

문제는 ②에 해당되는 '물격(物格)' 부분이다. 이 부분은 주체의

---

424) 柳正東, 『退溪의 生涯와 思想』, 博英社, p.87.

425) 주희의 견해에 의하면, '격물(格物)'이란 나의 지(知)로써 실제 사물의 리(理)를 탐구하는 것을 말한다. 그러므로 사물의 리(理)는 나의 지(知)로써 탐구되어야 할 대상으로 존재한다. 그렇지만 '물격(物格)'이란 이미 대상으로서의 사물의 리(理)가 나의 지(知)를 통하여 탐구되어 체득·인식된 것이므로 대상으로서의 사물의 리로 존재하는 것이 아니라 인식의 주체와 대상이 합일된 상태를 의미한다. 그러므로 '물격(物格)'과 '지지(知至)'는 두 가지 일이 아닌 것이다.

관점 혹은 객체의 관점에서의 해석이 모두 가능하며, 아울러 관점의 여부에 따라 뜻이 또한 각각 달라진다. 해석하면 ⓐ는 (내가) 물리의 극처에 이른다는 것이고, ⓑ는 물리의 극처가 (나에게) 이른다는 것이다. ⓐ의 경우는 이르는 주체가 나(心)이고 ⓑ의 경우는 이르는 주체는 분명히 물리[理]이다. ⓐ의 경우로 해석할 경우, 물아(物我) 혹은 주객(主客)의 구분이 생기지 않을 수 없게 되고 ⓑ의 경우로 해석할 경우, 무위(無爲)한 리가 작위적 개념인 '도(到)'로 서술됨으로써 논리적 부정합성을 띠게 된다.

이처럼 『대학』은 비록 격물치지(格物致知)로 수신(修身)·제가(齊家)·치국(治國)·평천하(平天下)하는 기초를 제시하였지만, 격물치지에 대한 종합적이고 명확한 해설을 가하지 않았기 때문에 후세 사람들이 문제를 제기할 수 있는 여지를 남겨 두었던 것이다. 중국뿐만 아니라 조선의 성리학자들은 이것을 해결하기 위해 분투·노력하였음은 의심의 여지가 없다. 이황의 이도설(理到說)도 예외가 아니다.

(1) 이황 '理到說'의 타당성 인정

이현일의 '물격(物格)'에 대한 이해는 신익황(申益愰)[426]의 질문에 대한 답변에서 시작된다. 신익황은 『대학』의 '격물치지(格物致知)'와 '물격지지(物格知至)'의 뜻에 대해 늘 시원스럽게 이해하지 못하던 것을 한스럽게 생각하였는데, 특히 이황이 말한 "리는 비록 물(物)에 있

---

426) 신익황[申益愰, 1672(현종 13)~1722(경종 2)]: 조선 후기의 학자, 본관은 평산(平山), 자는 명중(明仲), 호는 극재(克齋)이다.

지만 작용은 실제로 마음에 있다"거나 "궁구함에 따라 발현되어 이르지 않음이 없는 것은 이 리의 지극히 신묘한 작용이다"라는 부분에 대해서는 더더욱 이해할 수가 없음을 제기하였다.[427] 이에 이현일은 자신이 종성(鍾城)에 유배되었을 때 보았던 이덕홍(李德弘)[428]의 『계산기선록(溪山記善錄)』이라는 책 속에 기록되어 있던 이황의 '물격설(物格說)'의 내용을 가지고 신익황의 질문에 대답하였다.

> 이황이 말하기를, 처음에는 『대학』에서의 물격(物格)의 뜻을 '물에 이른다'고 풀었는데, 명언(明彦) 기대승(奇大升)이 "주자가 일찍이 리가 이르고(到) 사물이 이른다(至)고 말하였으니 마땅히 '물이 이른다'로 풀어야 한다"라고 말하였다. 그로 인하여 다시 생각해 보니, 리의 본체는 물상(物上)에 구비되어 진실로 나에게 올 수가 없으나 그 작용의 신묘함은 실제로 한 사람의 마음을 벗어나지 않으니, 만약 이 리를 궁구하면 리가 내 가슴속에 환하게 모두 다 이를 것이다. '물이 이른다'는 설이 참으로 좋다.[429]

이것은 이덕홍의 『계산기선록(溪山記善錄)』이라는 책 속에 기록되어 있던 이황의 '물격설'에 관한 내용이다. 이현일은 여기에 기록된 내용이 이황의 본서(本書)에서 논한 것보다는 간략하지만, 뜻은

---

427) 『葛庵集』 卷12, 「答申明仲·益愰·戊寅·別紙」, "益愰於大學格物致知物格知至之義, 常恨未能通曉. …… 理雖在物用實在心以下, 語意不可曉, 至於隨寓發見而無不到此理, 至神之用云者, 尤似可疑."

428) 이덕홍[李德弘, 1541년(중종 36)~1596년(선조 29)]: 조선 중기의 학자. 본관은 영천(永川). 자는 굉중(宏仲)이고 호는 간재(艮齋)이다. 예안(禮安) 출생으로 이황의 문인이다.

429) 『葛庵集』 卷12, 「答申明仲·益愰·戊寅·別紙」, "某嘗釋大學物格之義曰於物格, 奇明彦謂朱子嘗有理到物至之說, 當釋之曰物其格. 因更思之, 理之體具於物上, 固不得來到於我, 然其用之微妙, 實不外一人之心, 若窮此理, 則昭昭然盡到我胸中矣. 物其格之說, 甚善云云."

실제로 서로 부합한다고 밝히고 있다.[430] 이 단락의 내용은 이황이 기대승의 말에 따라 자신의 이전의 입장을 수정하고 '이도설(理到說)'을 인정하게 된 상황을 설명하고 있다. 그 내용을 간단하게 요약하면 다음과 같다. 즉 이황은 처음에 『대학』에서 '물격(物格)'의 뜻을 위에서 언급한 ⓐ의 해석에 따라, '물에 이르다', '물리의 극처에 이르지 않음이 없다'라고 해석함으로써 내 마음의 지각활동이 물리를 궁구하는 것으로 파악하여 대상으로서의 리가 수동적으로 마음의 지각을 기다리는 인식방법을 고수하였다. 다시 말하면, 물리에 대한 인식은 어디까지나 인식주체인 마음과 대상으로서의 리를 주객(主客) 혹은 물아(物我)로 구분 지은 상태에서 인식주체인 마음이 인식대상인 사물을 궁구하여 이루어진다고 생각하였던 것이다.[431]

그러나 기대승이 ⓑ에서처럼 '물이 이른다', '물리의 극처가 이르지 않음이 없다'로 해석할 것을 제기하자, 이것을 받아들이고 자신의 이전 입장을 수정한다. 즉 "격물(格物)을 말할 때는 진실로 내가 궁구하여 물리의 극처에 이르는 것을 말하지만, 물격(物格)을 말하는 데 이르러서는 물리의 극처가 나의 궁구하는 바에 따라 이

---

430) 『葛庵集』 卷12, 「答申明仲・益愰・戊寅・別紙」, "此錄所記, 與先生本書所論, 雖有詳略之不同, 意實相符."

431) 이황의 경우, 전에는 무위(無爲)한 리의 본체적 측면만을 보고 물리가 인식대상 속에 고정되어 있고 나의 마음이 인식주체로 작용하여 '물에 이르다' 혹은 '물리의 극처에 이르지 않음이 없다'고 이해하였다. 즉 물리의 극처에 이르는 주체를 나의 마음으로 보고 물리는 인식대상으로 보아 주체인 내 마음의 인식에 따라 객체인 물리가 인식되는 것을 의미한다. 이와 같으면 인식주체인 심(心, 知)과 인식객체인 리(理, 物理) 사이에 주객(主客)과 물아(物我)의 구분이 없을 수 없기 때문에 당시의 일부 학자들로부터 비판의 대상이 되기도 하였다. 그렇지만 후에 기대승의 지적을 받아 이도설(理到說)을 인정하게 된 다음에는 '물리의 극처'를 주격(主格)으로 보고 주격의 의미를 적극적으로 받아들였다. 그리하여 리가 능동적으로 다가오는 것을 인정하고 이것을 리의 지극히 신묘한 작용의 결과로 해석하였던 것이다(금장태, 『퇴계의 삶과 철학』, 서울대학교 출판부, p.72 참조).

르지 않음이 없다고 말할 수 없겠느냐"432)는 것이다. 이황의 견해에 따르면, '격물' 단계에서는 이르는 대상을 나의 마음(心 혹은 知)으로 보아야겠지만, '물격' 단계에 이르러서는 이르는 대상을 물리(理)로 보아야 한다는 뜻이다.433) 이 단계에 이르면, 인식주체인 내가 물리를 궁구하는 단계를 지나 일정한 경지, 즉 주희가 말한 활연관통(豁然貫通)의 경지에 이르면 인식대상인 물리가 모두 이르게 된다는 것이다. 이것이 바로 이황의 이도설(理到說)이다.434) 여기에서 이황이 '이도설'을 인정하게 된 상황을 이현일이 재인용한 것은 그 역시 '이도설'의 타당성을 인정하기 때문이었을 것이다.

'이도설'에 대한 인정은 '이발설(理發說)'·'이동설(理動說)'과 마찬가지로, 리와 기로 존재일반을 설명하는 성리학적 체계 속에서 리와 기 중 어느 쪽이 주체가 되는지의 문제와 관련되어 체용론(體用論)으로 연결될 뿐만 아니라 리와 기의 위계질서를 확인하는 중

---

432) 『退溪全書』 卷18, 「答奇明彦·別紙」, p.465, "方其言格物也, 則固是言我窮至物理之極處, 及其言物格也, 則豈不可謂物理之極處, 隨吾所窮而無不到乎."

433) 이황은 여기에서 격물(格物)과 물격(物格)의 차이를 언급하고 있다. 이황의 견해에 따르면, '격물'은 인식주체인 내가 하루하루 물리를 궁구해 나가는 과정을 말한 것이라면, '물격'이란 일정 정도 격물의 과정을 거쳐서 물리의 극처에 이른 후, 즉 활연관통(豁然貫通)의 경지에 이른 후의 단계에 해당된다는 사실을 알 수 있다.

434) 물론 이러한 견해는 또 하나의 문제를 야기하였다. 이황의 주장처럼 '물이 이른다' 혹은 '물리의 극처가 이르지 않음이 없다(物理之極處無不到)'라고 해석할 경우, 무위한 리가 작위적 개념인 '도(到)'로 서술됨으로써 논리적 부정합성을 띠게 된다는 것이다. 이에 대해 이황은 리에 체용이론을 적용시킴으로써 자신의 이론을 합리화하였다. "정의와 조작이 없는 것은 이 리의 본연의 본체이고 그 궁구하는 바에 따라 발현되어 이르지 않음이 없는 것은 이 리의 지극히 신묘한 작용이다. 이전에는 다만 본체가 무위(無爲)하다는 것만을 보고 신묘한 작용이 현행(顯行)할 수 있다는 것을 알지 못하였다."(『退溪全書』 卷18, 「答奇明彦·別紙」, p.465, "是知無情意造作者, 此理本然之體也, 其隨寓發見而無不到者, 此理至神之用也. 向也但有見於本體之無爲, 而不知妙用之能顯行.")

요한 근거가 되기도 한다.[435] 때문에 성리학에 있어서 리의 '도(到)'·
'발(發)'·'동(動)'을 둘러싼 이론이 복잡하고 다양하게 전개되었던
것이다.

　결론적으로 말하면, 이현일은 리에 능동적 지위를 부여하였다. 이
러한 사실은 그가 살았던 17세기의 시대배경과 무관하지 않다. 이
현일은 그가 활동하던 17세기 당시의 극심한 붕당정치의 역사상황
을 근본적으로 도덕원리의 무력화에 인한 소치로 인정하고 리의 능
동성 강화에 기초하여 현실에서의 도덕원리의 작용을 진작시킴으로
써 당시의 역사상황에 대응하고자 하였다. 이러한 그의 신념은 자
연히 이이의 '리무위(理無爲)'설이 리를 무력한 피동적 존재로 인식
하게 함에 따라 도덕원리의 무력화를 조장할 위험을 내포한다고 간
주함으로써 배척하지 않을 수 없었던 것이다. 이러한 '리'라는 도덕
원리의 절대성을 강조한 것은 도덕의 근본성격을 참으로 인식하고
이를 현실사회에 실현 내지 구현하도록 하려는 것이라 할 수 있다.

(2) 리의 능동성 인정

　여기에서 신익황은 이황이 활용했던 리의 체용(體用)이론에 대
해, 즉 "리는 비록 만물에 있지만 작용은 실제로 마음에 있다"거나
"궁구함에 따라 발현되어 이르지 않음이 없는 것은 이 리의 지극
히 신묘한 작용이다"는 부분에 대해 의혹을 제기하였다. 신익황이
인용한 "리가 비록 만물에 있지만 그 작용은 실제로 심에 있다"는

---

435) 琴章泰 『退溪學派 思想(Ⅱ) 集文堂 2001년 p.27.

말은 『대학혹문(大學或問)』의 내용이다. "리가 만물에 있지만 그 작용은 실제로 심에 있다"고 한다면, 리는 독자적으로 작용할 수 없는 사물(死物)이 되어 항상 인심을 기다려야 하기 때문에 리의 능동성은 부정된다. 그런데 "궁구함에 따라 발현되어 이르지 않음이 없는 것은 이 리의 지극히 신묘한 작용이다"라고 하여 리의 능동성을 긍정하고 있다. 신익황의 의혹은 바로 여기에 있었다. 그는 리의 능동성(能動性)을 부정하였다가 다시 긍정하는 논리적 모순을 지적하였던 것이다. 신익황의 의혹은 어디까지나 무위(無爲)한 리가 어떻게 나의 마음에 이를 수 있느냐, 즉 어떻게 리의 능동성을 긍정할 수 있느냐에 있었다.

이현일은 이황의 체용이론에 대한 타당성을 인정하는 전제하에서, '리가 이른다'는 것은 실제로 무위(無爲)한 리의 본체를 두고 말한 것이 아니라 리의 지극히 신묘한 작용이라고 설명한다. 즉 리에 반드시 작용이 있음을 인정하고, 설령 그 작용이 인심을 벗어나지 않을지라도 작용의 신묘함이 되는 까닭은 실제로 리의 발현 때문이라는 것이다.[436] 이것을 격물(格物)로 말하면, 내가 물리를 궁구하여 그 극처에까지 이른다는 말이고 물격(物格)으로 말하면, 물리의 극처가 나의 궁구하는 바에 따라 모두 이른다는 말이다. 다시 말하면 인식주관의 의식이 대상을 지향하게 되면 대상으로서의 물리가 의식 속에서 발현되어 자연히 주관에 이른다는 것이다.[437]

이현일은 여기에서 한 걸음 더 나아가 '도(到)' 자를 '진(盡)' 자

---

436) 『退溪全書』 卷18, 「答奇明彦別紙」, "理必有用, 何必又說是心之用乎. 則其用雖不外乎人心, 而其所以爲用之妙, 實是理之發見者."

437) 최영진, 「퇴계의 이기론과 현식인식」, 『조선조유학사상사의 양상』, 성균관대학교출판부 2005년, p.86 참조.

로 해석할 것을 강조하였다.

> 『대학』 장구 및 보망장(補亡章)에서는 물격(物格)의 뜻을 해석
> 하여 "물리의 극처가 이르지 않음이 없다"라고 하였고 또한 "만
> 물의 표리정조(表裏精粗)에 이르지 않음이 없다"라고 하였는데,
> 이 '도(到)' 자는 '거기에서 여기에 이른다'는 뜻이 아니라 바로
> 리(理)가 이르고 정(情)이 이르러 나아가 이른다는 '도(到)'이니
> 대체로 '진(盡)' 자와 같은 뜻이다. 그러므로 주자는 "격은 다한
> 다(盡)는 것이다. 물에 나아가 물에 이르면 물리(物理)가 다한
> 다."라고 하였으니, 물을 궁구하여 물의 극처에 이르면 물리가
> 남김없이 모두 다한다는 말이다.[438]

이현일은 '물리지극처무불도(物理之極處無不到)'와 '중물지표리
정조무물도(衆物之表裏精粗無不到)'에서의 '도(到)' 자가 '저기에서
여기에 이른다'는 능동적 개념의 뜻이 아니고 '리(理)가 이르고 정
(情)이 이르러 나아가 이른다', 즉 '물에 나아가 물에 이르면 물의
리가 남김없이 모두 이른다'는 뜻으로 이해하였다. 때문에 그는
'도(到)' 자를 '진(盡)' 자의 뜻으로 해석할 것을 강조하였다. 그가
'도(到)' 자를 '진(盡)' 자로 이해할 것을 강조한 것은 '도(到)' 자에
는 '거기에서 여기에 이른다'는 능동적인 뜻이 강하기 때문에 무위
(無爲)인 리가 작위적인 개념으로 서술됨으로써 나타나는 논리적
부정합성을 우려한 데 기인한 것으로 보인다. 때문에 그는 '도(到)'
자를 '진(盡)' 자로 해석할 것을 강조하여 '물에 나아가 물의 극처

---

438) 『葛庵集』 卷12, 「答申明仲・益愰・戊寅・別紙」, "大學經文章句及補亡章釋物
　　格之義曰物理之極處無不到,　又曰衆物之表裏精粗無不到,　此到字非自彼到此之
　　義,　乃理到情到造得到之到. 蓋與盡字義同(朱子曰格盡也. 格物而至於物　則物理
　　盡.). 言格物而至於物之極, 則物之理到盡無餘矣."

에 이르게 되면 물리가 남김없이 모두 나에게 다한다[발현된다]'는 것으로 이해하였다. '물리가 남김없이 모두 다한다'는 것은 물리가 의식 속에 발현됨으로써 대상의 본질이 인식된다는 것이다. 이것이 바로 '이도(理到)'에 대한 이현일의 해석이다. 이황과 마찬가지로, 이현일은 이르는 주체를 물리(物理)로 보고 리의 자발적인 작용을 강조하였다. 즉 내 마음이 물리의 극처에 이른다는 것이 아니라, 물리의 극처가 내 마음에 남김없이 모두 이른다는 말이다. 이것은 물리가 인식대상 속에 고정되어 있고 주관적 마음만이 인식주체로 활동한다는 견해와는 자못 상반된다. 이처럼 이현일의 인식세계에 대한 리의 자발적인 강조는 리를 능동적 작용의 주체로 인식하는 데서 출발하여 적극적으로 '리무위(理無爲)'설을 극복함으로써 이황의 견해를 이어서 이도설(理到說)을 확고히 제시하였다. 이러한 '이도설'을 통해 리를 한갓 형이상학적 원리나 논리적 개념으로서가 아니라 현실세계에 있어서 생생하게 현행하는 능동적 실체로 정립하고자 하였던 것이다.

　이현일의 이도(理到)에 대한 구체적 논술은 이이의 물격지지(物格知至)에 대한 비판으로 이어진다.

4. 이이의 '物格知至'에 대한 비판

　이현일의 물격지지(物格知至)에 대한 이해는 신익황과의 질의문답에서 시작된다. 신익황은 『대학』의 '격물치지(格物致知)'와 '물격

지지(物格知至)'의 뜻에 대해 이현일에게 분명한 가르침을 청하면
서 이이의 견해, 즉 김장생의 질문에 대한 이이의 대답이 모두 명
백하고 적절하여 더 이상 의심할 여지가 없이 분명하다고 밝히고
있다. 때문에 그는 사계(沙溪) 김장생(金長生, 1548~1631)과 율곡
(栗谷) 이이(李珥, 1536~1584)의 문답내용을 거론하면서 자신의
이론이 타당하다는 것을 제시하였다.

    ① 사계가 율곡에게 묻기를, "물격(物格)이라고 하는 것은 물
리(物理)가 극처에 이르는 것입니까, 나의 지(知)가 극처에 이르
는 것입니까." 율곡이 대답하기를, "물리가 극처에 이르는 것이
다. 만약 나의 지(知)가 극처에 이른다면 리는 지지(知至)이지 물
격(物格)이 아니다. 물격(物格)과 지지(知至)는 하나의 일이니 물
리(物理)로 말하면 물격(物格)이라 하고 오심(吾心)으로 말하면
지지(知至)라고 한다."
    ② 사계가 율곡에게 또 묻기를, "사물의 리는 원래 극처에 있
으니 어찌 반드시 사람들이 사물의 리를 궁구하고서야 극처에 이
르는 것이겠습니까." 대답하기를, "이 말은 참으로 옳다. ⓐ 비유
하면 어두운 방 안에 책은 시렁 위에 있고 옷은 횃대 위에 있으
며 상자는 벽 아래쪽에 있지만 어두워서 물건을 볼 수 없다는 이
유로 책·옷·상자가 그곳에 없다고 말할 수는 없다. 사람이 등
불을 가지고 비춰 보면 바야흐로 책이 시렁에 있고 옷이 횃대에
있으며 상자가 벽 아래쪽에 있는 것을 볼 수 있다. ⓑ 리는 본래
극처에 있으니 사람의 격물을 기다려서 극처에 이르는 것이 아니
다. 리가 스스로 극처에 이르는 것이 아니라 나의 지(知)에 밝고
어두움이 있기 때문에 리가 이르고 이르지 못함이 있는 것이다."
신익황의 생각에는 무릇 이러한 논의가 모두 명백하고 적절하여
더 이상 의심할 여지가 없이 분명합니다.[439]

---

439) 『葛庵集』 卷12, 「答申明仲·益愰」, "沙溪問於栗谷曰, 物格云者, 物之理到極處
邪, 吾之知到極處邪. 答曰, 物理到極處也. 若吾之知到極處, 則是知至, 非物格
也. 物格知至, 只是一事, 以物理言之, 謂之物格, 以吾心言之, 謂之知至. 又問,

이것은 원래 김장생의 '물격지지(物格知至)'에 대한 질문에 이이가 대답한 내용이다. 우복(愚伏) 정경세(鄭經世, 1563~1633)가 '청객이객래(請客而客來, 손님을 청하면 소님이 온다)'라는 내용으로 이황의 이래도설(理來到說)을 주장하는 데 맞서, 김장생은 이이의 설에 근거하여 자신의 학설을 전개하였던 것이다. 신익황은 이러한 이이 혹은 김장생의 '물격지지(物格知至)'에 대한 논리가 의심할 여지 없이 분명하다고 보고 이 단락의 내용을 인용하여 이현일에게 '이도설(理到說)'에 대한 부당성을 제기하였던 것이다.

반면, 이현일은 신익황에게 이이[혹은 김장생]의 견해가 두 가지 측면에서 크게 잘못되었음을 지적하였다. 즉 "①에 해당되는 부분은 말이 매우 분명하여 조금의 의심도 없지만, ②에 해당되는 부분은 혹은 급박한 병통이 있고 혹은 앞뒤의 순서를 잃었으며, 혹은 말한 것이 딱 들어맞지 않아 ①에서 논한 것과 어긋나는 곳이 있음을 면치 못하였다는 것이다."440) 그리고 그 병폐가 ⓐ에 해당되는 '등불비유'와 ⓑ에 해당되는 '리가 본래 극처에 있다'는 데 있다고 지적하였다.

物理元在極處, 豈必待人格物後乃到極處乎. 曰此固然. 譬如暗室中冊在架上, 衣在桁上, 箱在壁下, 緣黑暗不能見物, 不可謂冊衣箱不在某處也, 及人取燈以照見, 則方見冊在架衣在桁箱在壁下矣, 理本在極處, 非待格物始到極處也. 理非自解到極處, 吾之知有明暗, 故理有至未至也云云. 益愧以爲凡此所論, 似皆明白切當, 豁然無復可疑."

440) 『葛庵集』 卷12, 「答申明仲·別紙」, "大抵栗谷前段所論, 語極分明, 不少疑晦, 至後段所云云, 或有急迫之病, 或失先後之序, 或下語之際, 失稱停之宜, 與前段所論, 不免有牴牾處."

(1) '등불비유'에 대한 비판

이것은 ⓐ에 해당되는 부분으로, "비유하면 어두운 방 안에 책은 시렁에 있고 옷은 횃대에 있지만 어두워서 볼 수 없다가 등불을 가지고 비춰 보고서야 비로소 각각 그곳에 있는 것을 보게 된다"는 것이다.

먼저 이현일은 '등불의 비유'가 '물격지지(物格知至)'의 뜻으로 헤아려 볼 때 전혀 적절하지 않으며 말뜻이 너무 급박하고 순서를 따르지 않아 점차적으로 경유하는 실상이 없이 곧바로 돈오(頓悟)하는 뜻이 강하기 때문에 정주학의 '물에 나아가 물에 이르면 물의 리가 다한다'는 뜻에는 전혀 어울리지 않는다고 비판하였다.[441]

> 이것은 정자가 말한 "오늘 하나의 물에 나아가고 내일 하나의 물에 나아간다"는 것이나, 주자가 말한 "이미 알고 있는 리로 인해 더욱 궁구하여 그 극처에 이르기를 구한다"는 뜻이 아니고, 바로 상산(象山) 육구연(陸九淵, 1139~1192)이 말한 "만약 일에 따라 정밀히 살핀다면 정신이 쉽게 피폐해지니 다만 마음에서 구하는 것만 못하다. 마음이 밝아지면 비추지 못하는 잘못이 없게 된다."는 것이다.[442]

여기에서 이현일은 정주학(程朱學)과 육학(陸學)의 학문적 차이

---

441) 『葛庵集』卷12, 「答申明仲・益愰・戊寅・別紙」, "所謂譬如暗室中冊在架衣在桁, 緣黑暗不能見, 及取燈以照之, 方見各在其處云者, 揆之物格知至之義, 殊不親切, 初無漸次經由之實, 便有霎時頓悟底意思. 其於物格而至於物, 則物理盡之義, 何所當也."

442) 『葛庵集』卷12, 「答申明仲・別紙」, "殊非程子所謂今日格一物, 明日格一物, 朱子所謂因其已知之理而益窮之, 以求至乎其極之旨. 正墮陸象山所謂若隨事精察, 則精神易弊, 不若但求之心, 心明則無不照之失."

를 지적하였다. 정주학이 오늘 하나의 사물에 나아가고 내일 하나
의 사물에 나아가서 이미 알고 있는 리로부터 더욱 궁구하여 극처
(極處)에 이를 것을 구하는 것이라면, 육학은 외재사물에 대한 궁
리가 정신을 피로하게 하는 것으로 보고 다만 자신의 마음에서 구
할 것을 강조하였다. 즉 정주학이 외재하는 구체사물을 격물(格物)
의 대상으로 삼았다면, 육학은 중리(衆理)가 모두 완비된 나의 마
음을 격물의 대상으로 삼았던 것이다. 여기서 '대상으로 삼았다'는
말은 방법론상에서 더 우선순위를 두었다는 말에 해당된다. 여기에
서 이현일은 이이의 '등불비유'가 바깥대상의 고찰과 이해를 강조
하는 정주학의 뜻이 아니라 '자신의 본심만을 밝힐 것'을 주장하는
육학의 뜻이라고 비판하였던 것이다.

또한 이현일은 이이의 '등불비유'가 점진적인 맛이 없기가 호씨
(胡氏)의 설보다 더 심하다고 비판하였다.443) 여기에서 호씨는 오
봉(五峰) 호굉(胡宏, 1105〜1161)을 말한다. 이현일은 여기에서 주
희가 『대학혹문(大學或問)』에서 호씨의 말을 인용하여 호씨의 병
폐를 지적한 내용을 거론하면서, 이이의 병폐가 호굉보다 더 급박
하고 점진적인 맛이 없다고 지적하였다.

주자는 『대학혹문』의 '격물치지장'에서 오봉 호굉의 "일에 나
아가고 물에 나아가서 싫증내지도 않고 포기하지도 않고서 자신
이 직접 물리를 궁구하여 그 앎을 정밀히 한다"는 설을 인용하고,
'치'(致) 자의 안으로 향하는 뜻은 터득하였지만 말뜻이 자못 급
박해서 그 전체 규모의 대강을 다하지 못하였고, 또 차분하게 잠

---

443) 『葛庵集』 卷12, 「答申明仲・己卯」, “栗谷所論冊衣箱在暗室中, 緣黑暗不能見,
　　及取燈照見, 方知各在其處云者, 其語意之急迫無漸, 抑又甚於胡氏之說.”

심(潛心)하고 완미(玩味)하기를 오래하여 관통하는 공부를 알지
못하였다.444)

주희는 『대학혹문』에서 호굉의 말이 내면에 대해서만 말하였을
뿐이고 외면에 관해서는 말하지 않았기 때문에 자못 급박한 결함
이 있음을 지적하고 반드시 겉과 속, 안과 밖을 두루 겸비할 것을
강조하였다. 이현일은 주희가 호굉을 비판하는 글을 인용하면서,
이이의 '등불비유'가 호굉과 마찬가지로 전적으로 내면의 이해로만
내달려서 자못 급박하고 점진적인 맛이 부족하다고 비판하였다. 정
주의 견해처럼, "자기 몸에서 절실하면서도 사물을 빠뜨리지 않고,
큰 것을 극진히 하면서도 작은 것을 소홀히 하지 않으며, 정미한
것을 궁구하면서도 거친 것을 소홀히 하지 않을 것"을 강조하였던
것이다.445)

이로부터 이현일이 격물하는 방법과 절차를 중요시하였음을 알
수 있다. 즉 '오늘 하나의 사물을 궁구하고 내일 하나의 사물을 궁
구한다.', '이미 알고 있는 리로부터 더욱 궁구하여 그 궁극적인
뜻에 이른다.', '마땅히 거친 데서 정밀한 데로, 겉에서 속으로 들
어가 그 극처에 이르러야 한다.', '반드시 10분까지 궁구하여 이르
러야 비로소 격물(格物)이다'는 등 반드시 구체사물에 대한 격물(格
物) 단계를 거친 후에 나의 본심을 밝히는 치지(致知) 단계, 즉 도
덕적 보편원리에 이르는 방법론을 견지하였던 것이다. 때문에 그는

---

444) 『葛庵集』 卷12, 「答申明仲・己卯」, "朱子於大學或問格物致知章, 引五峯胡氏卽
　　事卽物, 不厭不棄, 身親格之, 以精其知之說, 以爲得致字向裏之義, 但其語意頗
　　傷急迫, 旣不能盡其全體規模之大, 又無以見其從容潛玩積久貫通之功耳."
445) 『葛庵集』 卷11, 「答李達夫」, "程子之說, 切於已而不遺於物, 極其大而不略其小,
　　究其精而不忽其粗."

이이의 '등불비유'가 공부와 학습과정을 무시하고 바로 본심(本心)으로 나갈 것만을 주장하였기 때문에 갑자기 깨달음을 중시하는 육학의 돈오(頓悟)의 뜻과 상통한다고 비판하였던 것이다.

(2) '물리는 본래 극처에 있다'에 대한 비판

이것은 ⓑ에 해당되는 것으로, "리는 본래 극처에 있으니 사람의 격물(格物)을 기다린 이후에 비로소 극처에 이르는 것이 아니다. 나의 지(知)에 밝고 어두움이 있기 때문에 리가 이르고 이르지 못함이 있다"446)는 것이다.

먼저, 이현일은 이이의 이러한 견해가 지지(知至)의 관점에서 언급된 글임을 지적하였다. "지지(知至)만을 말한다면 혹 이와 같이 말할 수도 있겠지만, 이미 '물격이후지지(物格而後知至)'라고 한다면, 말의 선후로 보아 이와 같아서는 안 된다."447) '물격이후지지(物格而後知至)'라는 『대학』의 본래 취지에 근거해 볼 때, 이것은 도리어 지지(知至)에서 물격(物格)에 이르는 것과 같은 어감을 주기 때문에 이미 전후의 순서를 잃었다는 것이다.448)

이이의 견해에 의하면, 리는 사물 가운데에 완전한 상태로 자재해 있는 것이고 나의 궁구함만이 그 물리의 극처에 이를 수 있다.

---

446) 『栗谷全書』 卷32, 「語錄(下)」, "理本在極處, 非待格物始到極處也. 理非自解到極處, 吾之知有明暗, 故理有至未至也."

447) 『葛庵集』 卷12, 「答申明仲·別紙」, "若單說知至, 則或可如此說, 既曰物格而後知至, 則言之先後, 恐不當如是也."

448) 『葛庵集』 卷12, 「答申明仲·別紙」, "若單說知至, 則或可如此說, 既曰物格而後知至, 則言之先後, 恐不當如是也."

그러므로 그에게 있어서 인식이란 주관인 심이 객관사물의 리를 궁구함으로써 주관의 지(知)가 극처에까지 도달한다는 것이다. 때문에 그는 이황의 이자도설(理自到說)과 같은 이론에 분명히 반대하였다. 이황의 '이도(理到)'란 주관[심]의 인식작용에 따라서 객관의 리가 주관의 심에 와서 이르는 것이다. 그러므로 이이는 "후세에 분분한 설이 매우 많지만, 물리(物理)가 나의 마음에 와서 이른다는 설에 이르러서는 특히 분명하지 못하다"449)라고 비판하였다. 게다가 그는 물리가 원래 극처에 있기 때문에 물리의 극처에 이르고 이르지 못하는 것은 전적으로 내 마음의 지(知)의 밝고 어두움에 달려 있다고 보았다. 즉 내 마음의 지(知)가 밝으면 물리의 극처에 이르는 것이고, 내 마음의 지(知)가 어두우면 물리의 극처에 이르지 못한다는 것이다. 그렇다면 이이에게 있어서는 '물리를 궁구하여 극처에 이르는 것'보다 '내 마음의 지(知)를 밝게 하는 것'이 더욱 절실하게 요청된다. 이러한 관점은 확실히 육학(陸學)의 '자신에게서 구한다', '만물의 리가 모두 나에게 갖추어져 있다'는 관점과 부합하는 일면이 없지 않다. 이러한 학문방법은 자연히 내 마음의 지(知)를 밝히는 일, 즉 내심의 자각적 인식방법을 중시하지 않을 수 없다. 이러한 방법과는 달리, 이현일은 객관사물에 대한 격물과정이 선행되어야 내 마음의 지(知)에 대한 미진함도 사라진다고 설명하였다.

　　무릇 인심의 허령함에는 지(知)가 있지 않음이 없고 천하의 물

---

449) 『栗谷全書』 卷32, 「語錄(下)」, "後之紛紛之說, 甚多, 至有物理來至吾心之說, 殊不可曉."

에는 리(理)가 있지 않음이 없다. 학자가 처음에는 진실로 나의
지(知)를 미루어 사물의 리를 궁구해야 하지만, 끝에 가서는 또한
반드시 물리의 극처에 이르지 않음이 없게 된 뒤에야 내 마음의
본체와 작용이 밝아지지 않음이 없게 된다. 그러므로 주자가 "오
직 리에 대해 다 궁구하지 못하기 때문에 그 지(知)에 지극하지
못함이 있다"라고 말하였다.[450]

모든 사람의 마음에는 지(知, 천리)가 있지만, 리를 궁구하지 못
하기 때문에 그 마음에 갖추고 있던 지(知)도 다하지 못하게 된다.
반드시 사물에 나아가 리를 궁구하고 그 궁극적인 데에 이르는 절
실한 공부를 거쳐야만 내 마음의 지(知)가 비로소 다하지 못함이
없는 데 이르게 된다. 처음에는 물론 이미 알고 있는 나의 지(知)
를 출발점으로 하여 물리를 궁구해 나가지만, 반드시 물리(物理)의
극처에 이른 뒤에야 비로소 내 마음의 본체와 작용이 모두 밝아진
다. 때문에 내 마음의 본체와 작용을 모두 밝히기 위해서는 물리
를 궁구하고 그 극처에 이르는 절실한 공부를 거쳐야 한다. 그러
므로 리를 구할 줄 알아도 물의 극처에 이르지 못하면 물의 리를
다 궁구하지 못하게 되고 나의 지(知)도 또한 다하지 못함이 있기
때문에 반드시 그 극처에 이른 후에 그쳐야 한다.[451] 여기에서 말
한 극처(極處)라는 것은 격물(格物)하여 물에 이름에 1~2분에서부
터 10분에까지 이르는 것을 말한다. 만약 2~3분만 궁구하면 이것
은 격물이 아니니, 반드시 10분까지 궁구하여 이르러야 비로소 격

---

450) 『葛庵集』 卷12, 「答申明仲·別紙」, "夫人心之靈, 莫不有知, 天下之物, 莫不有
理. 學者之始, 固當推吾之知, 窮物之理, 然及其終也, 亦必物理之極處無不到, 然
後吾心之體用無不明. 故朱子曰, 惟於理有未窮, 故其知有不盡."

451) 『朱熹集』 卷44, 「答江德功第2」, "知求其理矣, 而不至夫物之極, 則物之理有未
窮, 而吾之知亦未盡, 故必至其極而後已."

물(格物)이라 할 수 있다. 이처럼 반드시 10분까지 궁구할 수 있어야 격물이라 할 수 있기 때문에 '물리가 원래 극처에 있다'는 설은 옳지 않다고 지적하였다.452)

또한 이현일은 우복(愚伏) 정경세(鄭經世, 1563~1633)와 사계(沙溪) 김장생(金長生, 1548~1631)의 논변과정453)에서, 정경세의 "물리가 원래 극처에 있다고 말한 것에는 병통이 있으니 물리에는 정조(精粗)와 천심(淺深)이 있지 않음이 없다"는 말을 지론(至論)이라고 칭찬하고,454) 이이의 "물리가 원래 극처에 있다"는 설을 비판하였다. 왜냐하면 천하의 사물에는 리가 있지 않음이 없고 하나의 사물 속에도 각기 정조(精粗)와 본말(本末)의 차이가 있으니, 리가 정밀하고 깊은 데만 있고 거칠고 얕은 데는 없는 것이 아니기 때문이다.

> 천하의 물에는 리가 있지 않은 곳이 없고 일물(一物) 가운데에도 각기 정조(精粗)와 본말(本末)의 차이는 있지만, 그 리는 하나이다. 그러므로 정자가 말하기를, "리는 크고 작은 차이가 없으니 쇄소응대(灑掃應對)하는 데서부터 정의입신(精義入神)의 경지에 이르기까지 관통하는 것은 다만 하나의 리이다." 이로부터 말한다면 쇄소응대(灑掃應對)하는 데에도 이 리가 있고 정의입신(精義入神)에도 이 리가 있어 크든 작든 정밀하든 거칠든 간에 있지

---

452) 『葛庵集』卷12, 「答申明仲·己卯」, "夫所謂極處者, 乃是格物而至於物, 自一分二分, 至於十分地頭之謂, 非如物理元在極處之說也."

453) 여기에서 신익황이 김장생과 정경세의 논변과정에서 김장생[혹은 이이]의 '물리가 극처에 있다'는 설의 타당성을 주장하자, 이현일은 정경세의 말을 인용하여 '물리가 원래 극처에 있다'는 설의 병폐를 지적하였다(『葛庵集』卷12, 「答申明仲·己卯」, 참조).

454) 『葛庵集』卷12, 「答申明仲·己卯」, "其以物理元在極處者爲言語之病, 乃曰精粗淺深無所不在云, 則誠至論也."(『沙溪全書』卷11, 「經書辨疑」)

않음이 없으니, 사물의 지극한 곳에는 이 리가 있고 거칠고 얕은
곳에는 리가 없다고 해서는 안 된다.[455]

　천하의 사물에는 리가 있지 않음이 없고 하나의 사물 속에도 각
기 정조(精粗)와 본말(本末)의 차이가 있기 때문에 격물하는 방법
은 마땅히 거친 데서 정밀한 데로, 얕은 데서 깊은 데로 들어가서
각각 그 극처에 이르러야 한다. 그런데 이이가 말한 것처럼 '물리
가 원래 극처에 있다'고 한다면, 물리는 사람이 궁구하기를 기다린
뒤에 극처에 이르는 것과는 상관없이 원래 완전하게 갖추고 있지
않음이 없기 때문에 물리가 정밀하고 깊은 데만 있고 거칠고 얕은
데는 없게 되니 말뜻이 자연히 맞지 않다. 즉 쇄소응대(灑掃應對)
하는 데에도 리가 있고 정의입신(精義入神)에도 리가 있어 크든 작
든 정밀하든 거칠든 간에 있지 않음이 없으니, 물리가 원래 극처
에 있다는 말에는 병폐가 있다. 때문에 그는 격물방법으로 다음과
같이 지적하였던 것이다. 즉 "사물에는 반드시 리가 있고 리에는
반드시 정조(精粗)와 표리(表裏)가 있기 때문에 그것을 궁구함에
있어서는 거친 데서 정밀한 데로, 겉에서 속으로 향하여 그 극처
(極處)에 이르기를 구한 뒤에야, 물리의 극처가 이르지 않음이 없
고 내 마음의 지(知)가 밝아지지 않다고 말해야 입언한 순서를 잃
지 않는다는 것이다."[456]

---

455) 『葛庵集』 卷12, 「答申明仲・己卯」, "天下之物, 莫不有理, 一物之中, 又各有精
　　粗本末之不同而其理則一也. 故程子曰, 理無大小, 從灑掃應對, 與精義入神, 貫
　　通只一理. 由此言之, 灑掃應對上, 有此理, 精義入神上, 有此理, 無論大小精粗,
　　莫不有之, 不當以物之極至處爲有理, 其粗淺處爲無理也."
456) 『葛庵集』 卷12, 「答申明仲・別紙」, "若曰物必有理, 理必有精粗表裏, 其窮之也,
　　自粗而精, 自表而裏, 以求至乎其極, 然後物理之極處無不到, 而吾心之知無不明
　　云爾, 則庶幾不失立言之序."

5. 결론

　이상으로 이현일의 격물치지(格物致知)를 전체적으로 살펴보았다. 종합하면, 이현일의 격물치지는 크게 세 방면에서 정리할 수 있다. 첫째, 이현일의 격물치지는 『대학』의 내용인 '치지재격물(致知在格物)'과 '물격이후지지(物格而後知至)'에 충실하였음을 알 수 있다. 다시 말하면 주희의 '격물치지설'을 충실히 계승하고 있다는 것이다. 격물의 궁극적 목적이 '치지(致知)'에 있지만, 완전한 '치지'는 또한 격물(格物)의 과정을 거쳐야 비로소 가능하다는 것이다. 『갈암집』 속의 내용으로 표현하자면, '사람의 성정(性情)에서 구하는 것'과 '천지조화의 변화를 살피는 것' 가운데 우선순위를 따져 볼 경우 후자를 중시하였다. 『중용』의 개념으로 말하자면, 존덕성(尊德性)에 대한 도문학(道問學)의 우선성으로 나타났다. 둘째, 신익황이 이황의 '이도설(理到說)'이 갖는 논리적 부정합성을 제기하자, 이황과 마찬가지로 '이도설'의 타당성을 체용이론으로 설명하였다. 셋째, 이이의 이론에 대한 비판이다. 정경세가 김장생과의 논변을 통해 이황의 '이도설'의 타당성을 주장하자, 김장생은 이이의 학설인 '등불비유'나 '물리가 원래 극처가 있다'는 설을 근거로 '이도설'의 부당성을 제기하였다. 신익황이 김장생(혹은 이이)의 학설을 인정하는 입장에서 이황의 '이도설'이 갖는 논리적 부당성을 제기하자, 이현일은 이이의 학설을 비판하고 상대적으로 이황의 학설을 지지하였다. 즉 이이의 '등불비유'는 육학(陸學)이 강조하는 돈오(頓悟)의 뜻과 부합하고, '물리가 원래 극처에 있다'는 설도 또한 정주학의 '천하의 물에는 리가 있지 않음이 없고 일물(一物) 가운데도 정조(精粗)와 본말(本末)의 차이가 있다'는 뜻에 맞지 않다. 왜냐하면 사물의 지극한 곳에는 리가 있고 거칠고 얕은 곳에는 리가 없다고 해서는 안 되기 때문이다.

이현일의 격물치지(格物致知)는 주자학의 "오늘 하나의 물에 나아가고 내일 하나의 물에 나아가 축적된 것이 많은 뒤에 활연관통(豁然貫通)의 곳이 있다"는 격물과정과 절차를 중시하였으며, 이황의 '이도설'을 긍정함으로써 인식주체인 내가 물리를 궁구하는 단계를 지나 주희가 말하는 활연관통의 경지에 이르게 되면, 인식대상인 물리가 자연히 주관의 의식 속에 이르게 된다는 것을 강조하였던 것이다. 이처럼 그는 리에 보다 적극성을 부여하여 리를 객관적 탐구대상으로만 보지 않고 인식대상으로서의 리가 주관의 의식에 모두 발현되어 대상의 본질이 모두 체득·인식될 수 있음을 강조하였는데, 이러한 리는 자신에 체험되고 실천되어지는 능동적 의미로서의 주체적 실천 '지(知)'를 의미한다고 하겠다. 이것이 바로 이현일의 '격물치지'설이 갖는 특징이라 할 수 있다.

■ 1627년(1세, 인조 5): 정월 11월(己卯) 인시(寅時)에 영해부(寧海府) 인량리(仁良里) 본댁에서 태어나다.

■ 1633년(7세, 인조 11): 처음으로 『십구사략(十九史略)』을 배우다.

■ 1635년(9세, 인조 13): 처음으로 시문을 짓기 시작하였는데 그 글이 번번이 사람들을 놀라게 하였다.

■ 1636년(10세, 인조 14): 이해 겨울에 남한산성(南漢山城)이 포위되었다는 소식을 듣고 충분(忠憤)이 가득하여 납매시(臘梅詩)를 지었는데 다음과 같다.

창 앞의 네그루 매화나무,　窓前四梅樹,
황혼의 달을 향해 피었네.　開向黃昏月.
꽃 아래에서 술이나 마셔보려 했더니,　欲飮花下酒,
청나라 오랑캐가 성을 에워쌌다 하네.　奴賊圍城闕.

■ 1638년(12세, 인조 16): 『소학(小學)』을 배우다. 방원도(方圓圖)를 그려 천지(天地)를 상징하고 사방(四方, 네 방위)·사유

(四維, 네 모서리)에 선천(先天)·팔괘(八卦)를 적었다. 둘째 형인 존재(存齋) 이휘일(李徽逸)은 그것이 양촌(陽村) 권근(權近)의 『입학도설(入學圖說)』의 뜻과 합치된다고 칭찬하였다.

■ 1639년(13세, 인조 17): 『논어(論語)』를 배우다.

■ 1640(14세, 인조 18): 부친을 따라 영해부(寧海府)의 서쪽 석보촌(石保村)으로 이사하다. 독서하는 여가에 『손오병법(孫吳兵法)』·『무경(武經)』·『장감(將鑑)』 같은 책들을 구해 보아 두루 통달하였다.

■ 1644년(18세, 인조 22): 3월에 부인 박씨(朴氏)에게 장가들다. 경력(經歷) 륵(玏)의 딸이고 절도사(節度使) 증판서(贈判書) 의장(毅長)의 손녀이다. 7월에 할머니 정부인(貞夫人) 이씨(李氏)가 돌아가시다. 겨울에 「자경잠(自警箴)」을 짓다. 스스로 외면으로 크게 떠벌이기만 하고 내면적으로 수렴(收斂)하는 공부가 부족하다고 여기고 잠(箴)을 지어 자신을 경계하였으니, 게으름을 경계하였고[戒怠惰], 장난질을 경계하였으며[戒戲玩], 전일하지 못함을 경계하였고[戒不專], 언동을 경계하였으며[戒言動], 잘난 체하는 것을 경계하였다[戒矜大]는 등이다.

■ 1646년(20세, 인조 24): 아버지의 명으로 과거에 응시하여 진사(進士)에 합격하였다. 9월에 아들 천(梴)이 태어나다.

■ 1648(22세, 인조 26): 향시(鄕試)에 합격하다. 성시(省試)에서 낙방하자 과거공부를 단념하고 『역경(易經)』에 잠심(潛心)하여 『주역본의(周易本義)』를 연구하였다. 9월에 아들 의(檥)가 태어나다. 겨울에 영가(永嘉, 경북 안동의 옛날 이름)의 금계(金溪)로 가다. 외할아버지인 경당(敬堂) 장흥효(張興孝)의 서원에 제향(祭享)하는 일이 있었기 때문이다. 외할아버지는 김성일(金誠一)과 유성룡(柳成龍)의 두 문하에서 이황의 진수(眞髓)를 전수받아 학자들의 사표(師表)가 되었다. 부친인 판서공 이시명(李時明)은 그 문하에 출입하여 학문의 요지를 들었고, 둘째 형인 이휘일(李徽逸)은 이를 확충·발전시켰다. 가학(家學)의 연원은 대체로 여기에서 나왔다고 할 수 있다.

■ 1649(23세, 인조 27): 5월에 인조(仁祖)가 승하하다. 이휘일을 따라 산방(山房)에서 독서하다. 『서경(書經)』의 기삼백도수(朞三百度數)를 연구하여 혼천의(渾天儀)제도를 만들었다. 이에 선생은 일찍이 "319분의 7은 옛날부터 나누기 어렵다고 고심하였는데, 이제 940분의 매분을 19분으로 나누면 주기가 딱 맞아 남거나 모자라는 것이 없다"라고 말하였다.

■ 1650년(24세, 효종 원년)

■ 1652(26세, 효종 3년): 여름 이휘일을 따라 석계초당(石溪草堂)에서 공부하다. 독서하는 여가에 서산(西山) 채원정(蔡元定)의 『율려신서(律呂新書)』를 연구하여 자못 그 귀추를 얻었

다. 또한 『홍범연의(洪範衍義)』를 편찬하기로 의논하고 대략
그 조목을 정하였다. 겨울에 넷째 동생인 항재(恒齋) 이숭일
(李嵩逸)과 청량산(淸凉山)에서 노닐었다.

■ 1653년(27세, 효종 4): 11월에 경주(慶州)를 유람하다. 이휘일
을 따라 내연산(內延山)을 관광하고 옥산서원(玉山書院)을 방
문한 뒤 경주에 이르러 기이한 경관과 유적을 둘러보았다.
유람하면서 지은 작품이 여러 편 있다.

■ 1654년(28세, 효종 5): 여름에 넷째 동생인 이숭일과 석계초
당(石溪草堂)에서 『사서(四書)』의 의심나는 곳을 강론하다.

■ 1655년(29세, 효종 6): 정월에 검사산(劍磨山) 도성암(道成庵)
에 들어가 이휘일 및 여러 아우들과 함께 『중용(中庸)』의 의
심나는 부분을 강론하다.

■ 1656년(30세, 효종 7): 8월에 큰 외삼촌인 장철견(張鐵堅)을
모시고 호서(湖西)의 안흥도(安興島) 유배지에 이르다. 장철견
은 외할아버지인 장흥효(張興孝)의 맏아들로 뜻하지 않게 어
떤 일에 연루되어 유배되었는데, 선생이 그 자식도 없이 멀
리 유배 가는 것을 가슴 아파하여 유배지에 이르렀다.

■ 1657년(31, 효종 8): 9월에 아들 재(栽)가 태어나다.

■ 1658년(32세, 효종 9): 「갈암기(葛庵記)」를 짓다.

■ 1659년(33세, 효종 10): 5월에 효종(孝宗)이 승하하다.

■ 1660년(34세, 현종 원년)

■ 1661년(35세, 현종 2): 겨울 저곡(楮谷)에 우거하면서 『맹자(孟子)』를 읽다. 영해부 서쪽에 옥천(玉川)·뇌택(雷澤)과 같은 명승지가 있었는데, 그곳의 바위 위에 작은 집을 짓고 편액을 '명서암(冥棲庵)'이라고 하였다. 이곳에 와서 새벽부터 밤중까지 학문을 강마하였다.

■ 1662년(36세, 현종 3): 8월에 아들 심(杺)이 태어나다. 9월에 영동(嶺東)의 강릉(江陵)을 유람하다.

■ 1664년(38세, 현종 5): 보림(甫林)의 별장에서 우거하다. 주희(朱熹)와 서산(西山) 채원정(蔡元定)의 설을 상고하여 「팔진도(八陣圖)」를 추연하였다. 「신편팔진도후발(新編八陣圖後跋)」을 지었다. 이때에 『주자대전(朱子大全)』을 즐겨 읽어 무한한 의미를 알았고 『주자절요(朱子節要)』는 늙어서까지도 외울 수 있었다.

■ 1666년(40세, 현종 7): 사림을 대신하여 대왕대비(大王大妃)가 선왕(先王)을 위해 입는 복제(服制)를 변론하는 소를 짓다. 송

시열(宋時烈)은 효종(孝宗)의 상에 대왕대비가 입을 복제를
논의하면서, 서자가 후계가 되면 체이부정[體而不正, 적자(嫡
子)이기는 하지만 장자(長子)가 아닌 경우]이라는 설을 끌어
들여 기년복(朞年服)을 입을 것을 주장하였다. 이에 선생께서
는 송시열의 의론이 잘못되었음을 조목별로 반박하였으니, 즉
천자나 제후가 이미 왕통이나 왕업을 이어받아 통치했다면
족서(族序)의 존비(尊卑)를 논해서는 안 된다고 반박하고 삼년
설(三年說)을 주장하였다.

■ 1667년(41세, 현종 8): 겨울에 목재(木齋) 홍여하(洪汝河,
1620~1674)와 금옹(錦翁) 김학배(金學培, 1628~1673)와 함
께 경광서재(鏡光書齋)에 모이다. 여러 날 동안 강론하면서
서로 깨우친 바가 많았는데, 매번 홍여하의 박학(博學)과 김
학배의 정심(精深)이 참으로 유림의 영수가 될 만하다고 칭
찬하였다.

■ 1668년(42세, 현종 9): 9월에 아버지의 명으로 서울에 과거
보러 가다. 돌아오는 길에 포천(抱川)에 들러 용주(龍洲) 조경
(趙絅, 1586~1668)을 뵙다. 용주는 절행(節行)과 문장으로
삼조(三朝)의 원로가 되었다.

■ 1672년(46세, 현종 13): 정월에 존재 이휘일이 돌아가시다. 3
월에 존재의 행장(行狀)을 짓다. 묘지명은 목재 홍여하에게
부탁하고 맏아들인 의(檥)에게 유문(遺文)을 짓게 하였다. 4월

에 부친인 판서공을 대신하여 임금의 유지(諭旨)에 응답하는 소를 올리다. 당시에 현종은 가뭄 때문에 널리 직언을 구하였다. 판서공이 선생에게 명하여 자신의 뜻을 대신하여 초안을 잡게 하였는데, 대체로 '천도(天道)를 본받을 것', '성학(聖學)을 돈독히 할 것', '선임(選任)을 정밀히 할 것', '백성들의 고통을 구휼할 것', '세자를 보도(輔導)할 것' 등의 내용이었다. 그런데 본인이 직접 바치지 않았다고 하여 승정원(承政院)에서 받아들이지 않았다. 12월 5일에 부인 박씨가 세상을 떠나고 7월에 막내아우가 세상을 떠났다.

■ 1673년(47세, 현종 14): 2월에 보림(甫林)의 무구(茅丘)에 부인을 장사 지내다. 7월에 금옹 김학배의 부음을 받고 뒤에 행장을 짓다.

■ 1674년(48세, 현종 15): 8월에 현종(顯宗)이 승하하다. 20일에 부친의 상을 당하여 두실원에서 여묘살이를 하다. 부친인 판서공은 나이가 많고 덕이 높으며 학문이 깊고 예의가 밝아 후생들의 모범이 되었는데, 이때에 이르러 병이 깊어져 회복되지 않았다. 추천을 받아 종사랑(從仕郎) 영릉참봉(寧陵參奉)에 제수되다. 암행어사가 영남에 파견되어 나왔다가 돌아가서 학행(學行)과 유일(遺逸)로 조정에 추천한 것이다. 10월에 판서공을 안동의 서쪽 수동(壽洞) 미향(未向) 기슭에 장사 지내다. 12월에 목재 홍여하의 부음을 받고 후에 행장을 지었다.

■ 1675년(49세, 숙종 원년): 예서(禮書)를 읽으면서 옛날에 배웠던 것을 복습하였는데, 『논어』를 더욱 반복하여 새로운 터득이 있었다.

■ 1676년(50세, 숙종 2): 5월에 사직서참봉(社稷署參奉)에 임명되다.

■ 1677년(51세, 숙종 3): 4월에 선무랑(宣務郎) 장악원주부(掌樂院主簿)로 임명되다. 대궐에 나아가 은혜에 사례하였는데 곧 공조좌랑(工曹佐郎)으로 전직되다. 6월에 휴가를 고하고 돌아와 근친(覲親)하다. 11월에 통선랑(通善郎) 사헌부지평(司憲府持平)에 임명되다. 숙종이 전지(傳旨)를 내려 빨리 올라올 것을 재촉하였으나 도중에 사직하고 나아가지 않았다.

■ 1678년(52세, 숙종 4): 2월에 체직되어 공조정랑(工曹正郎)에 임명되다. 3월에 사헌부비평(司憲府持平)에 임명되다. 소를 올려 사직하고 다섯 가지 일을 조목별로 건의하였는데, 다섯 가지 조목은 '정학(正學)을 밝혀 대본(大本)을 세울 것', '기강을 진작시켜 풍속을 면려(勉勵)할 것', '공도(公道)를 넓혀서 왕법을 바르게 할', '충간(忠諫)을 받아들여 옹폐(壅蔽)를 제거할 것', '민정(民情)을 살펴서 실질적인 혜택을 줄 것' 등이다. 또한 체직되어 부사직(副司直)에 임명되다. 다시 지평(持平)에 임명되다. 사직하였으나 윤허하지 않았다. 3월에 지평에서 해임되어 고향으로 내려오다. 6월에 다시 지평에 임명

되었으나 중도에서 사직하고 부임하지 않다. 몇 달 동안 관
직에 있었으나 당시의 사태로는 자신의 뜻을 펴지 못할 것을
미리 알았기 때문에 조령(鳥嶺) 아래에까지 나아가 소를 올려
해임을 청하였다. 8월에 백씨(伯氏) 참봉공(參奉公)이 돌아가
시다. 제문(祭文)과 묘지(墓誌)를 지었다.

■ 1679년(53세, 숙종 5): 8월에 소를 올려 「어제주수도설발휘
(御製舟水圖說發揮)」를 바치다. 숙종이 즉위 초에 치적(治積)
을 이룰 뜻이 있어 화공(畵工)에게 명하여 '임금이 배라면 백
성은 물이다(舟水君民)'는 옛날의 비유를 그림으로 그리게 하
고, 직접 그에 대한 설을 지어 나라를 다스리는 방법에 대해
논하였다. 이 구절은 『순자(荀子)』「왕제(王制)」 편에 나오는
데, 임금은 배이고 백성은 물이니 물은 배를 띄울 수도 있고
뒤집을 수도 있다는 말로 나라를 다스리는 요체를 밝히려는
것이다. 그 내용은 '학문을 좋아할 것', '어진 인재를 등용할
것', '충간을 받아들일 것', '잘못을 지적하는 말을 즐겨 들을
것', '재물을 천시하고 덕을 귀하게 여길 것' 등이다. 마침내
「주수도설(舟水圖說)」의 내용을 가지고 그와 관련되는 것을
경전에서 뽑아 정리하여 6편을 만들었다.

■ 1680년(54세, 숙종 6): 7월에 어머니 장씨(張氏)가 돌아가시
다. 부인은 예의에 밝고 서사(書史)에 통달하였으며 규방(閨
房)의 가르침이 엄정하여 법도가 있었으니, 사람들이 부인을
송나라 이정(二程)의 어머니인 후씨부인(侯氏夫人)에 견주었

다. 9월에 장씨를 장사 지내다. 10월에 인경왕후(仁敬王后, 숙종의 비)가 승하하다.

■ 1683년(57세, 숙종 9): 2월에 왕명에 응하여 진언(進言)하다. 12월에 명성왕후(明聖王侯, 숙종의 어머니이자 현종의 비)가 승하하다.

■ 1685(59세, 숙종 11): 5월에 아들 의(橀)가 죽다. 가을에 남악초당(南嶽草堂)이 완성되다. 지명을 따라 '남악초당'이라 이름을 짓고 문미(門楣)에 갈암기(葛庵記)를 써서 걸었다. 좌우에 도서를 쌓아 두고 독서하고 사색하여 지경존성(持敬存省)의 공부가 날로 더욱 절실히 체득되었다. 갈암(葛庵)이라고 한 것은 '갈편모집(葛編茅緝)'의 뜻을 취한 것이다. 이런 뜻을 담아서 당호(堂號)로 삼아 자호(自號)하였으나 사람들은 그 거주하는 곳을 그대로 따라서 남악선생(南嶽先生)이라고 불렀다.

■ 1686년(60세, 숙종 12): 여름에 『홍범연의(洪範衍義)』 20권이 완성되다. "홍범구주는 천지간 사물의 이치를 모두 포괄하고 있으니 참으로 성왕들이 수신(修身)하고 경세(經世)하는 대법(大法)이다. 더구나 기자(箕子) 8조의 가르침이 우리 동방에서 만세토록 추기(樞機)가 되니 발휘하고 부연하여 그 뜻을 밝혀낸다면 어찌 세상에 보기 드문 기이한 일이 아니겠는가." 라고 하고, 선현들의 설을 모으고 종류별로 나누며 수·화·

목·금·토 오행(五行)의 성질과 모(貌)·언(言)·시(視)·청(聽)·사(思)의 법칙과, 병사(兵事)·농사(農事)·재정(財政)·부세(賦稅)·제사(祭祀)·치인(治人)·오복(五福)·육극(六極)·권징(勸懲)의 도를 모두 밝혀 두루 통하지 않음이 없었다.

■ 1688년(62세, 숙종 14): 3월에 우담(愚潭) 정시한(丁時翰, 1625～1707)이 찾아오다. 우담은 문벌가의 자손으로 초야에 묻혀 있었는데 학문과 덕행이 세상의 사표(師表)가 되었다. 여름에 「영모록(永慕錄)」을 이어서 완성하다. 8월에 「율곡사단칠정서변(栗谷四端七情書辨)」이 완성되다. 율곡 이이가 우계 성혼에게 보낸 서신 글 중에서 지나친 부분을 조목별로 변증하고 '율곡사단칠정서변'이라고 이름 붙였다. 이달에 자의(慈懿)대비인 장렬왕후(莊烈王后, 인조의 비)가 승하하다.

■ 1689년(63세, 숙종 15): 2월에 봉렬대부(奉列大夫) 성균관사업(成均館司業)에 특례로 제수되다. 성균관에서는 사업(司業)이라는 자리를 상시(常時)로 두지 않고 사림의 걸출한 학자가 나올 때를 기다렸다가 제수한다. 4월에 명을 받고 가는 도중에 봉정대부(奉正大夫) 사헌부장령(司憲府掌令)에 임명되다. 병으로 사양하였으나 윤허하지 않았다. 5월에 통정대부(通政大夫) 공조참의(工曹參議)로 특진되다. 다음 날에 이조참의(吏曹參議)로 옮겨 임명되다. 가선대부(嘉善大夫) 예조참판 겸 성균관제주 원자보양관(禮曹參判兼成均館祭酒元子輔養官)으로 승진되다. 8월에 사헌부대사헌(司憲府大司憲)으로 옮겨 임명되다.

이달에 예안의 광산(光山) 김씨에게 시집간 딸의 부음을 받다.
10월에 재차 대사헌(大司憲)에 임명되다.

■ 1690년(64세, 숙종 16): 2월에 이조참판(吏曹參判)으로 옮겨
임명되다. 4월에 둔암(遁庵) 유형원(柳馨遠)의 『반계수록(磻
溪隨錄)』의 서문을 짓다. 이 책은 학교를 세워 사람을 가르
치는 법으로부터 전지(田地)소유를 고르게 하고 부세(賦稅)를
바르게 하는 것, 화폐를 제조하고 재화를 유통시키는 것, 관
직을 설치하고 인원을 채우는 것, 군사력을 정비하는 것 등
의 요체에 이르기까지 고금을 통해 고증하지 않은 것이 없었
으니 그 규모가 크고 심원하며 조리가 치밀하였다. 선생이
그것을 읽어 보고 탁월하게 여겼으며 그것을 시행하지 못하
고 죽은 것을 안타까워하였다. 이때에 이르러 유형원의 아들
하(昰)가 서문을 써 주기를 청하자, 이전의 그러한 뜻을 미루
어 서문을 지었다. 5월에 세자시강원찬선(世子侍講院贊善)으
로 임명되다. 11월에 다시 대사헌(大司憲)에 임명되었는데 겸
직은 전과 같다.

■ 1691년(65세, 숙종 17): 11월에 「어병십육찬(御屏十六贊)」을
바치다. 12월에 소를 올려 군덕(君德)과 시무(時務)에 관한 6
가지 사항을 논하였다. 첫째는 '덕을 증진시킬 것(進德)', 둘째
는 '뜻을 세울 것(立志)', 셋째는 '상황에 맞게 대처할 것(通
變)', 넷째는 '인재를 가려 임용할 것(擇任)', 다섯째는 '인재를
육성할 것(育才)', 여섯째는 '시간을 아낄 것(惜時)' 등이다.

■ 1692년(66세, 숙종 18): 정월에 대사헌(大司憲)에 임명되었는데 겸직은 전과 같다. 7월에 다시 이조참판(吏曹參判)으로 옮겨 임명되다.

■ 1693년(67세, 숙종 19): 5월에 병조참판(兵曹參判)에 임명되었는데, 겸직은 전과 같다. 6월 3일에 자헌대부(資憲大夫) 의정부우참찬(議政府右參贊)으로 승진되었다. 6월 20일에 「진덕정속육재차(進德正俗育才箚)」를 올리다. 다스림의 근본은 임금의 마음보다 우선할 것이 없으며 나라를 다스리는 요체는 풍속을 바로잡고 어진 인재를 얻는 것보다 급한 것이 없다고 여기고 마침내 덕을 닦는 방도와 풍속을 바로잡는 법, 그리고 인재를 기르는 뜻을 조목별로 나열하여 3통의 공문서를 마련하였다. 7월 14일에 이조판서(吏曹判書)에 임명되었다.

■ 1694년(68세, 숙종 20): 7월에 종성(鍾城)에 위리안치(圍籬安置)되다. 8월 15일에 유배지에 도착하다.

■ 1695년(69세, 숙종 21): 유배지에서 『대학혹문(大學或問)』·『주자서절요(朱子書節要)』 등을 강독하다. 겨울에 「수주관규록(愁州管窺錄)」이 완성되다. 이것은 주자 이후 제유들의 의론들 가운데 의심나는 곳을 뽑아 논변한 것이다.

■ 1696년(70세, 숙종 22): 여름에 금옹 김학배의 『산천록(山天錄)』에 발문을 쓰다. 금옹은 대유(大柔) 이구(李絿)와 '이기설

(理氣說)'에 대하여 왕복하여 논변한 것을 『산천록』이라 이름을 붙였는데, 선생께서 이것을 대략 논평하고 그 뒤에 발문을 썼다. 겨울에 동래(東萊) 여조겸(呂祖謙)이 편찬한 『주역(周易)』을 손수 베껴 쓰다.

■ 1697년(71세, 숙종 23): 봄에 『돈전최어(惇典稡語)』를 편찬하다. 책은 총 6편인데, 모두 윤리강상(倫理綱常)을 밝히고 돈독히 하는 것에 관한 내용이다. 『집고문(輯古文)』에 발문을 쓰다. 학사(學士) 권해(權瑎)의 『사범(士範)』 가운데 의심나는 부분을 정정하다. 『사범』은 학사가 평안도(平安道) 창성(昌城)에 유배되었을 때 저술한 것으로, 그의 문하에 배우기 위해 온 고을의 자제들을 가르쳤다. 처음에는 천인(天人)·성명(性命)의 이치를 말하였고, 다음에는 학문과 수행의 요체에 대해 언급하였으며, 마지막에는 환난(患難)에 처하여 절의를 드높인 내용을 실었는데 모두 34편이다. 선생은 이 책이 후학을 가르치는 데 다른 저술에 비할 바가 아니라고 여기고 조금이라도 잘못이 있으면 조목별로 변론하였다. 5월에 감형되어 호남의 광양현(光陽縣)으로 옮겨지다.

■ 1692년(72세, 숙종 24): 3월에 섬진강 가의 갈은리(葛隱里)로 옮겨 우거하다. 11월에 넷째 동생인 이숭일의 상을 당하다. 5월에 김이현(金以鉉)에게 시집간 딸이 죽었고 처사(處士) 이융일(李隆逸)이 죽었으며 큰 형수 유씨(柳氏)가 계속하여 타계하였다.

■ 1699년(73세, 숙종 25): 명중(明仲) 신익황(申益愰)에게 '사칠변(四七辨)'을 답장하다.

■ 1700년(74세, 숙종 26): 3월에 유배지에서 고향으로 돌아오다. 4월에 안동 임하현(臨河縣)의 금소역(琴韶驛)에 우거하다. 5월에 인산서원(仁山書院)에 배알하다. 10월에 금양(錦陽)에 조그마한 집을 지어 제자들과 강학하다. 『사서(四書)』를 입문서로 삼았으며 『논어(論語)』를 매우 중요하게 여겼다.

■ 1701년(75세, 숙종 27): 8월에 인형왕후(仁顯王后, 숙종의 비)가 승하하다. 8월 18일에 완전히 석방하라는 명을 도로 거두다.

■ 1702년(76세, 숙종 18): 비로소 정계(停啓)하다. 겨울에 『서애선생연보(西厓先生年譜)』를 산정(刪定)하다. 제자들과 강학하다.

■ 1703년(77세, 숙종 29): 7월에 『퇴도선생언행통록(退陶先生言行通錄)』의 편목(篇目)을 정하다. 학봉(鶴峯)이 김성일(金誠一)이 기록한 『도산언행록(陶山言行錄)』・간재(艮齋) 이덕홍(李德弘)의 『기선록(記善錄)』・문봉(文峯) 정유일(鄭惟一)의 『필록(筆錄)』・설월당(雪月堂) 김부륜(金富倫)의 『차기(箚記)』 등을 가지고 요약・편집하여 책을 만들려고 하였는데, 편목은 이미 정해졌으나 책은 미처 완성하지 못하였다. 평소 명나라에 대한 자신의 감회를 서술한 『존주록(尊周錄)』을 편찬하다.

■ 1704년(78세, 숙종 30): 10월 3일 술시(戌時)에 우거에서 돌아
가시다.

■ 1705년(숙종 31): 정월 15일에 금양(錦陽) 북쪽 기슭의 정향
(丁向)의 언덕에 장사 지내다.

■ 1710년(숙종 36): 봄에 완전히 풀어 주라는 명이 내려지다.

■ 1711년(숙종 37): 12월에 관작(官爵)을 회복시켜 주라는 명이
내렸으나 곧 다시 거두어지다.

■ 1718년(숙종 44): 10월 3일에 사림에서 영해 인산서원(仁山書
院)에 봉향하다.

■ 1852년(철종 3): 9월에 관작(官爵)을 회복시키라는 명이 내려
지다.

■ 1871년(고종 8): 3월에 문경(文敬)이라는 시호가 내리다. '도
덕이 높고 학문이 깊었다(道德博聞)'는 뜻으로 '문(文)'이라 하
고 '밤낮으로 몸을 경계하였다(夙夜儆戒)'는 뜻으로 '경(敬)'이
라 하였다.

■ 1873년(고종 10): 시호(諡號)를 도로 거두라는 명이 있었다.

■ 1908년(순종 2): 정월에 관작(官爵)과 시호(諡號)를 회복시켜
주라는 명이 내려지다.

■ 1909년(순종 3): 문집을 중간(重刊)하다.

안유경

▌약력

경북 안동 출생
경북대학교 중어중문학과 졸업
성균관대학교 대학원 동양철학과 졸업(철학박사)
성균관대학교 강사
현재 성균관대학교 유교문화연구소 연구교수

▌주요논문 및 저서

「삼국시대 도교사상에 관한 연구」
「갈암 이현일의 성리학 연구」
「조선후기 퇴계학파의 '이발설'에 대한 해석」
「牛溪 成渾 性理說의 構造的 理解」(공저)
「이현일의 '격물치지'설」

▌역서

『리의 철학』
『맹자의 성선론 연구』
『유가의 형이상학』
『유교적 사유의 역사』(공역)
『오행, 그 신비를 벗긴다』(공역)

갈암(葛庵) 이현일(李玄逸)의 철학사상

초판인쇄 | 2009년 3월 16일
초판발행 | 2009년 3월 16일

지은이 | 안유경
펴낸이 | 채종준
펴낸곳 | 한국학술정보㈜
주　소 | 경기도 파주시 교하읍 문발리 513-5 파주출판문화정보산업단지
전　화 | 031) 908-3181(대표)
팩　스 | 031) 908-3189
홈페이지 | http://www.kstudy.com
E-mail | 출판사업부　publish@kstudy.com

등　록 | 제일산-115호(2000. 6. 19)
가　격 | 21,000원

ISBN　978-89-534-1383-2 93150 (Paper Book)
　　　　978-89-534-1384-9 98150 (e-Book)

내일을여는지식　은 시대와 시대의 지식을 이어 갑니다.